中公文庫

島津義弘の賭け

山本博文著

中央公論新社

はしがき

本書は、豊臣政権に服属を余儀なくされた九州の雄島津氏をとりあげ、戦国時代的な大名権力がどのようにして伝統的体制の自己変革をはかろうとするのかを描いている。内容的には独立した一冊の本であるが、筆者としては『江戸お留守居役の日記』『江戸城の宮廷政治』につづく歴史ノンフィクション三部作の完結編と位置づけている。

ちなみに『江戸お留守居役の日記』は、萩藩毛利家江戸留守居役福間彦右衛門の日記をつかって書いた三代将軍家光政権期を中心とする政治社会史であり、『江戸城の宮廷政治』は熊本藩細川忠興・忠利父子の往復書状をつかって書いた江戸幕府成立史であった。時代的には新しいところから古いところへさかのぼる形になるが、これに本書を加えることによって、豊臣政権から徳川家光までの近世社会成立史を、困難な時代を生きのびた大名や大名の家臣たちの視線から見通すことができる。

読者の方の中には、なぜ、島津、細川、毛利をとりあげるのか、あるいは本によって対象となる大名がなぜ変わるのかという疑問があるかもしれない。これは、それぞれの大名の政治的位置の重要性とともに、史料的な条件によるところが大きい。

筆者の著書を読んでいただいた方にはわかっていただけると思うが、筆者の書くものは、小説とはちがって会話にいたるまで史料的な裏づけをもち、史料からすくい上げた歴史の各場面の再現から時代像を組み立てようとしている。そのようなことができるためには、良質の史料が大量に残っていなければならない。それを満足させるのが、この三家であった。

しかも、毛利氏の場合は、福間彦右衛門という留守居役が日記を残していた時代、細川家の場合は、細川忠興・忠利が両者健在で往復書状を残した時代と、ある水準で描ける時代は限定される。島津氏の場合は、比較的まんべんなく史料が残されているが、それでも本書で述べるように、義久・義弘兄弟と義弘の子で義久の女婿という忠恒の三人に権力が分かれているという特殊事情によって感情の機微にふれる良質の史料が残り、当時島津氏がかかえていた問題点が浮き彫りにできるという事情がある。

専門家でない方の中には、歴史は調べれば全部わかるはずだと何となく考えておられる方がいるかもしれない。しかし、それは大きな誤解である。日本近世史において、登場する人名に人間の顔と感情を付与し、政治の裏まで明らかにできるような史料的条件をもつ時代や地域はそうたくさんはない。筆者がとりあげた時代と大名は、そうした条件をクリアする数少ない事例であり、そのため「歴史ノンフィクション」というようなコピーも掲げたのである。十分に味読いただきたい。

島津義弘の賭け——目次

第四　はてしない戦い

第五　島津領太閤検地

第六　朝鮮での苦闘

島津義弘の賭け

プロローグ

関ヶ原合戦、島津の退き口

天下分け目の合戦として名高い関ヶ原の戦いのとき、本戦ではほとんど動かず、敗色が濃くなってから、敵の中央めざして軍を進め、ついに無事戦線を離脱した奇妙な一団があった。有名な「島津の退《の》き口《ぐち》」である。これを指揮した大将が、惟新《いしん》入道島津義弘である。義弘自身が晩年に記したといわれる『惟新公御自記』には、当時のことを次のように回想している。

「時に慶長五年庚子《かのえね》九月十五日、濃州関ヶ原において合戦があり、数刻におよんで戦うもいまだ勝負が決しなかったところ、筑前中納言（小早川秀秋）が戦場において寝返ったため、味方敗北し、伊吹山に逃げのぼっていた。ここにおいて予《よ》が旗本を見まわすに、ようやく人数二、三百騎にすぎず、このわずかの人数では敵軍を追い退《の》けがたく、また引き退《の》こうとしても、老齢のため伊吹山の大山は越えがたい。たとえ討たるるといえども、敵に向かって死すべしと思い、本道に乗り、向かう者を討ちはたし追い散らし、一日のうちにたびたび敵の猛勢を斬り除き、伊勢・伊賀・近江・山城の辺土をしのぎ、摂津の国住吉についた。そして、大坂で人質となっている龍伯（当主・島津義久）公の御息女ならびに家久（島津忠恒）の慈母（義弘室）、そのほか薩摩の男女残らず引きつれ、帰国した」

義弘六十六歳、大軍を前に後ろをみせず、かえって、敵の中央を突破するという捨て身の作戦が島津氏を救った。これを賞賛する書物は多いが、元来一万の動員力をもつはずの島津勢が、主戦場では動かなかったにもかかわらず、なぜ二、三百騎の兵しかいなくなっていたのか。西軍中最強の軍団と目されていた島津氏の内部事情は、想像以上に複雑であった。

義久と義弘

島津義弘は、天文四年（一五三五）七月二十三日、薩摩・大隅・日向の三国の守護島津貴久の次男として、薩摩国阿多郡伊作（日置郡吹上町）の亀丸城に生まれた。母は入来院《いりきいん》重総の女《むすめ》で、雪窓夫人と称される。

貴久の長男は義久といい、天文二年生まれであるから、義弘より二歳年上である。弟に歳久（天文六年生まれ）、家久（天文十六年生まれ）がいる。

『惟新公御自記』に、「予、辱《かたじけな》くも義久公の舎弟となり」とあるように、義弘は、父から守護職を譲られた兄義久を敬う姿勢を終生くずさなかった。しかし、その政治的な立場は、正反対ともいえるような違いがあった。そのため、義弘は御家のために粉骨しながら、国元の家臣団からは孤立し、豊臣政権からは責められるという苦難のときをすごさなければならなかった。

このような両者の違いは、少年時代の二人を訓育した祖父（日新斎《にっしんさい》）忠良の教育方針によるもののようである。

あるとき、兄の義久が、戦いの秘訣を尋ねると、忠良は、

「およそ軍《いくさ》は、大将たる者はしかと腹をすえて、みだりに動じないこと、これが勝利を得る大本である」

と答えたが、弟の義弘には同じ問いに、

「たとえ場所により先に敗北しても、後のしめくくりが肝要である」

と答えたという〔谷山初七郎『島津義弘公記』〕。話ができすぎていて史実とは認めがたいが、忠良が、兄義久には惣領としての心得を説き、弟の義弘には有能な軍司令官としての教育をしていたことはたしかだろうと思われる。義弘は、豊臣政権から当主としての地位を認められてからも、一貫して兄を仰ぎ尊重している。

勇武英略をもって傑出

忠良は、義久・義弘を評して、「義久は三州（薩摩・大隅・日向）の総大将たる材徳自《おのずか》ら備わり、義弘は勇武英略をもって傑出す」と称えたといわれる。

島津義弘画像

『自記』に、「少之時《わかき》より身を弓箭《きゅうせん》の事に委ね、命を危難の間に奉じ、数十年の中、昼夜を舎《お》かずして」とあるように、義弘の生涯は戦いの連続であった。というのも、鎌倉時代以来の伝統を誇る島津氏も、下剋上の動向と無縁ではない。貴久の父忠良は、「島津家中興の祖」といわれるが、もと島津家支流の伊作島津家の出身で、有力庶家である相州家の養子となり、さらに本家の島津勝久を助け、貴久を養子として本家を継がせたのである。しかも、この本宗家の相続はスムーズに実現したものではなく、相州家とならぶ有力庶家の薩州家島津実久との抗争をへて奪い取ったものである。さらに本家を継いでからもその勢力は西薩摩の一部にとどまっており、北薩摩（大口、菱刈）の菱刈一族との抗争、日向都於郡《とのごおり》（西都市）の伊東氏との抗争をへて、天正五年（一五七七）ようやく三州をほぼ統一し、戦国大名島津氏の基盤を

島津氏略系①（庶流）

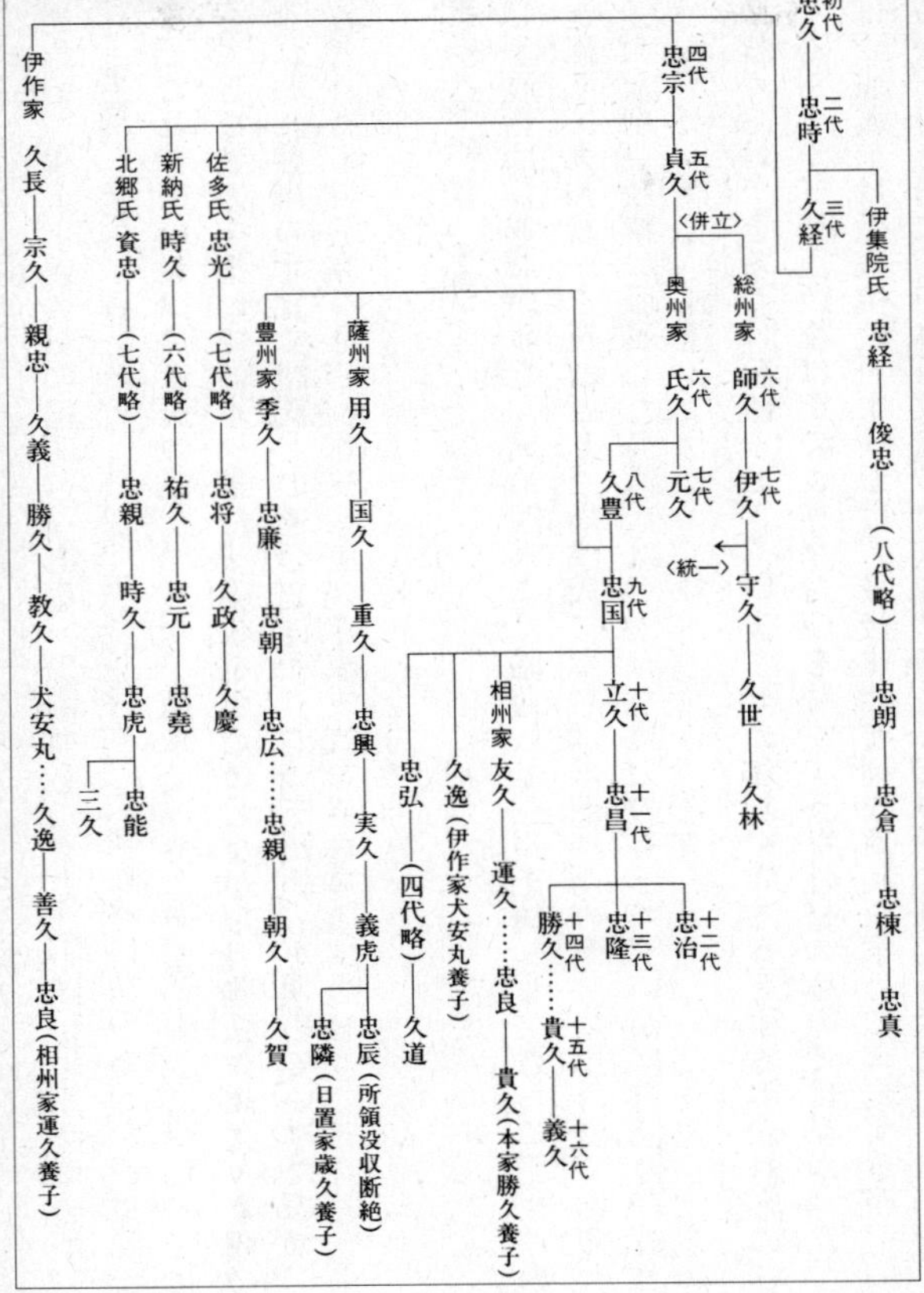
忠久 初代
忠時 二代
久経 三代
忠宗 四代
貞久 五代
伊集院氏
忠経—俊忠—（八代略）—忠朗—忠倉—忠棟—忠真
〈併立〉
総州家
師久 六代—伊久 七代—守久—久世—久林
〈統一〉
奥州家
氏久 六代—元久 七代
久豊 八代
忠国 九代
立久 十代—忠昌 十一代
忠治 十二代
忠隆 十三代
勝久 十四代……貴久 十五代—義久 十六代
相州家
友久—運久……忠良—貴久（本家勝久養子）
久逸（伊作家犬安丸養子）
忠弘—（四代略）—久道
薩州家
用久—国久—重久—忠興—実久—義虎—忠辰（所領没収断絶）
忠隣（日置家歳久養子）
豊州家
季久—忠廉—忠朝—忠広……忠親—朝久—久賀
佐多氏
忠光—（七代略）—忠将—久政—久慶
新納氏
時久—（六代略）—祐久—忠元—忠堯
北郷氏
資忠—（七代略）—忠親—時久—忠虎—忠能
三久
伊作家
久長—宗久—親忠—久義—勝久—教久—犬安丸……久逸—善久—忠良（相州家運久養子）

確立した。

この過程で、貴久・義久らに帰順し、あるいは協力した有力武士団に、北薩摩の渋谷諸氏（渋谷・東郷・入来院・祁答院《けどういん》）、日向都城の北郷《ほんごう》氏、大隅攻略に功のあった伊集院氏などがいる。これらはいわば島津氏の盟友であり、島津氏の勢力が拡大するにつれてこれらの諸氏も大きな勢力を築いていく。また、義久を中心としながら、義弘・歳久・家久の兄弟が、それぞれ独自の才覚で諸氏との連合をはかりつつ三州統一を進めていったので、結束で勇名高い島津四兄弟の間でも路線の違いがあった。

豊臣秀吉の天下統一

しかし矛盾をはらみながらも、兄弟四人よく協力して三州を統一し、さらに肥後、豊後、筑前に進出して九州統一を目前とした島津氏にたちはだかったのが、豊臣秀吉である。

この強大な中央政権に服属した島津氏は、大きな権力のもとで、いかに自己の存続と発展をはかるかがきびしい課題となった。

中央政権からはできるだけ距離をおき、いままでの体制を守ろうとするのが対応のひとつの形であろうが、豊臣政権はそのような対応を許すような性格の権力ではなかった。

義弘は、服属前は徹底抗戦をよびかけ、最後まで有利な講和を求めて奔走するが、いざ服属すると、身を粉にして豊臣政権の要求に忠実にしたがい、御家の存続をはかろうとした。しかし、そのような行動は国元の諸侍にはなかなか理解されがたかった。なにより、大将としてみだりに動じない当主の義久が、豊臣政権にたいしては最低限の協力しかせず、それに力をえて諸侍は従来どおりの「緩々《ゆるゆる》」とした行動しかとらない。

そのような内外の状況を前にして、豊臣政権の要求にこたえうる軍団と領国体制をいかに創出するかが課題になっていた。

本書の目的は、そのような義弘の、「伝統」との格闘を描くことによって、豊臣政権に包摂された戦国大名の困難な「近代化」の努力を明らかにし、戦国から近世へという時代の動きを全国的な視野から見ることにある。

豊富な史料的条件

東京大学史料編纂所に所蔵されている『島津家文書』は、戦後島津家より購入されたものである。質・量ともに武家文書の白眉というべきもので、江戸時代の藩政史料はあまり残っていないが、家史料である島津家文書は平安時代から幕末までよく残っている。このため、他の大名家では明らかにしがたい複雑な内部事情がわかる。

このほか、薩摩藩の史官伊地知《いぢち》季安《すえやす》・季通《すえみち》父子の編纂した『薩藩旧記雑録』は、薩摩藩の藩庫に残された史料だけではなく、家臣団や神社・仏閣まで広く渉猟した中世から近世末までの一大編年史料集である。この編纂物によって、島津家文書に残されていない文書

島津家文書収蔵庫

島津家文書１万７千点余を収める東京大学史料編纂所の収蔵庫（上）
重要文化財指定の文書を収納していた黒漆塗箱（下）

も現在参照でき、薩摩藩の研究にきわめて大きな意義をもっている。

このように、戦国末期から近世初頭の島津氏の動向をさぐるには、非常に有利な史料的条件をそなえている。その内容も、書状などの一次史料に加えて、『上井《うわい》覚軒日記』のような戦国武将の日記や、『樺山紹剣《しょうけん》自記』『新納《にいろ》忠元勲功記』など、本人やそれに近い者による覚書が豊富に残っており、かなり精度の高い歴史像を描くことができる。

本書では、できるだけ信頼性の高い史料によって歴史像を再構成することにつとめている。戦いの場面においても、当時の覚書や聞書（『薩藩旧記雑録』所収の史料は「樺山紹剣自記」というように表記した）を中心とし、やむをえない場合にのみ、のちに記述された歴史書を利用した。しかしこれも、近世前期成立のもので、確かな史料をもとにした信頼のおけるものである。

また、本書では、読者の便宜をはかり一字下げにした引用史料にはつづけて現代語訳を付し、通常の文章中の引用は現代語訳し、注目すべき言い回しがある場合はかっこ内に書き下し文を注記した。なお、煩雑になるのを避け、『島津家文書』の場合は、文章中に年月日、差出・宛名を明記し、出典を省略した。

第一　戦国大名島津氏の終焉

1　豊臣秀長軍との死闘

島津氏の九州経略

天正十五年（一五八七）元旦、薩摩・大隅・日向三州の太守島津義久は、新年を肥後の八代で迎え、彼が派遣した末弟島津家久は豊後府内（大分市）で、次弟島津義弘は同じく豊後朽《く》網《たみ》（久住山南東麓）で正月を迎えていた。

九州の大半を制圧したこのときが、島津氏の絶頂期であった。これまでの経過をかんたんにふり返ってみよう。

島津貴久、義久とつづく守護大名島津氏の戦国大名としての成長の転機は、元亀三年（一五七二）、日向の伊東氏との木《き》崎原《さきばる》（えびの市）の合戦である。無勢ながら義弘の獅子奮迅の活躍がきわだったこの戦いの大勝利によって、日向経略は格段にすすんだ。

天正六年（一五七八）十一月には、力つきた伊東氏の要請をうけて日向に出陣した豊後の大友氏と耳川（日向市）で合戦して勝利をおさめ、日向をほぼ制圧した。肥後方面では、天正八年六月、隈本（熊本）城主の城《じょう》　親賢《ちかまさ》が島津氏に通じ、島津氏は肥後を勢力下におく。

　畿内では、織田信長が石山本願寺との十年にわたる戦いに勝利し、中国方面へ勢力を伸ばしつつあった。天正八年八月十二日には、島津・大友両氏に和平を命ずる書状を出している。この調停には関白近衛前久《さきひさ》があたり、翌年六月二十八日、島津氏も大友氏との講和に応じた。

　信長死後の天正十二年（一五八四）三月、九州経略に転機が訪れる。

　勢力を伸ばしつつあった肥前佐賀の龍造寺隆信は、肥前日野江（島原・原城）の有馬晴信を攻めた。晴信の求めに応じて島原に出陣した島津家久は、島原沖田畷《なわて》の戦いで数倍する龍造寺勢に対して勝利をおさめ、隆信は戦死した。

　ここに、島津・大友・龍造寺の三者の均衡が大きくくずれ、天正十三年には筑前・豊前の領主たちが島津氏に応ずるようになっていく。

　脅威を感じた大友氏は、大坂の豊臣秀吉に援助を要請する。秀吉は、島津氏へ停戦を勧告するが、島津氏はこれに弁解しながら、天正十四年初頭には筑前制圧をめざし大宰府に出陣、岩屋城・宝満城を落とした。しかし、毛利氏から援軍が派遣されたため、筑前からは撤退し、豊後攻撃に方針を転換した。

島津氏の九州経略目前の勢力図

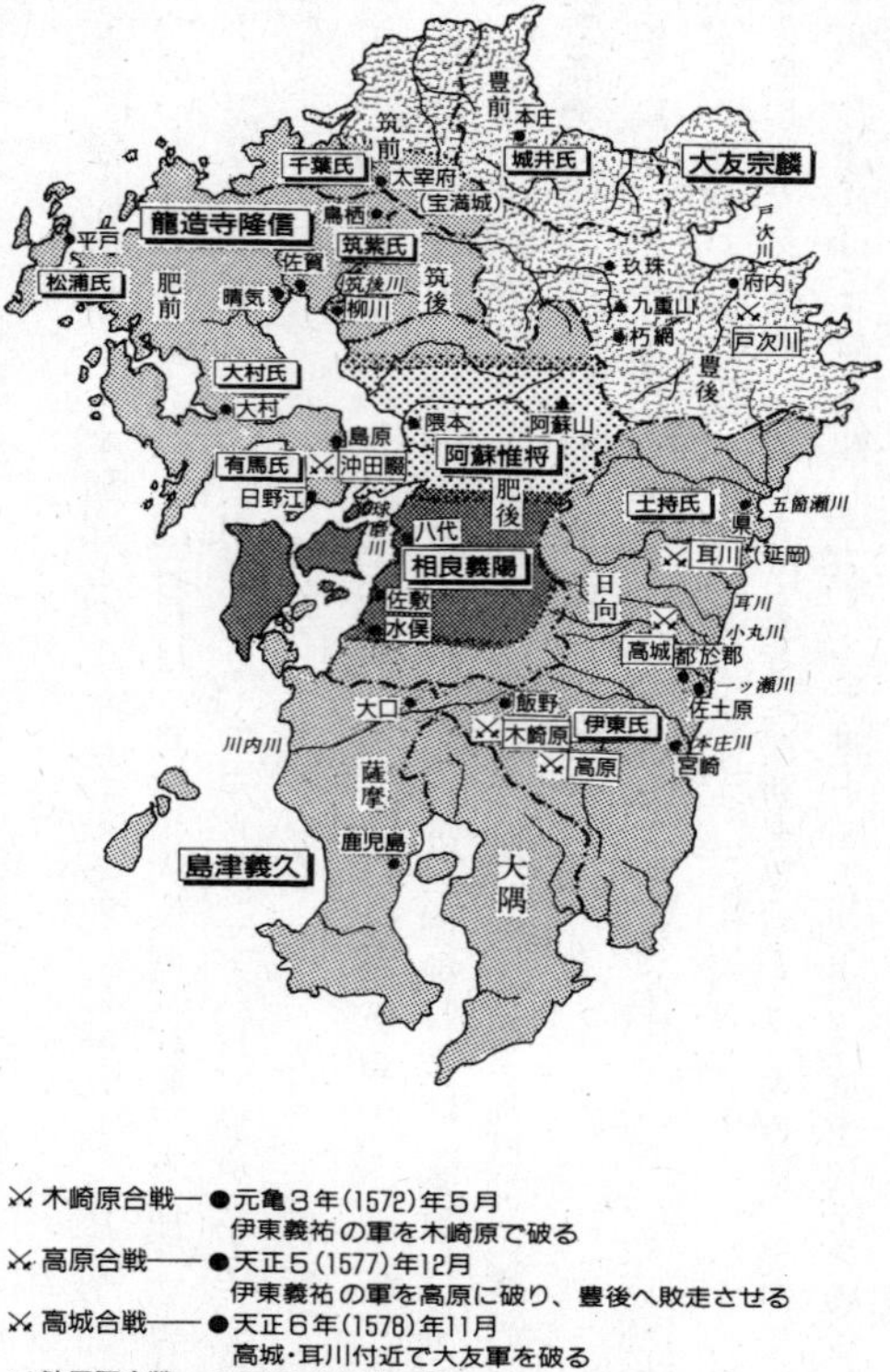

⚔ 木崎原合戦━●元亀3年(1572)年5月
伊東義祐の軍を木崎原で破る
⚔ 高原合戦━━●天正5(1577)年12月
伊東義祐の軍を高原に破り、豊後へ敗走させる
⚔ 高城合戦━━●天正6年(1578)年11月
高城・耳川付近で大友軍を破る
⚔ 沖田畷合戦━●天正12(1584)年3月
有馬氏とともに龍造寺隆信と島原で戦う。隆信、敗死
⚔ 戸次川合戦━●天正14(1586)年12月
家久、大友軍を破り大宰府内に入る
宗麟、秀吉に救援を求める

豊後討ち入り

天正十四年（一五八六）十月、日向佐土原《さどわら》を発して豊後に侵入した島津勢は、家久を大将とする「一家他家の大名郡司諸外城《とじょう》地頭職の人々」二万五千騎（「勝部兵右衛門聞書」）であった。

家久は、秀吉から遣わされた仙石秀久・長宗我部元親の援軍を豊後戸次川（大野川）の戦いで破り、城を捨て逃走した大友義統《よしむね》の豊後府内城にはいった。

いっぽう、義弘も、二万三千余騎をひきいて肥後方面から阿蘇を越えて豊後に侵入し、とりあえず朽網《くたみ》に陣をしき、玖珠《くす》・府内方面を攻略していた（「島津豊後へ発向之事」）。

島津家久の勝利は、上方から派遣されてきた豊臣秀吉子飼いの先鋒仙石秀久らの精鋭を破ってのものだけにとくに貴重であった。

しかし、このとき先陣で敗退した仙石は容赦なく改易され、いよいよ豊臣政権本来の「近代的」な軍事力と対決することになると、新旧の相違が現れてくる。

島津氏の部将の記録によれば、島津勢の雑兵《ぞうひょう》たちは、大友氏の城下町府内へはいるや略奪の限りをつくし、「大友義統の重宝や仙石秀久の捨物を拾い取り拾い取り、町家や百姓の家に手を付けて、目立った土蔵を三つ五つ宛《ずつ》各々奪い取らぬ者はなかった」（「長谷場越前自記」）という状態になった。拡大した島津氏の軍事力を構成する「足軽や山野郎」たちは、秀吉の軍勢が迫っているにもかかわらず、戦利品の獲得に血道をあげていたのである。

天正十四—五年の島津氏豊後討ち入りは、天正十二年三月、島原合戦で龍造寺隆信を敗死させてから、全九州に勢力を伸ばしていた島津氏の勢力の頂点であった。

家久はこの年四十一歳。義弘は五十三歳（長兄義久は五十五歳）で、天正十三年には守護代となった。このとき、室町幕府第十五代将軍足利義昭から「義」の一字を賜り、忠平の名乗りを「義珍《よしたか》」に改めた（名乗りを義弘とするのはもう少しのちのことであるが、本書では「義弘」で統一する）。

島津氏の退却

天正十五年初頭の戦勝気分もつかのま、三月ごろになると島津氏に暗雲がたれこめてきた。

略奪の限りをつくした島津勢も、駐留が長引くにつれ兵糧が乏《とぼ》しくなり、戦利品をもって国元へ帰りいそぐ者が続出した。島津氏は、これらの者たちの統制に苦慮した。しだいに人数がへっていく島津勢の様子をみて、豊後の者たちは秀吉に庇護されている上方の大友義統に注進する。

天正十五年三月十二日、高野山の木食《もくじき》上人（応其《おうご》）と一色昭秀（足利義昭の臣）が府内

島津氏略系②（○数字は代数）

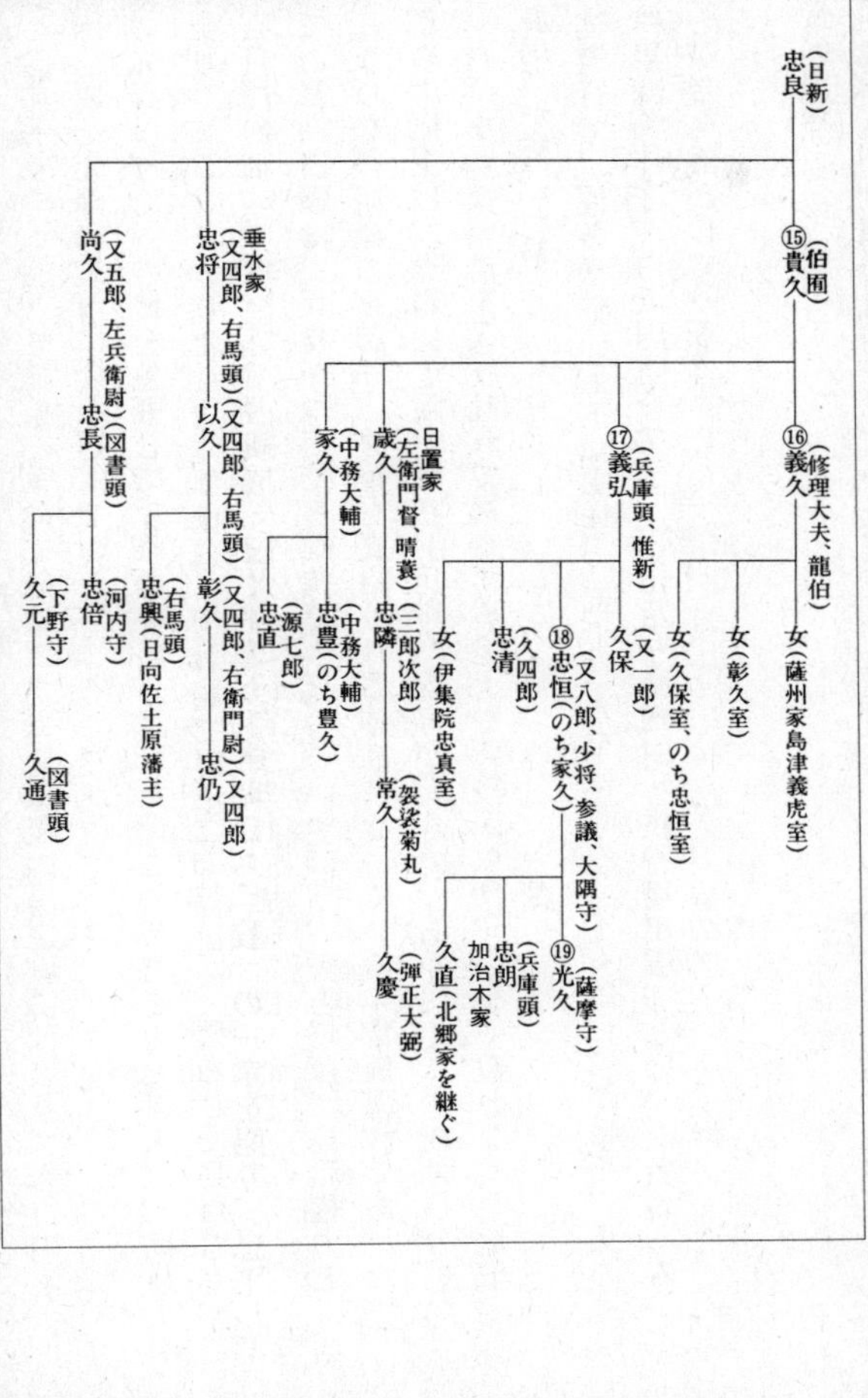
忠良（日新）
⑮貴久（伯囿）
⑯義久（修理大夫、龍伯）
女（薩州家島津義虎室）
女（彰久室）
女（久保室、のち忠恒室）
⑰義弘（兵庫頭、惟新）
久保（又一郎）
⑱忠恒（又八郎、少将、参議、大隅守）（のち家久）
⑲光久（薩摩守）
忠朗（兵庫頭）
加治木家
久直（北郷家を継ぐ）
忠清（久四郎）
女（伊集院忠真室）
日置家
歳久（左衛門督、晴蓑）
忠隣（三郎次郎）
常久（袈裟菊丸）
久慶（弾正大弼）
家久（中務大輔）
忠豊（中務大輔）（のち豊久）
忠直（源七郎）
垂水家
忠将（又四郎、右馬頭）
以久（又四郎、右馬頭）
彰久（又四郎、右衛門尉）
忠仍（又四郎）
忠興（右馬頭）（日向佐土原藩主）
尚久（又五郎、左兵衛尉）
忠長（図書頭）
忠倍（河内守）
久元（下野守）
久通（図書頭）

にいたり、和睦の調停をするが、島津方はこれに反発し、破談となる。

秀吉の舎弟秀長を大将とする第一軍の先鋒は、すでに豊後の湯之城にはいり、秀吉の本隊は石田三成を先鋒に筑前に攻め込んでいた。

秀長の先鋒は、府内の城を包囲して攻撃の姿勢を示した。この威勢をみた家久は、防げないと見切って、ひそかに浜手より風雨にまぎれ船で脱出(『日向記』)、残された兵たちも、三月十五日酉の刻(午後六時)、占領地に放火し夜陰にまぎれて撤退をはじめる。

敵地での長期占領は、兵糧がつきたら維持できない。いっぽう、秀吉軍は、島津権力とは比較にならない組織力を誇り、兵糧も支給される体制になっている「常備軍」であった。

敵地からの撤退は、つねに危険であり、兵員の損害が大きい。あいにくこの夜はひどい雨であった。なれない道を入り乱れて逃走する途上や背後からは、いまや敵となった地下《じげ》の者(農民)が襲いかかってくる。

この逃避行で、佐多常陸介上下(主従)、五十三人をはじめとする数百名が戦死、その中には伊集院美作守・白浜周防介父子・平田新左衛門尉・長谷場出雲守といった名のある武士たちが命を落としている。

豊臣秀長の出陣

島津兄弟が九州制覇を目前にしていた天正十五年(一五八七)正月元日、大坂城の秀吉は、四国攻めに引きつづいて決定された九州遠征の部署を定め、正月二十五日より宇喜多秀家一万五千人以下総勢二十五万人を順次出発させていた。

秀長は、秀吉より二十日ばかり前の二月十日に居城大和郡山を一万五千五百人で出発し、三月上旬には関門海峡を渡った。そして豊前小倉をへて豊後にはいり、湯ノ嶽付近で毛利輝元・小早川隆景らの毛利勢や黒田孝高《よしたか》・蜂須賀家政・加藤嘉明・脇坂安治らと合流、その後、秀長は、宇喜多秀家・尾藤甚左衛門・大友義統らの軍勢も加えて十五万ほどの大軍の将として秀吉の出馬を待っていた。

ところが島津氏が退却をはじめたので、秀吉は秀長に島津追撃の命令を下し、秀長は黒田・蜂須賀・尾藤・大友の諸勢を先鋒として日向にはいった。

まず県城《あがたじょう》（延岡）を落とし、島津氏の外城《とじょう》のひとつ高城《たかじょう》（児湯《こゆ》郡木城《きじょう》町）の周囲に三十四か所の陣を敷いて包囲した。この間、島津氏は豊後からの退却時の混乱を立てなおすためにむなしく時をすごしており、戦局の決定的な立ちおくれをまねいた。

外城・地頭・衆中

ところで、外城とは、島津氏特有の行政区画で、薩摩五十一郷・大隅四十二郷・日向諸《もろ》県《かた》郡二十郷、合計百十三郷ある。これら外城の中心には領地防衛のために武士が集住し、その地区は麓《ふもと》とよばれた。

島津氏直轄の外城には、島津氏の直臣が地頭に任命されて赴任し、その地に住む根生いの武士（外城衆中、のちの郷士）の指揮権を与えられた。外城衆中も、微禄ではあったが島津氏の直臣で、そのほかに地頭には「内衆《うちしゅう》」とよばれる地頭直属の家臣がいた。いっぽう、大身の有力家臣は、自らの外城をもち、「一所持《いっしょも》ち」と称された。北郷氏、大和守系の伊集院氏、入来院氏、喜入《きいれ》氏といった部将である。

さて、包囲された高城の地頭は山田有信という者で、三百の衆中（地頭に付属される島津氏の家臣）がしたがい、ほかに喜入季久・平田新四郎・上原彦五郎ら大身の部将が援軍にはいり、千数百の軍勢で城を守っていた。

島津勢は、この高城を救おうと出陣したが、援路にあたる根白坂は小丸川をへだてた高城の対岸に位置する国境の要衝であり、秀長麾下の鳥取城主宮部継潤《けいじゅん》（善祥坊）をはじめとする因幡勢と黒田孝高が砦を築いて布陣していた。ここには、島津勢の援兵を一兵も通さぬ構えで柵や塀が何重にもつくられていた。

日向根白坂の戦い

四月十七日、高城を救おうとする島津勢は、前に立ちふさがる根白坂の砦をみて、かつて、「無双の強敵」大友氏を壊滅させた大勝利（天正六年十一月大友氏との激戦）を思い起こした。この堅固な砦を攻めくずすことができれば豊臣方は動揺するにちがいないと考え、

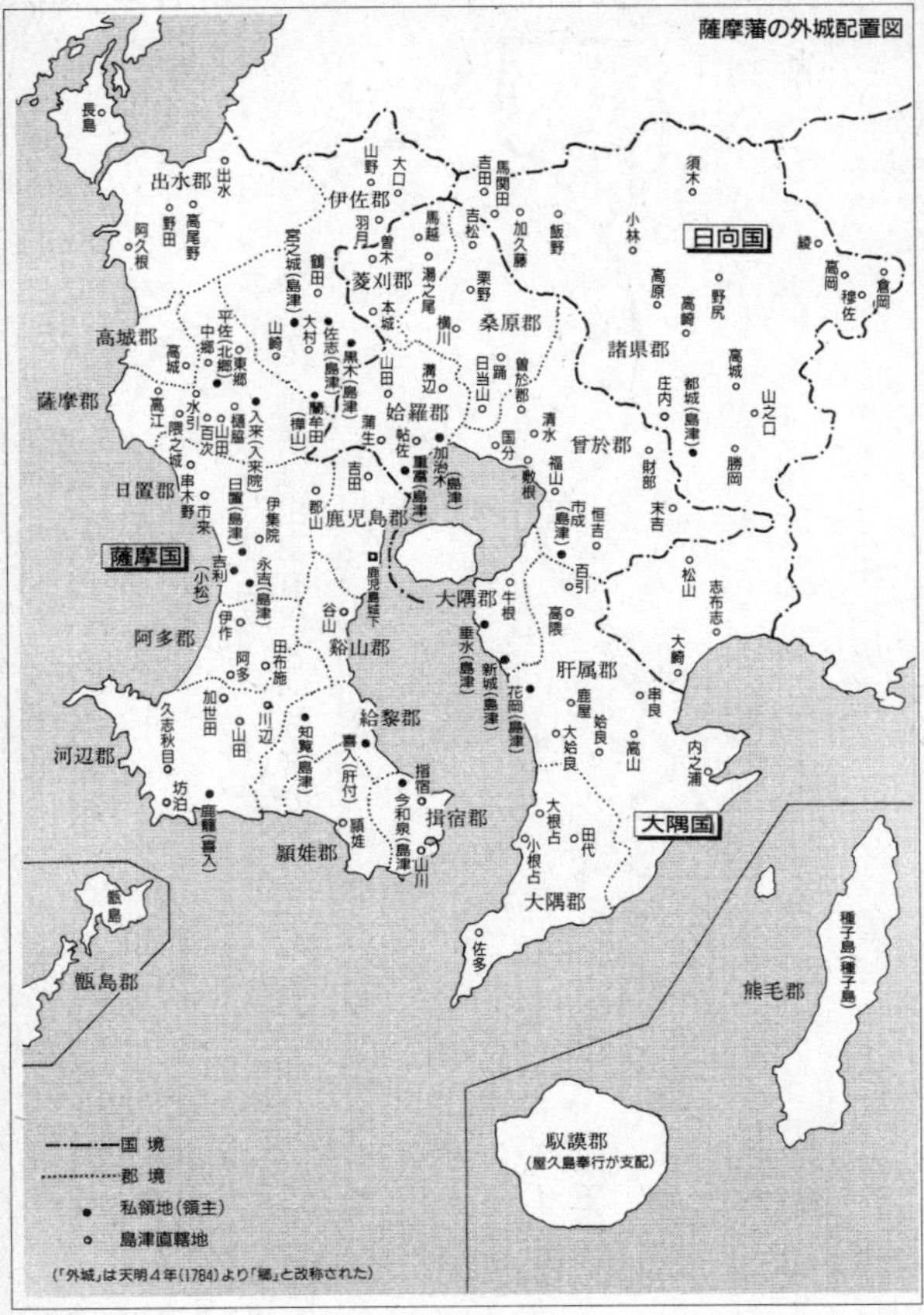
薩摩藩の外城配置図
薩摩国
日向国
大隅国
出水郡
伊佐郡
菱刈郡
桑原郡
諸県郡
高城郡
薩摩郡
始羅郡
曽於郡
日置郡
鹿児島郡
大隅郡
阿多郡
谿山郡
肝属郡
給黎郡
河辺郡
揖宿郡
頴娃郡
甑島郡
熊毛郡
駁謨郡
(屋久島奉行が支配)
国境
郡境
私領地(領主)
島津直轄地
(「外城」は天明4年(1784)より「郷」と改称された)

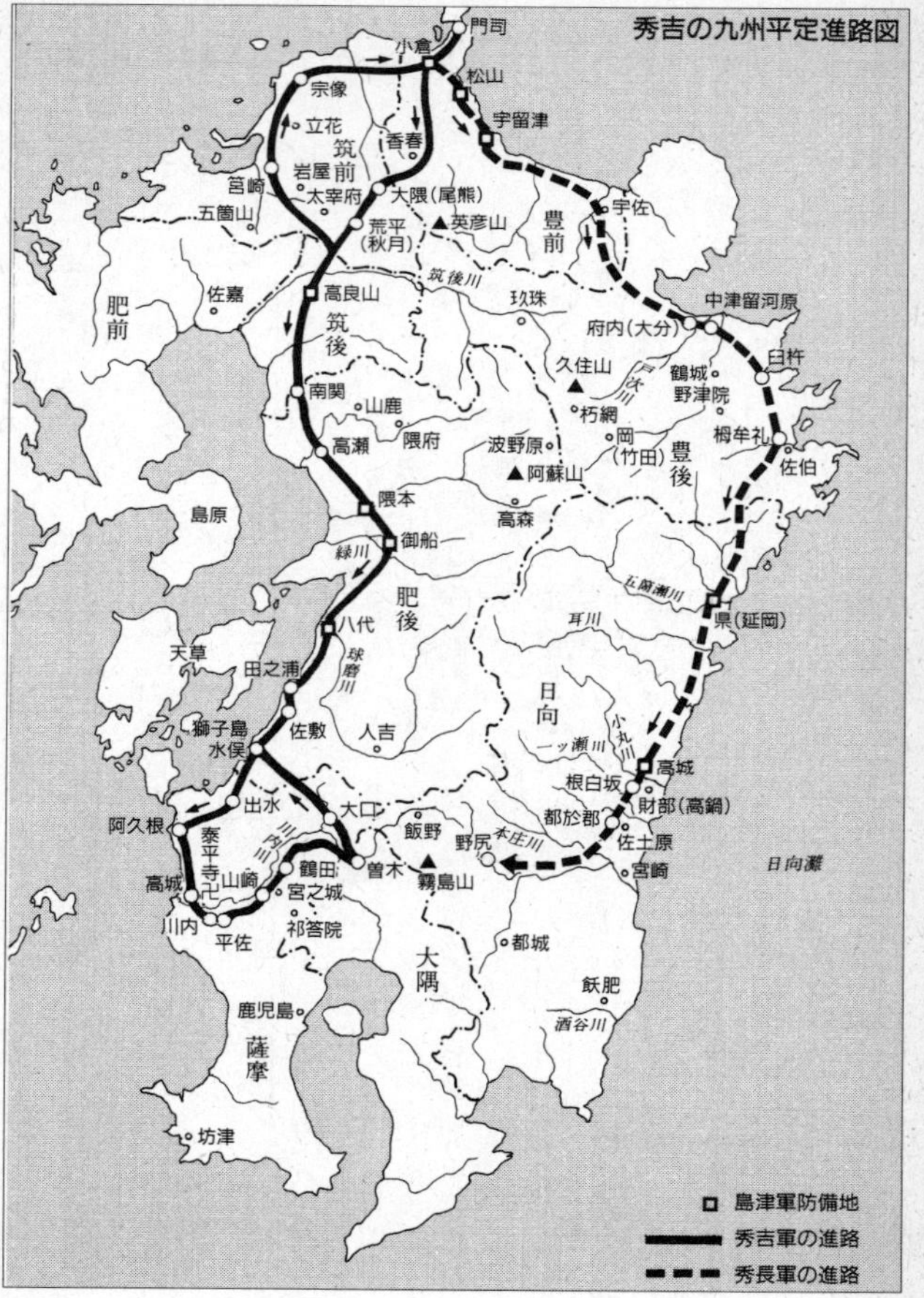
秀吉の九州平定進路図
門司
小倉
松山
宇留津
宗像
立花
筑前
香春
岩屋
宮崎
太宰府
大隈(尾熊)
五箇山
荒平
(秋月)
英彦山
豊前
宇佐
筑後川
高良山
肥前
佐嘉
玖珠
中津留河原
府内(大分)
筑後
臼杵
久住山
鶴城
野津院
南関
山鹿
朽網
梅牟礼
高瀬
隈府
波野原
岡
(竹田)
豊後
佐伯
阿蘇山
隈本
高森
島原
御船
緑川
五箇瀬川
肥後
八代
県(延岡)
耳川
天草
田之浦
球磨川
日向
獅子島
佐敷
人吉
水俣
一ッ瀬川
小丸川
高城
根白坂
出水
大口
財部(高鍋)
都於郡
阿久根
飯野
佐土原
泰平寺
本庄川
野尻
鶴田
曽木
霧島山
宮崎
日向灘
高城
山崎
宮之城
川内
平佐
祁答院
都城
大隅
飫肥
鹿児島
酒谷川
薩摩
坊津
島津軍防備地
秀吉軍の進路
秀長軍の進路

大手・からめ手の両方からこの砦を攻めることに決した。

島津勢は勇猛果敢に攻めた。しかし相互の連絡が不十分で、先陣は堀を越え塀を引き破り、死をも恐れず突入したが、後陣はこれを観望する様子であった。

島津歳久（貴久の三男）の養嗣子三郎次郎忠隣《ただちか》は、当年十九歳の若大将であったが、この気配をみて、

「自分は若輩なのでいまだ武名をあげていない。家久殿は武名が鳴り響いている。しかし、今日の戦いにおいては劣らないと存ずる」

と叫び、前線に飛び出していった。

これをみて島津勢は、いっせいに鬨《とき》の声をあげてあとにつづいた。塀を二重引きくずし、北郷《ほんごう》一雲の手の者が塀を破り陣中に攻め入ったが、鉄砲の迎撃をうけて三百ほどが倒れた。

しかし、陣頭の若大将は、なおもって息をもつがさぬ攻撃を繰り返し、三の丸を破り、ついで二の丸まではいり、ついに敵陣をくずそうかというとき、はげしい鉄砲の弾をあびて、忠隣は戦死した。さすがの島津勢も足並みが乱れた（「勝部兵右衛門聞書」）。

そこへ豊臣方は、後方より援軍にきた秀長の家老藤堂高虎や黒田孝高・小早川隆景の軍がからめ手から合流し、数千挺の鉄砲をそろえて撃ちかけた。島津勢は堀底に撃ち伏せられ、過半が負傷した。時機やよしと豊臣方からは騎馬武者が駆け出てきたが、踏みとどまった島津勢もまた島津忠長・北郷忠虎の両部将が軍をまとめ、平田光宗・歳宗父子や新納

忠誠らが反撃して敵に損害を与え、双方ともに引いた。

この戦いでの島津勢の勢いは聞きしにまさる猛烈なもので、後方からみていた秀長も宮部継潤の討ち死にを確信したというし、尾藤甚左衛門などは秀長の安全を考え、後詰《ごづ》めに出ようとする秀長の馬先にすがりついて出馬を思いとどまらせようとした。

しかし、島津勢の城攻めは武名にかけたひた押しのいわゆる力攻めで、将兵の損耗がはげしすぎ、大軍相手では勝ち目はなかったと思われる。

家久らの単独講和

この合戦後、秀長からつかわされた高野山の木食上人・安国寺恵瓊《えけい》・一色昭秀が再び降伏を勧告した。

島津氏の重臣伊集院忠棟《ただむね》は、すでに二年前から秀吉との窓口となっていたから、この敗戦を機に、国家の命運を家久と談合し、義久・義弘に、

「死を決して一戦におよんでも失敗すれば島津の家の終わりです。降伏すれば三か国を公領に召しあげられるかもしれませんが、もしや一国でも残るかもしれません。そうすれば御家は存続します」

と降伏を勧告する書状を送るとともに〔「勝部兵右衛門聞書」〕、忠棟自身は人質として秀長の面前に出頭した。

家久も人質を出し、佐土原の居城をあけ、秀長について上方にのぼり、自分に似合いの扶持を受けたいと申し出た。

この家久には、かつて上方を巡って伊勢神宮に参詣した経験があった。その折りの日記である『家久公御上京日記』が残されているが、兄三人とは母も違い、佐土原城を与えられて独自に日向・豊後攻略を進めていただけに、日向を離れて扶持を与えられることにはそれほど抵抗がなかったのかもしれない。

しかし、忠棟・家久とも、おそらくは義久の返事のないまま秀長に降伏したのである。秀長軍は佐土原、都於郡《とのこおり》（西都市）に乱入した。家中の結束を危ぶんだ義久は、八代から鹿児島に帰り、義弘も居城の真幸院《まさきいん》飯野（えびの市）に帰った。

2　島津義久の降伏

関白秀吉の惣無事令

話を少し前に戻そう。

島津氏と秀吉の関係は、天正十三年（一五八五）を起点とする。この年七月十一日、関白職についた秀吉は、同年十月二日付で島津義久に次の直書（秀吉自身の発給する書状）を与えた。

勅定《ちょくじょう》につき筆を染め候。仍《よっ》て関東残らず奥州迄綸命《りんめい》に任せられ、天下静謐《せいひつ》の処、九州事《こと》今に鉾楯《ぼうじゅん》の儀然るべからず候条、国郡境目の相論は互ひの存分の儀聞し召し届け、追って仰せ出さるべく候。先《ま》づ敵味方共双方弓箭《きゅうせん》を相止むべき旨叡慮《えいりょ》に候。その意を得らるべき儀尤《もっと》もに候。自然此《この》旨を専らにせられず候はば、急度《きっと》御成敗なさるべく候の間、各《おのおの》為《ため》には一大事の儀に候。分別有り、言上あるべく候也。

――天皇の仰せにより書状を送る。関東から奥羽まで天皇の命令にしたがい天下が静かになっているのに、九州だけが戦いを行っているのはよくないので、国郡の境目の争いは互いの言い分を聞きとどけ、追って指示を下すであろう。まず、敵味方とも戦いをやめるようにとの天皇のお考えである。その意を了承せよ。もしこの旨にしたがわなければ、かならず御成敗なされるので、あなた方のためには一大事のことだ。よく考えて返答せよ。

このように、「勅定」「綸命」「叡慮」といった天皇の命令や意思を前面にかかげた高圧的な書状である。いわゆる秀吉の「惣無事令（戦争停止令）」であるが、関白になった秀吉は天皇の命令を奉じて戦国大名の「私戦」に介入し、和平を強要する立場で行動していた

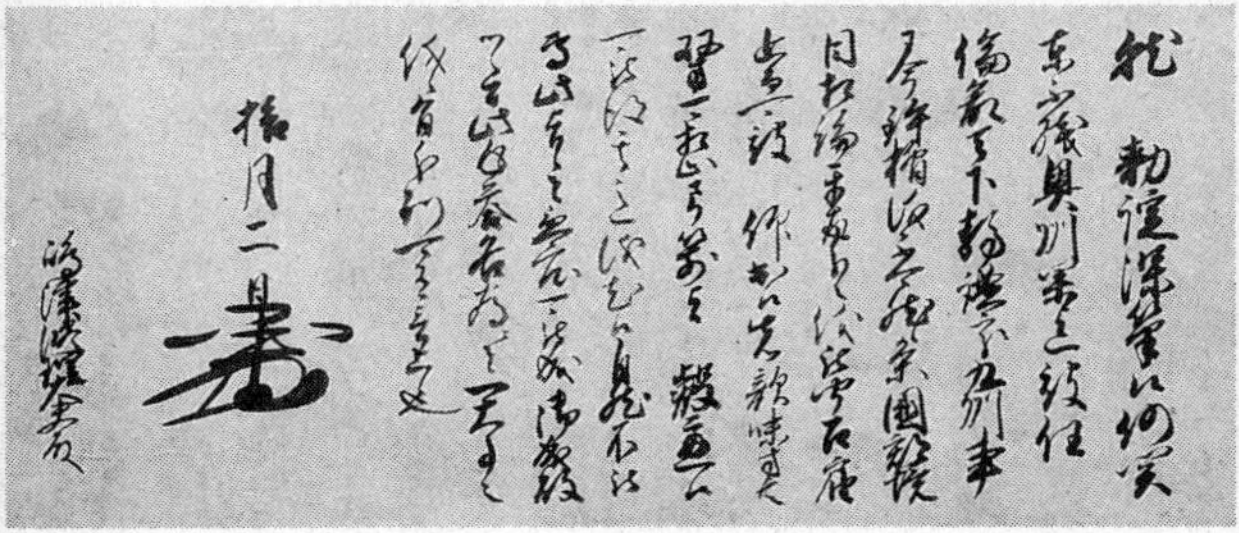

就　勅諚染筆候、仍関
東不残奥州果迄被任
倫命、天下静謐處、九州事
于今鉾楯儀、不可然候条、國郡境
目相論互存分之儀被聞召届、
追而可被　仰出候、先敵味方共
双方可相止弓箭旨　叡慮候、
可被得其意儀尤候、自然不被
専此旨候者、急度可被成御成敗
候之間、此返答、各爲ニ者一大事之
儀候、有分別可有言上候也、

拾月二日　（秀吉花押）

嶋津修理太夫殿

豊臣秀吉直書「惣無事令」

島津義久に与えたものと同様の直書を各地の戦国大名に送り、天皇の命をかりて、天下一統の和平を強要した。

のである。

この直書は、この年の暮れに島津氏のもとにとどき、島津氏側では、正月初めから談合を重ねて対策を評定した。

島津氏としては、関白の命令とあらばとうぜん「相応の御《お》請《うけ》（返事）」をするべきであるが、藤原姓を名乗る羽柴というのは、関白とはいえまことに「無由来仁《ゆらいなきじん》」である（要するに成り上がりではないか）、頼朝以来つづいた名家である当家が、羽柴などへ関白あつかいの返書をしたためるのは笑止である、という意見がつよく、仲介者の細川幽斎（長岡藤孝）に返事をすることに決した（『上井覚兼日記』）。

返事には、「島津家としては、先年信長公の才覚により実現した〈豊薩和平の筋目〉をまもり戦争をひかえていましたが、大友はたびたびこれを破り、最近もまた、肥後の国境で戦いをしかけられたので防戦をしたまでです」と弁解し、自己正当化して、拡大した領地を守ろうとした。

秀吉の調停案を無視する

天正十四年（一五八六）五月下旬、秀吉のつかわした使者鎌田政広のもたらした調停案は、諸説あるが、島津氏からは肥後半国・豊前半国・筑後一国を大友に返させ、豊後とあわせて大友が領する。いっぽう、肥前半国は毛利氏に新規に与え、筑前一国は秀吉が召し上げ、日向半国は早くから秀吉に服している伊東に与えられ、その残りを島津氏に安堵するというものであったらしい。とうぜん肥前のあと半分は島津氏の与力として龍造寺氏に与えられるであろう。

結局、島津氏には本領の薩摩・大隅のほかは、日向半国および肥後・豊前の各半国を与えるということである。してみると、ほぼ九州全土を統一しようとしていた島津氏にとって、この調停案はきびしいものである。島津氏はこれを無視することにした。

この年、秀吉は、家康を臣従させるために妹の旭姫を家康に嫁せしめ、さらに母大政所を岡崎におもむかせるなどさまざまな働きかけをしており、家康がいまだ確実に臣従しない以上、九州への出馬は危険が大きすぎた。

そのため、先のような直書を送っても、その裏付けとなるような軍事行動はとれなかった。島津氏がつけこんだのもそこで、時間かせぎをしていれば、そのうち事態が好転するであろうと高をくくっていたのである。

ただし、島津氏はこのあとも政治工作は怠らず、四国勢の九州渡海を知った九月には、かつて高野山の木食上人の弟子であった義久側近の長寿院盛惇《もりあつ》らを京都に遣わし、秀吉に重ねて弁解するとともに、羽柴秀長・石田三成らに斡旋を願っている。表面上は中央政権の支配者にしたがう格好をしながら、実際には自己の勢力拡大に力をそそぐ戦国大名の常套手段であるが、今回の相手が新体制を意図する、想像以上に強大な権力であることは見落としていた。

秀吉の出馬

秀吉は、家康上洛しだい自ら出馬することに決していたが、八月にはその準備のため毛利輝元・吉川元春・小早川隆景らに命じて、黒田孝高（官兵衛、のち如水）とともに豊前に侵入させるいっぽう、秀吉子飼いの部将で讃岐の領主になったばかりの仙石秀久には、土佐一国を安堵された長宗我部元親とともに豊後に出陣を命じた。

大友氏の危機を救い、かつ島津氏を圧迫して戦局を有利にしようというねらいであったが、すでに述べたように、豊後戸次川の戦いで島津家久に撃破される。

北九州方面の中心的な勢力は、秋月種実・高橋元種（種実の二男）父子で、島津方についていて筑前の過半と筑後・豊前の半ばを制圧しており、八月末には毛利氏の先鋒を退けるなど気を吐いていた。

しかし、十月には、吉川・小早川ら毛利勢と戸田勝隆・黒田孝高・毛利（森）吉成の軍勢が関門海峡を渡り、四日小倉城を落とした。さらに高橋元種の本城香春嶽《かわらだけ》を包囲し、その水路を断ち攻撃を繰り返したので、ついに元種も力つき、十二月にはいって城を退いた。

あけて天正十五年（一五八七）、関白太政大臣豊臣秀吉は、京都の留守を羽柴秀次と前田利家にまかせ、自身は三月朔日《ついたち》、大坂を出てゆっくりと九州に向かった。その日は、緋《ひ》縅《おどし》の鎧に鍬形を打った兜、赤地の錦の直垂《ひたたれ》というきらびやかに飾り立てた格好で、したがう武士たちも同様、はでないでたちであった。

したがう主な大名は、羽柴秀勝・細川忠興・蒲生氏郷・池田輝政・稲葉典通・丹羽長重・堀秀政・長谷川秀一・前田利長・木村常陸介らで、秀吉の馬まわりの周囲を、五百、千の人数持ちの武士が前備《まえそなえ》・後備として固めていた。総勢二十万にのぼる大軍団である。

その行程は、前田家に残された『九州御動座記』という書物に詳しく残されているが、途中安芸の厳島神社に詣でるなど、名所見物あり、連歌の会ありの優雅な旅であった。

しかし、秀吉の宿所は、かねて道筋の大名に命じてすべて城構えにするなど、用心も怠らなかった。このあたり本能寺の変の教訓が生かされている。

秀吉、九州に至る

三月末には、秀吉直属の黄布衣衆《きほろしゅう》が秋月方の豊前岩赤城を落とし、秋月（甘木市）に向かった。

四月二日、秀吉は筑前尾熊（大隈、嘉穂町）についた。

四日になって秋月種実が、居城を浅野長政・毛利吉成に渡し、頭を剃って秀吉のもとに出頭、人質として十六歳になる息女を差し出し、金二十枚、米二千石のほか、天下にかくれなき名物「楢柴《ならしば》」の肩衝《かたつき》を献上して許しを請うた。

秀吉はこれを受け入れ、秋月のほか原田・筑紫・蒲池・麻生ら筑前の大名を立花統虎《むねとら》（宗茂）の手につけ、浅野長政を与頭《くみがしら》として薩摩への先手を命じた。

四月十日、筑後高良山（久留米市）に、肥前の龍造寺政家が御礼に出頭した。龍造寺氏は、近年島津方に服属していたが、天正十四年の末以来秀吉に通じていた。

十六日には肥後隈本に到着、島津方の隈本城主城十郎太郎（親賢《ちかまさ》）も降伏した。その後、十八日隈庄（城南町）、十九日八代と歩を進め、ここに五日逗留、二十四日には田の浦に進み、二十五日佐敷、二十六日水俣、二十七日にはついに島津領である薩摩の出水《いずみ》にいたった。

出水城主島津忠辰《ただたつ》は、ほとんど抵抗せず、実子を人質に出して降伏し、先導役をつとめた。忠辰は、薩州家といって代々薩摩守を名乗る有力庶家で、母は義久の娘であった。しかし薩州家は、伊作家から相州家にはいりさらに本宗家を継いで守護となった戦国島津氏とは、かつて対立していた。そのためいち早く秀吉に下り、本宗家からの独立をはかったのである。

秀吉は、出水を攻める際、同道していた本願寺の顕如《けんにょ》に薩摩獅子島の一向宗門徒を扇動させ、その手引きによって水俣から海路出水に上陸するなどの奇策を用いたが、忠辰の降伏は軍事的なものというより、島津家内部の亀裂によるといったほうがよいであろう。周辺の野田・高尾野・阿久根・高城《たかき》・水引等の各外城も降伏した。

平佐《ひらさ》地頭の桂忠詮《ただのり》のみは、秀吉の降伏勧告をうけず、周辺の侍によびかけ、平佐城に雑兵もあわせて三百ほどで立てこもって善戦したが、圧倒的な人数の差に加えて鉄砲対弓の戦いという装備の差があり、翌日降伏した。

秀吉、泰平寺に着陣

五月三日、秀吉は佐敷（肥後芦北郡）から船で出水にはいり、川内までくだって泰平寺に本陣を定めた。

そのころ、秀長からは島津家から人質が提出されたという報告がもたらされていたので、ここにしばらく逗留することにした。

これを聞いた義久は、

「いまはもう考えることもない。向かってくる敵と合戦し、死に花を咲かせよう（今は別の才覚これなし。向かう敵に懸け合わせ一命を究むべし）」

と覚悟を決めるが、重臣たちは、

「秀吉に降伏を申し出られなければなりませぬ（天下殿江御礼御申し候て然るべく候）」

と説得した。大友氏との合戦は「私之意趣」、秀吉はそれを緩《たす》けたということであって、天下に向けて弓を引いたわけではないという理屈である（「樺山紹剣自記」）。

「勝部兵右衛門聞書」によれば、先に秀長にくだった伊集院忠棟も日向から鹿児島へ帰っており、義久の供をして泰平寺へ出頭している。この義久の降伏には、忠棟の説得が大きな力をもっていたと思われる。

義久、秀吉にくだる

五月八日、母親の菩提寺雪窓院（伊集院町）で剃髪して龍伯と号した義久は、同じく剃髪した忠棟（幸侃《こうかん》）らとともに泰平寺へ出頭し、秀吉に降伏を申し出た。

案に相違して、秀吉の態度は非常に親密なものであった。「新納忠元勲功記」によると、剃髪し僧衣を着た義久が白洲で拝伏したところ、秀吉は、「是《これ》へ是へ」とまねき、縁頬《えんがわ》まですすんだ義久に、「義久慇懃のいたり、腰のまわり寂しき」と自分の帯びていた腰の物大小を手ずから抜き取って義久に与えたという。

このように相手の意表をついて気持ちをつかむやり方は、秀吉一流のものである。また、義久にしたがって出頭した喜入季久・町田久倍《ひさます》・伊集院久治の老中たちも、翌日御前へ召し出され、手ずから茶を下され、

「汝らはこのたび義久が切腹を命じられれば、供をしようと存じておるのだろう。義久はかれらによく目をかけてやれ、われらにはさようの節に腹を切ってくれる者はひとりもいない」

と話しかけた。そのほか、伊集院忠棟・平田光宗・本田親貞・島津忠長らの老臣たちも

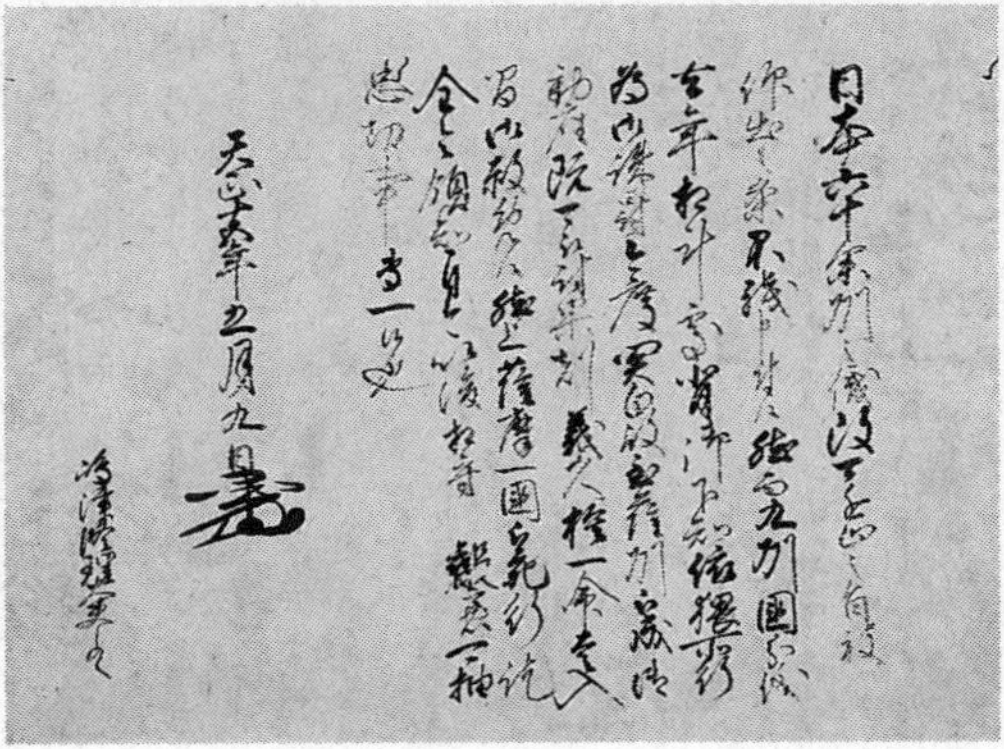

日本六十余州之儀、改可進止之旨被
仰出之条、不残申付候、然而九州國分儀、
去年相計處、背御下知依猥所行、
爲御誅罰、今度関白殿至薩州被成御
動座、既可被討果剋、義久捨一命走入
間、御赦免候、然上薩摩一國被宛行訖、
全令領知、自今以後相守　叡慮、可抽
忠功事専一候也、

天正十五年五月九日（秀吉花押）

嶋津修理太夫とのへ

豊臣秀吉朱印状

九州制覇を目前にしていた義久だったが、豊臣政権の前に一命を捨てて屈服した。秀吉が認めたのは薩摩一国のみであった。

相次いで拝謁を許された。

秀吉は、敵対した義久を赦免した。しかし、それは義久の地位をそのまま認めたものではない。五月八日付の秀吉朱印状によれば、「一命を捨て走り入」った義久に認めたのは「薩摩一国」だけであった。

島津義弘の降伏

この時点で、まだ義弘らは降伏していなかった。五月七日付で義久の側近本田親貞にあてた義弘の披露状（義久に披露を願う書状）によれば、領地の安堵をめざしてなお抵抗を考えている。

内容は、自分の領地真幸院《まさきいん》（飯野城、えびの市）にて敵を支え講和を有利にするつもりであること、祁答院《けどういん》は歳久が守っているが、かれの家臣だけでは不安なので伊集院久信にも加勢を申しつけてほしいこと、などを願っている。

義弘は豊臣勢といま一度の決戦を決意していた。こののち、朝鮮、関ヶ原と武名をあげる義弘の面目躍如たるものがある。

義弘の究極の目的は、日向の確保であったと思われる。義久も、このたび日向が安堵されれば、宮崎を霧島神宮へ寄進することを立願している。いま一度戦いをいどみ、有利な講和条件を確保しようとしたのであろう。

これに対して、五月八日付で秀長の部将桑山重晴は、義弘に義久の降伏を伝え、降伏を勧告している。義弘は、最初病気を口実に出頭を拒んだ。

五月十四日、都於郡《とのごおり》に在陣していた豊臣秀長は、島津家久を同道して、鹿児島へ向かった。秀長の部将福智長通は、義弘の陣所へおもむき、降伏するように熱心に説得した。十九日、義弘は、日向野尻の秀長の陣所に出頭して降伏を告げた。秀吉の命令で、長子久保《ひさやす》は人質として京都にのぼることになり、二十一日、真幸院飯野を出立して京都に向かった。

五月二十五日には新恩として大隅一国が義弘に宛行《あてが》われた。秀吉は、守護代の義弘を義久とならぶ大名として遇したのである。また同日、人質となった久保には日向の真幸院付の一郡（諸県郡）が宛行われた。久保は、義弘の子であるとともに義久の女婿で、島津家の後継者である。義久・義弘兄弟が切望した日向は、久保に与えられた一郡だけの確保で終わったのである。

3 島津家久、毒殺さる

島津歳久らの抵抗

秀吉が来たのは泰平寺までで、鹿児島へは石田三成がはいり、十六歳になる義久の娘亀《かめ》寿《じゅ》を人質として提出するよう督促した。秀吉は、泰平寺から九州第二の大河川内川《せんだいがわ》をゆっくりさかのぼり、曽木を通って大口に陣を移した。この曽木には「東洋のナイアガラ」と称される見事な滝がある。

義久の弟、祁答院の島津歳久（貴久三男）は、このたびの合戦で跡継ぎ（忠隣）を失った恨みもあってかなかなか服せず、秀吉が大口に陣を移す途上、祁答院領の西端、山崎を宿所にしたとき、秀吉の駕籠に弓矢を射かけた。

このときはなんの咎めもなくすんだが、五年後の天正二十年（一五九二）六月、朝鮮出兵途上、梅北国兼の起こした一揆（後述）に連座して自害を命じられた。それには、このときの反抗的な態度が大きな理由になっている。

天正二十年七月二十一日付島津義久書状（大窓寺宛）に、「先年　太閤様が祁答院領を御通りのとき、とくに矢を射かけたことを憎んでおり、こんどこのような仰せがあったにちがいない（殊《こと》に矢をも射懸け候事、無念に思食《おぼしめ》され、今度仰せ出され候事必定《ひつじょう》に候）」（尚古集成館所蔵『日置島津家文書』）とあるので、事実であろう。これは、島津歳久自害後、領地宮之城に立てこもった歳久の家臣たちを慰撫するための書状の一節であり、秀吉に矢を射かけたことが両者の共通認識であったことがわかる。

義久の兄弟ですら容易に服属しないのだから、島津家臣団、とりわけ没収される地域に領地をもつ者の抵抗や反発は激しかった。日向の伊東祐兵《すけかた》（飫肥《おび》）・秋月種実（高鍋）・高橋元種（延岡）らの新領主は、島津氏の家臣がなかなか領地を明け渡そうとしないことに困惑し、豊臣秀長に訴状をあげている。

このような状況は石田三成らの不興をかい、緊迫した。義久らは島津家存続に危機感をつよめ、家臣団にそのうち新知行をかならず与えることを約して説得し、その場をおさめた。島津氏の家臣すべてが敗北を認め、豊臣政権の命令に服するまでには時間がかかったのである。

島津家久の毒殺

天正十五年（一五八七）五月二十六日付で秀吉は、義弘に、家久の処遇につき次のように伝えている。

島津中務少輔《なかつかさのしょう》（家久）、人質を出し居城を明け、大納言（豊臣秀長）に相つき上がた へ罷《まか》り上り、似合いの扶持をうけ奉公有るべき由、神妙に思し召し候間、日向の佐土原城幷《ならびに》城付の知行以下あげ候とて召し上げらるべき儀にあらず候間、是又中務少輔に返し下さるべき事。

——島津家久は、人質を出して佐土原の城を放棄し、秀長に付いて京都に上り「似合いの扶持」を受け奉公したいと申し出たこと、神妙であるので、日向佐土原および城付きの知行など没収すべきではなく、家久に返付する。

家久にとっては、日向の領地がほぼ豊臣方に占領されている以上、これ以外の態度はとれなかった。秀吉は、早々に投降した家久の功績を認め、佐土原城ならびに城付の知行を家久に返付した。しかし、これは先走った家久の単独行動であって、島津家の当主義久にはとうてい容認できなかった。

同日付の家久宛て義久の書状には、「是非公界《くがい》を背かれず候様、能々《よくよく》分別肝要に候」という文言が見える。「公界」は世間、あるいは表向きの世界のことで、具体的には島津家の家の置目（きまり）のことを指す。つまり島津家の規律が家久の行動によって危機に瀕しているというのが、義久の認識であった。

その家久は、六月五日、急死する。この間の事情を明らかにする一次史料はない。後世薩摩藩で編纂された『島津国史』には、次のように記されている。

是《ここ》に於いて家久往きて秀長に野尻（日向）に見《まみ》え、毒に中《あた》りて病み、六月五日佐土原に卒す。

この文章は、家久が秀長に野尻で拝謁し、秀長に毒を盛られ、佐土原で没した、というものである。『鹿児島県史』もこの解釈をとるが、秀長に降伏を表明している家久を毒殺する理由はなく、島津家側による毒殺という説もある〔原昭午「兵農分離と幕藩制」〕。奇妙な事件であるが、家久の出自や当時の情勢を考えれば、ありえない話ではない。しかし、飯野は義弘の領地であり、義弘と家久の関係を考えれば、兄弟の間でそこまでの手段をとるとも思われず、病死だったのかもしれない。ともあれ、ここに島津四兄弟の一角がくずれた。

佐土原は、すでに秀吉の朱印状のとおり家久に安堵されることが決まっていたため、その跡は家久の子忠豊（のち豊久）が継ぐことになった。

九州の国分け

さて六月七日、秀吉は筑前箱崎に凱旋し、ここで最終的に九州の「国分け」を行った。

戦国大名の戦いとは、つまるところ国境争論が高じた領地獲得運動であり、最終的には相互の領地の画定が必要であった。

筑前一国と筑後・肥前のうち各二郡ずつは小早川隆景、筑後三郡は小早川秀包《ひでかね》、豊前六郡は黒田孝高、同二郡は森吉成に新規に与え、肥前四郡を秀吉に味方した龍造寺政家に安堵した。肥前・筑前は分割して、立花統虎ら秀吉に即座に味方した九州の諸大名に場所を替えて与え、秀吉に反抗した秋月種実・高橋元種父子を領地を大幅に削減して日向の一部へ移した。

ここにおいて九州は、豊臣政権の方針がほぼ貫徹され、のちの朝鮮出兵ではまさにここが侵略の拠点となる。秀吉の言葉をかりれば、さらに海外へ膨張する「五畿内同然」の地となった。

不思議な誓約

ところで『島津家文書』に、天正十五年（一五八七）六月十一日付「条々」という題名のついた不思議な文書がある。差出人は島津義久で宛所《あてどころ》は記されていない。

この中で義久は、だれかに、「もし日向一国を与えられれば金子《きんす》二百枚を、半国なら百五十枚、三分の一なら百枚を御礼として貴所に進呈する」と誓約している。宛名はないが、その人物は豊臣方の有力者であり、かれを頼り、より有利な条件を引き出そうとしているのである。

当時このような件で暗躍していた者といえば、毛利氏から自立して大名となった外交僧安国寺恵瓊《えけい》が思いあたる。『島津家文書』の中に、かれの書状が何点か残っている。征服地の国分けに関するような最高の決定が、金子によって左右されるような慣習、あるいは秀吉の忠実な家臣たちが、それぞれの思惑によって動くような状況があった。秀吉は、かれらをうまく使いながら、自立的な戦国大名を自らのもとに統合していったのである。

この義久の文書の中で、義久の懸念がもっともよく現れている部分がある。

「拙者の家来の者で日向において秀吉様から直接知行をくだされる者がいても、これは拙者に頂いた知行だと考えます（拙者《せっしゃ》家来の者、彼国《かのくに》において御直《おじき》に御知行《ちぎょう》等自然《じねん》下《くだ》さる族《やから》これあるといへども、これは拙者知行に下《くだ》し置《お》かる分《ぶん》と存ずべき事）」

という一文である。

秀吉は、自己への功績の度合いによって、大名の一族や重臣に直接場所を指定して知行を与えることがあった。たとえば徳川氏の老臣石川数正、毛利氏の小早川隆景らがそれであり、島津氏では伊集院忠棟であった。忠棟は率先して降伏し、島津氏の降伏に尽力した功績で、秀吉から肝付《きもつき》一郡（大隅国）を拝領していた。義久は、そのような領地も、自分自身のものだと主張しているのである。

両者に主従関係が継続する以上、それは島津氏の拝領した領地の一部と考えられるが、大名であっても勝手に取りあげたりすることはできない。このような秀吉の一本釣り政策が、その後の島津氏の悩みの種となる。

秀吉へのパイプ

秀吉は「天下殿」である。かつては戦国大名に直接書状を送っていたが、その後、自敬表現を遣う直状を使うようになり、さらには高圧的な朱印状を発給するようになった。戦国大名たちは、秀吉に伺いを立てるときは安国寺のような有力な側近を介してしか通信を行うことができなくなった。秀吉もそのような存在を認め、かれらを「取次《とりつぎ》」としてなかば公的な役割を与えていた。

たとえば、かれらは、秀吉の発給する朱印状の文末に、添状《そえじょう》を出すことが明記されている。たとえば五月二十六日付朱印状では、「猶、安国寺・石田治部少輔《じぶのしょう》申すべく候也」とあり、かれらは連署で朱印状の意図を補足する添状を発給するのである。

このような存在を史料上の呼称にしたがって「取次」とよぶが、かれらは、たんに両者を取り次ぐだけでなく、安国寺のように金子を提供され島津氏に有利な決定が出るように細工することもある。金を取らないまでも、自己の裁量で大名たちにさまざまな要求をしたり、逆に大名たちを助けたりする。

石田三成（治部少輔）画像

島津氏への取次は、当初安国寺恵瓊と石田三成があたったが、島津氏が服属して義久と久保が京都にのぼると、三成と細川幽斎が担当することになる。

「樺山紹剣《かばやましょうけん》自記」には、義久らが上洛した記述につづけ、「京都之取次は石田殿・細川幽斎、この両人にて何事も取合せ候」と書いている。かれらの存在、とりわけ石田三成が島津家にいかに重大な影響を与えたかは、これから追々明らかになるであろう。

第二　豊臣政権に服属して

1　京都の島津氏の苦境

老中たちのサボタージュ

天正十六年（一五八八）四月、いまだ国元にとどまっていた島津義弘は、義久にしたがってすでに在京している比志島《ひしじま》国貞（紀伊守、市来《いちき》地頭）・本田正親（因幡守、加世田地頭）両名宛に、国元にいる島津家老中《おとなぢゅう》たちのサボタージュを伝えている（天正十六年四月二十一日義弘書状）。すなわち、自分は上洛しようとしているのに、老中たちはひとりも供をしようとしない、また上洛にかかる費用を弁ずるために反銭《たんせん》・屋別銭《やべつせん》を徴収するように命じたが、今日まで一銭も集めていない、といった不満である。

老中たちはみな、島津義久（龍伯）の息のかかった者たちである。かれらは義弘に簡単にはしたがおうとしない。

「しかたがない」と義弘は、京都の借銀を頼って上洛しようとする。「ふたたびいうが、老中が費用調達に精を入れないこと、これほどまでとは思わなかった（重言ながら老中ととのえ精を入れず候事、これ程までとは存ぜず候）」という義弘の言葉に、その苦心が表れている。

義弘が上洛すれば、交代で義久が国元に帰ることになっていた。これに関しても義弘は、比志島らに、

「太守様（龍伯）が御下向しても、貴殿ら両人は一、二か月は京都にとどまってほしい。いろいろと熟談したいことがある」

と告げている。いまや島津氏の代表者として豊臣政権に奉公しなければならない義弘には、家臣団をいかに統制するかが課題になっていた。

国元の惨状

いっぽう、天正十六年冬、帰国した義久は、国元の様子をみて驚愕する〔年月日欠三成宛義久書状案〕。

「領地に到着して、国の様子をみて驚きいりました。国中は廃亡の極に達し、いうべき言葉もありません（下着致し、爰元《ここもと》の様子見舞い驚き入り候、国中廃亡の至り、是非に及ばず候）」

九州全土に領地を拡大していた島津氏の家臣団が、一国一郡に押し込められ、かれらは領地をうしない、困窮し、統制をうしなっていた。義久は、自分と義弘父子が交代で京都

につめて国元を留守にしているからだと考え、石田三成に自分と義弘と久保の三人が交代で一年ずつ上洛するようにしてほしいと頼んでいる。

もうひとつ、義久の癇《かん》にさわったのは、薩州家の島津忠辰（出水領主）の態度である。いち早く秀吉にくだった忠辰は、秀吉に直接奉公していると称して、義久の指示を受けようとしないのである。しかし、薩摩一国は義久が秀吉から拝領したものだ。かれの勝手にはさせない。この許しがたい増長ぶりを注意してほしいと、三成に依頼している。

豊臣政権の要求

豊臣政権に服属した以上、避けられないことがふたつある。ひとつは大名自身が交代で上洛するとともに、大名やその一族らの妻子を人質として上洛させること、もうひとつは軍役をつとめることである。

軍役は、戦いに軍勢をだすだけではない。城普請の手伝いなど豊臣政権が要求するもろもろの役務に応じなければならない。それが、経済的基盤の弱い戦国大名にとっていかに過酷であったかは想像にかたくない。

島津氏にまず要求された役務は、当時秀吉が建設をはじめていた方広寺大仏殿の材木、および巣鷹（巣にいる鷹の雛）の上納である。

大仏殿の材木に関しては、義久・義弘の領内の杉・檜を大小によらず念入りにリストをつくり、持参せよと命じられている。寺社の神木であっても、大仏殿建設のためだから言上しなければならなかった。

これを命じた天正十七年（一五八九）正月二十日の秀吉朱印状と同日に、石田三成と細川幽斎は連署で島津家老中の伊集院幸侃と島津忠長に次のように命じている。

「屋久島へも島津家老中（伊集院幸侃・島津忠長）自らが出張して調査し、残らず書き出したうえ、島の者には一本も伐採してはならないと申し付けよ」

杉や檜は、島津領内にありながら、すでに秀吉のものなのである。

島津領刀狩

また、刀狩のこともきつく命じられている。秀吉が島津氏に刀狩を命じたのは、天正十六年七月のことだが、島津氏はいまだ取り上げた刀を京に提出していなかった。三成たちは、次のように難詰する。

「刀狩をなんども命じたのに、いまだ領内に命じていないということだ。どうしたことだ。他の大名たちはすでに命じて刀を京にのぼせている。提出していないのは、貴殿の領国だけだ。侍ではない者を吟味し、早く提出せよ」

他の大名はすでに天正十六年中に提出している。島津領からも少しは提出されたが、短い刀ばかりである。これでは地下《じげ》の者（兵農未分離の土豪たち）が主要な武器を隠していると思われてもしかたがない。

義弘は、「薩摩の長刀は上方でもよく知られている。短い刀ばかり提出しても疑われるばかりだ。長いのと短いのの両方を、できるだけ数を集めてのぼせよ」と国元に指示している。

琉球の儀

豊臣政権の要求の中で、義久が最も苦慮したのは琉球のことであった。

秀吉は、義久がまだ京都にいるうちに、琉球に秀吉への服属の使節を送るようはからえと命じていた。しかし、これまで琉球との間で自身の朱印状による貿易を行い、友好関係を保っていた義久としては、いきなり強硬な使者を送ることは躊躇せざるをえない。

それでも義久は、天正十六年八月十二日付で琉球国王に、秀吉に戦勝祝賀の使節を送るよう書状を書いた。しかし、琉球側が無視して、なんの進展もなかった。そのため、この年十一月には、上洛中の義弘が、石田三成からきびしく糾問されている。

そして、この正月二十日の三成と幽斎の連署状でも、島津氏の態度をかさねて批判し、次のように述べる。

「上方の軍勢がかの島へ渡海したとしたら、征服するのにさしたる時間はいらないでしょう。上方の軍勢にとって、琉球攻めなど手軽いことは貴老もよく御存知のはずで、それをお疑いになったから、先年のように領国に攻め込むようなことも起こったのです」

ていねいな文章であるが、辛辣である。そして、「もし軍勢を出すようなことになったら、貴老の御面目は失われるでしょう」とおどす。じっさい秀吉の軍勢が琉球に渡海したとしたら、中世以来の島津氏と琉球との関係は完全に断ち切られ、島津家の面目は丸つぶれである。

この条項は、鷹の件の次に書かれており、

「遊山ばかりで、この命令を遂行しなければ、御家の滅亡であります（御遊山迄にて、此条数御油断においては、御家のめつはうたるべく候）」

というような最重要項目だった。

勘合の儀・賊船の事

そのほか、

「明との勘合《かんごう》を明の方から望むように才覚し、その上でこちらから勘合《かんごう》を命じられるようにせよ（彼方より勘合の儀望み申し候様御才覚あり、其上をもって此方より仰せ付けられ候様、御調えあるべく候）」

という無理な要求もある。この「勘合」の相手は、明か琉球かについて議論があるが、明との貿易と理解してよいと思われる。

そして、それに関連して、「賊船の儀」である。

当時、倭寇《わこう》と称される海賊船が東シナ海に横行していた。この海賊の主体は、日本人ではなく、中国人であったことは最近の研究で明らかになっている（田中健夫『倭寇』）が、日本人によるものもあり、その拠点が薩摩の浦々であった。特に、島津忠辰の出水は、海賊船の拠点であり、きびしい取り締まりを要求したのである。

この倭寇の取り締まりは、秀吉が明に対して国交を開くことを要求する条件のひとつであって、天下統一をはたした秀吉にとっては、海外進出もにらみ「海の平和」も実現しなければならなかった。琉球との交渉など、従来の関係はそれなりに尊重されたが、命令の主体は秀吉であり、それに背くことは、「御家のめつはう（滅亡）」だった。このような過程をへて、従来戦国大名が保持していた外交権は、秀吉に掌握されることになる。

2 島津久保の初陣

秀吉と大名たち

天正十七年（一五八九）四月六日、義弘は、国元の義久に二度目の上洛をすすめた。諸国の大名たちは、大仏殿の普請のためにみな上洛を命じられている。義久だけ国元にいることは許されない。

義弘が義久に異例の要請をするのは、「是非とも御上洛候《そうら》へ」と、石田三成からつよい督促があったからである。

このころの義久の行動をみると、できるだけ中央の政権とは距離をおこうとしているようである。服属後に上洛し、許されて帰国したあとはなかなか上洛しようとしない。しかし豊臣政権のもとでは、それでは通用しないことが、ますますはっきりしてくる。

同じ書状に、徳川家康に関する噂も書かれている。これは、義弘の家老新納《にいろ》旅庵《りょあん》（長住）が家康の家臣から聞いた話であるが、家康家中の者が、主人に「不相届仕立《あいとどかざるしたて》」があると、秀吉に墨付（書面）にて言上したという。「不相届仕立」とは秀吉への逆心ということである。秀吉は、その墨付をそのまま家康にとどけるとともに、言上した者を京都に召喚し糾明する、と通告した。そのときちょうど、家康は妻が病気だということで帰国するはずだったが、この件が落着するまで滞京をつづけることになった。

義弘はいう。

「家康のように秀吉と縁戚関係にある者（「家康事は上様余儀なき御間柄」）でさえ、世間ではこのようなことを噂するのです。いわんや遠国にあり、しかもようやく存続を許された島津のような家は、かりそめの御雑談にも御念を入れられ、万事御遠慮の必要な時期であります」

もし、三成の再三の要請を受けず、上洛が遅れると、どんなに危険な噂の種がまかれるかわからない。また、三成から秀吉にどのように言上されるかも心配である。

ここはぜひとも早く義久に上洛してもらう必要があったのである。

義久は、ようやく八月二十四日に国元を出発し、九月二十四日には大坂に着船した。そしてほどなく京都で秀吉に謁見した。今回の上洛では、前にはまだ形もなかった緊楽第《じゅらくだい》が完成し、美麗なことかぎりなかった。

いっぽう、義弘はすでに八月十日に暇をたまわり、国元真幸院飯野《いいの》に帰っていた。翌十八年、義弘は、本拠を川内川上流の飯野から二十五キロくだった栗野《くりの》に移した。

久保の初陣

この年十一月には、義弘の次男（長男は早世）久保《ひさやす》への家督相続の件が、義久からいいだされた。義久の娘亀寿を久保に娶《めあわ》せ、養子にして家督を譲ろうというのである。この年、義久は五十七歳。まだ楽隠居の望みはないが、いまのままでは豊臣政権の要求のため、心身をすりへらすことになりかねない。それを避けるための隠居計画であった。

しかし、天正元年（一五七三）生まれの久保はこの年十七歳、まだ若い。その上、久保にはまだ果たすべき義務があった。

あけて天正十八年（一五九〇）三月一日、秀吉は、関東で服属を約しながら秀吉の命令に背いて私戦を継続する北条氏を攻撃するため、京都を発し、小田原へ向かった。

この戦いに、久保も従軍した。十八歳の初陣である。久保の供をつとめた帖佐《ちょうさ》宗辰（彦左衛門）の覚書によれば、久保は秀吉の御太刀の役を拝命している。

秀吉の軍勢が駿河の富士川のあたりについたときのことである。大雨が降り、富士川が増水して、渡る浅瀬がみえなかった。そのとき久保は秀吉の面前に出て、

「富士川の瀬ぶみ先陣を仕ります」

と披露し、馬に乗って川中にすすんだ。馬は、秀吉の第一の秘蔵の名馬で、京都を出発するときに拝領したものである。久保はただ一騎、敵地に向かい、急流を見事一文字に駆け渡し、向こう岸に渡った。帖佐宗辰は、このとき、主君の馬を離れず、徒立《かちだち》で先陣をとげた。

翌日、秀吉は、船橋をかけて全軍を渡河させたが、久保が若輩にて挙行した富士川の先陣をほめ、久保の名誉は天下に知れ渡った。

秀吉軍は、山中城を一日で落とし、箱根山をこえて一挙に小田原城を包囲した。四月六日、箱根湯本の早雲寺に本陣をおき、さらに小田原城を眼下に見下ろす石垣山に進出した。有名な一夜城である。

北条軍との戦闘で、若武者久保は「御心猛《たけ》き御主人」であった。戦場においては敵の矢

面にすすみ出た。若さもあって勇敢である。家臣たちは付きしたがい、久保の前に出て自らの体を盾に矢を防ぐ。このとき、宗辰は敵の矢に鎧を射られ、手傷を負った。すると久保は、自らの黒糸縅《くろいとおどし》の鎧一領・筋甲《すじかぶと》一刎《はね》を与えた。

このように小田原陣での久保の行動は、初陣とは思えないほど立派なものだった。供の者の記録だけに誇張もあろうが、九州の雄島津家の跡取りとして、じゅうぶんな働きをしたと認めてよかろう。

秀吉、関白職を譲る

秀吉軍に包囲され、つぎつぎと支城を落とされた北条氏は、城内で主戦か和平かの評定をつづけた。そうするうちに兵糧は欠乏し、城兵の士気は喪失していった。

七月五日、小田原城主北条氏直はついに降伏を決意し、自らの自害と引き換えに城兵の助命を申し出た。氏直は家康の娘督姫の婿であることもあり、秀吉は、氏直の父氏政とその弟氏照の責任を問い、両名らに自刃を命じた。

同月十二日、北条氏政らは自害した。小田原城を包囲しているとき、東北の諸大名はなだれをうって秀吉に服属してきた。東北の雄伊達政宗も死を決して秀吉のもとに出頭した。その後、秀吉は悠々と会津まで軍をすすめ、京都に凱旋した。秀吉の天下統一はほぼ完成したのである。

久保も、初陣での活躍の晴れがましさを胸に京都に帰った。かれぐらいの年齢の武将にとって、秀吉軍への従軍は、天下の戦いを遂行しているという充実感があったのではないかと思われる。このあたりは、秀吉へ距離をとって仕える義久・義弘の世代の者にはまねのできないことであったろう。譜代の家臣のいない秀吉は、積極的に諸大名の子息たちを自らの側近くにはべらせ、厚遇している。一代をへれば、かれらは忠実な秀吉の臣下となるであろう。

九月二十日、久保は帰国を許され、京都を辞して大坂にくだった。国元からは義弘が上洛してくる。十月二日、義久は大坂におもむき、義弘の宿所を訪れて終日久しぶりの再会を楽しんだ。

この年の暮れ、秀吉は関白職を秀次に譲り、太閤と称することになる。

妻宛の義弘の手紙

天正十九年（一五九一）正月、義久は、久々に国元に帰ることを許された。京に残るのは、義弘だけである。

三月九日、義弘は国元の妻に手紙を送っている。その手紙の猶々書《なおなおがき》の、「今夜もそなたを夢に見て、たったいま逢ったような気がする。よき便があれば、いつも同じことでもいいから書いてよこしてくれればうれしい（猶々、今夜もそなたを夢にまさしくみまゐらせ候て、ただいまけむざん〈見参〉候やうにこそ候つれ、又よきたよりの折りふしは、さいさい同事なれども、ふみにて申しのぼせ候はば、うれしかるべく候）」という言葉をみると、戦国武将も同じ人間なのだという感を強くする。少し中に立ち入ってみていこう。

後の正月二十六日のふミ、やう〳〵此ころあひと〻き候。まつ〳〵其元《そこもと》上中しもにいたり、なに事なきよしめてたく候。さきにも申候やうに、此度はいよ〳〵かしら〈頭〉の雪をもくつもり、老のなミの立かさなれるおも影、あさか〻ミ〈鏡〉の見るめ、我なからあさましきまておほえ候。さても〳〵けむさん〈見参〉候ハ〻、かやうにもなりぬる物よと、人たかへ〈違へ〉におとろき給ハんとおもふはかりに候。よの中のれいとして、年月の暮行はおしむへき事なるを、はや〳〵くだるへき折《おり》待えてしかなと思ふこ〻ろにや、月日のうつるもおそき物にてこそ候へ。又一郎との（島津久保）せつ〳〵其地へこされ候や。

——閏《うるう》正月二十六日の手紙、ようやくこのごろとどいた。そちらは何事もなき由、まずまずめでたいことだ。先にも申したように、この度は私もいよいよ白髪がふえ、老いの波の立ち重なれる面影、朝、鏡をみると、我ながらあきれはてる。さてさて対面すれば、こんなになってしまったなと、人違いかと驚くにちがいないと思うばかりである。世間並みなら、年月の暮れ行くのは惜しむべきものだが、はやばや帰国する時を待ちかねているからか、月日のたつのは遅

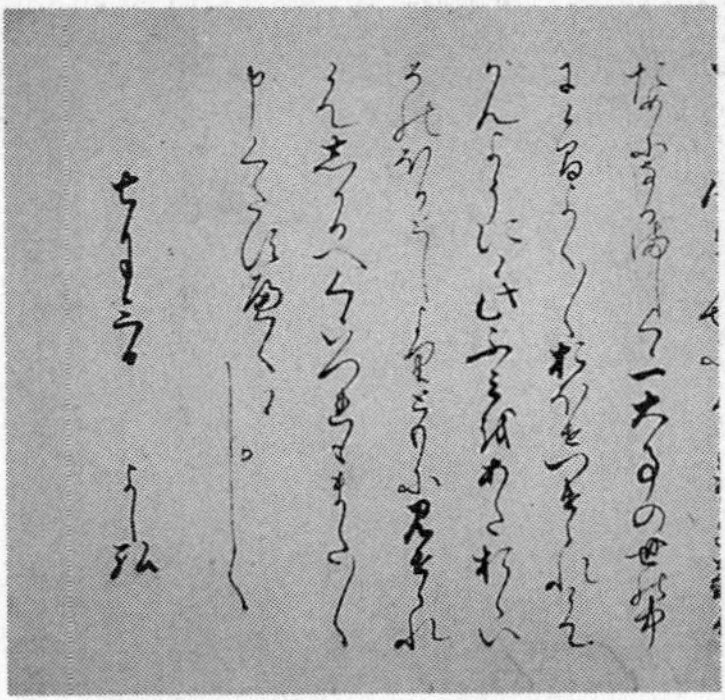

島津義弘の署名　袈裟菊宛の書状

いものだ。又一郎殿はしばしばそちらに行っているであろうか。

鏡をみて自分の老いを実感し、長年つれそった妻のことを思う義弘の心は、妙に実感がある。また、猶々書の最後には、子供らのことについての気づかいもみえる。

「又八郎（三男忠恒）の謡や手習いなどの嗜《たしな》み、一生懸命やるように意見しなさい。長満（四男忠清）も手習いを始めさせるとよい。手本を門跡様にお願いして、送ろう。又一郎夫婦の仲がよいということを聞き、本当にうれしい。折々の意見にも、仲よくしろと申してくれ。鹿児島（義久）・平松（歳久）へも、こちらは何事もないことを伝えてくれ。よろずめでたく、かしこ」

義弘の最大の懸念は、先頃結婚した久保夫婦の仲であった。妻の亀寿《かめじゅ》は兄義久の娘である。男子のいない義久にとっては、久保こそが島津家の跡取りである。島津家の結束を固めるためにも、久保夫婦の仲は大切である。そのほか、他の子供たちの健康や教育など、勇武英略で知られた義弘が京都にいて考えるのは、妻や子供たちのことであった。

3　石田三成の恫喝

国持大名かたなしの島津氏

これほど義弘が国を思うことの一因には、京都での島津家の情けない状態があったにちがいない。天正十九年（一五九一）五月七日付の鎌田政近（義久の家老）宛義弘書状に、京都の島津家のありさまが赤裸々に書かれている。

「まず国持の大名といえば、毛利殿、家康、その次には島津である。それなのに、島津が関白様（秀吉を指す）の御用に立つことはひとつもない。なぜならどこかの国で一揆が起こったとして先手の軍勢に加えてもらおうと思っても、手持ちの軍勢がいなければなんともならない。関白様の御側に加えてもらうにしても、ようやく騎馬の者数人では、どの面さげて島津と名乗ればよいのか。かといって御前向きの御噺《おとぎ》衆の役もできず、御普請の御用にも立たずとあっては、だれがこのような国持の家を長く保つことができるだろうか。京都・大坂を往復するとき、五騎・三騎の供衆さえ鑓《やり》を一本持つだけという体たらく、九州の龍造寺・鍋島・立花・伊東らの躰にも劣るようなありさまでは、言語道断、沙汰の限りである」

義弘に供して在京する者は、ほとんどいなかった。これでは義弘が弱音を吐くのも無理はない。

「ひとつでも相届かざること（不手際）があれば、秀吉にずいぶん取り立てられている御方でさえも、そのまま消えてしまう。いわんや島津は、なんの忠義もなく、人並みのふるまいもできず、ただ借銀のみが他に優れるといったことでは、露の頼みにもならない。たとえば中納言様（秀吉の甥小早川秀秋）は、ちゃ殿（淀殿）の金子を借用された。それを上様がお聞きになり、相応の扶持を与えているのに借金するとはけしからんと、御腹立ちになったということだ。このようなことを考えれば、借銀で在京しているのは、詰まるところ国の置目（政治、規則）をゆるがせにしているからだと、上様の不興をかうであろう」

それでは、島津はなぜこのような状態なのか。京にあって義弘の念頭を離れないのは、やはり義久の腹の中であった。そしてそれは、同時に三成の感ずるところでもあった。

石田三成の豹変

たしかに、このころの三成の言動は、義弘にとっては不安であった。手紙の中では次のように述べている。

此のごろは何たる事を聞き付けられ候哉、はたと相替り、島津家滅亡は程あるまじく思はれ候て、取次なども公儀向きまでをと承り候条々多々候。

——(旧冬から今春までは石田殿は非常に懇切でしたが)、最近は何を聞き付けられたか、豹変して、島津家の滅亡は間近だと思われているようで、取次も公儀向きだけという態度であることが多いのです。


これはどういうことを意味するのであろうか。

石田三成の家臣に、安宅三河守秀安という者がいる。かれが、三成の意をうけて島津氏との連絡にあたっていた。その安宅が、三成の豹変の謎を義弘に解いてみせた。

「島津家の取次の三成と幽斎が、国の置目から京都屋敷の造作のことまで念を入れて指示したのに、そのうちひとつでも首尾よく達成したものはありません。三成は、『これは、ひとえに義久が得心せず、真剣にとりくんでいないからだ』と考え、『私もとんだ見込み違いをしたものだ。もう取次のことも、内々に立ち入っての熟談はよそう』と決意したようです。三成は、『とても島津家は、長くはつづくまいと見切った』と、繰り返し仰せられました」

「取次」という存在は、大名の申し出や献上物を秀吉に披露し、秀吉の命令を大名に伝える文字どおりの公儀向きの「取次」のほかに、「内々に立入候ての熟談」もすることが期待されていた。すなわち大名家には豊臣政権から期待されている行動を指南し、また大名家の体制強化のため、しかるべき助言を行っていたのである。これにしたがうことによって、大名は自己の存続をはかることができた。しかし、その助言にしたがわないと豊臣政権の要求に応えることができず、ひいては御家の断絶につながることになるのである。

安宅秀安の忠告

三成は、島津家の中央政権の期待に応えていない現状が、義久の態度にあることを認識していた。島津氏がこのような様子では、「よくて国替え、悪くすると御家滅亡はまもない」と義弘をおどす。いや、親身に忠告しているのであろう。

「国の置目をゆるがせにせず、借銀もなく、騎馬の者を十人も二十人も召しつれ、国持大名として恥ずかしくないような外聞を保ち、京都の屋敷も人並み以上のものを建てて、御家をもり立ててみせてほしい」

と、皮肉ではなく義弘を励ましている。ここで紹介している義弘の長文の手紙の中で、この安宅の話を伝える次の一節に、事の本質が現れている。

就中《なかんづく》三兵（安宅三郎兵衛秀安）物語に、京儀へ精を入れ候ものは、惣別国元衆へ気にはづれ、龍様（義久）も我ら共も国元衆へ同意候て、京儀をも題目と存じ寄らざるの由、治少（石田三成）聞き付けられ候由に候。誠に大事なる儀共に候。

——とりわけ安宅秀安の話によると、豊臣政権に精を入れて働く者は、多くが国元の武士たちに嫌われ、義久様も自分（義弘）も国元の武士に同調して、豊臣政権の軍役などを大切に考えていないと、石田三成が聞き付けたということです。誠に重大事であります。

国元の武士たちの反豊臣政権の感情は根強い。そのため豊臣政権のために働く者には冷ややかな視線が向けられた。しかし、義久や義弘がそれら国元の武士たちに動かされ、豊臣政権の要求をサボタージュしているというような評判が三成の耳に入っているとしたら、一大事である。

じっさい、義久自身が国元の武士たちに共感するところが多く、新しい天下を自らの目でみていながら、かならずしも積極的に豊臣政権に奉公しようとはしていない。いっぽう義弘は、島津家の存続のためには新しい時代に適応して、領国経営の方向として、豊臣政権に紛骨砕身してつくすことが絶対条件であると考えるようになっていた。しかし、とうてい新しくなりきれない家臣たちの冷ややかな視線とサボタージュの前に、なすすべもなかった。それを国元の武士に同調したとみられたのでは立つ瀬がない。

もちろん安宅たちにも、義弘のジレンマはわかっていたにちがいない。だからこそ、ほかならぬ義弘にこのような話もしてくれるのであろう。しかし、義弘の、兄義久への遠慮や国元家臣団への妥協的な態度がつづくとすれば、それは島津家滅亡への道である。このことを認識させるために、吏僚派奉行のリーダーたる石田三成は、あえてつよく義弘に決意をうながしているのである。九州の雄島津氏が忠実な豊臣大名化すれば、三成にとっても強力な味方ができることになるし、それをなんとか実現させるのが「取次」の任務であった。

第三　島津家最大の危機

1　薩摩勢、名護屋へ集結せず

朝鮮侵略の開始

天正二十年（一五九二）三月十三日、朝鮮への渡海命令が発せられた。四月十三日、小西行長・宗義智《よしとし》らの第一軍は、十六万を九軍に編成した大軍の先陣となって、朝鮮釜山浦《プサンポ》につくや釜山城を攻撃し、落城させた。秀吉の朝鮮侵略のはじまりである。小西らは、翌十四日には東莱城《トンネ》、十六日には梁山城《ヤンサン》を陥落させた。

同月十七日には、加藤清正・鍋島直茂らの第二軍が同じく釜山浦に上陸、同日黒田長政・大友義統らの第三軍、毛利吉成らの第四軍が慶尚道金海《ギョンサンドキムヘ》に上陸した。

十九日には小早川隆景らの第六軍と毛利輝元らの第七軍が釜山浦に上陸、福島正則・長宗我部元親らの第五軍も慶尚道にはいり、忠清道《チュンチョンド》にすすんだ。日本の諸大名は、ぞくぞくと朝鮮に出陣していく。

三月二十六日に京都を発してゆうゆうと九州に向かった秀吉は、相次ぐ戦勝の報告をうけながら、四月二十五日に肥前名護屋に到着した。

四月二十九日には、朝鮮国王が都の漢城《ハンソン》（ソウル）を脱出した。五月三日、小西・宗らの第一軍は東大門から、加藤清正らの第二軍は南大門から漢城にはいった。

四月二十五日に肥前名護屋城についていた秀吉は、第八軍の宇喜多秀家がソウルに入城、小西行長らが平壌《ピョンヤン》をめざし、加藤清正らは咸鏡道《ハムギョンド》に侵入したことを聞き、自ら渡海しようとした。

朝鮮侵攻がはじまった天正二十年は、その年十二月に改元されて文禄元年となるため、文禄の役とよばれる。一次、二次を併せて、日本では文禄・慶長の役、朝鮮では壬辰《イムジン》・丁酉《チョンユ》倭乱《ウエラン》、中国では万暦朝鮮役、壬辰倭禍とよんでいる。

秀吉の三国統一計画

五月十八日付の関白秀次宛の秀吉書状には、このころの秀吉の壮大な征服計画をみることができる〔尊経閣文庫所蔵文書〕。

「高麗（朝鮮）の都が去る二日に落ちたので、いよいよ渡海する。今回、大明国まで残らず征服し、『大唐之関白職』はお前に渡そう。大唐の都に後陽成天皇をお移しするので、その用意をしておけ。明後年には行幸（天皇が居を移すこと）だ。そうして、都まわりの

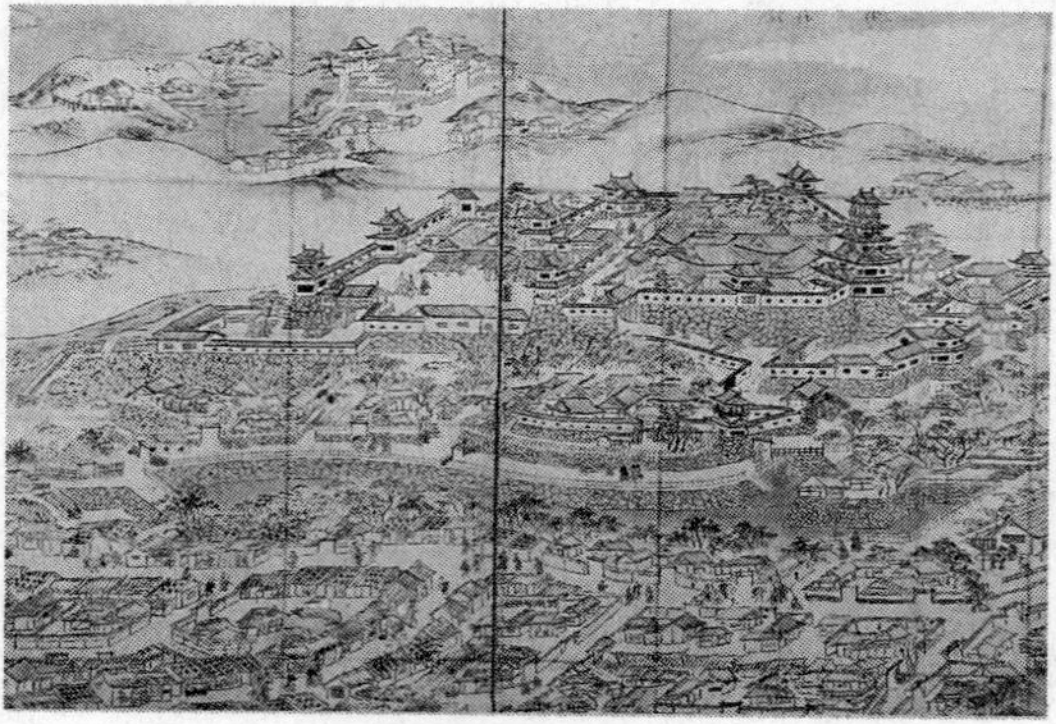

肥前名護屋城図屏風

国々十か国を進上しよう。諸公家衆には、その中で知行を与える。大唐の関白になる秀次には、都まわりの百か国を与えよう。日本の関白は、豊臣秀保（豊臣秀長の養子）か宇喜多秀家、日本の帝位は、皇太子良仁親王か皇弟智仁親王とする。朝鮮には、織田秀信か宇喜多秀家をおき、九州は羽柴秀俊（後の小早川秀秋）をおく。自分はまず北京にはいり、その後、寧波《にんぽう》に移る。それからは、私が命令を出さずとも、天竺《てんじく》を切り取るようにせよ」

　これが秀吉の国家構想であった。当時、東シナ海にはイスパニア・ポルトガルなどの南欧諸国も進出し、多彩な貿易ネットワークがあった。秀吉は、日明貿易の拠点であり、東シナ海の要ともいうべき寧波に座を移すという。この前後に秀吉は、琉球や高山国（台湾）、呂宋（ルソン）にも服属を要求しているので、これはまさに環東シナ海帝国の構想といえよう。

新たに統一国家をつくりあげた秀吉が、国内戦の延長線上に対外戦争を位置づけるのは自然な発想であり、武力で全国統一を完成させた自信の表明であった。日本の国家史からみると、ようやく日本が東アジアをおおっていた中国王朝の影響下から自立し、自主独立の国家をつくる段階にいたったことを示している。

もちろん、そのための手段として行われた朝鮮への軍事行動が侵略であることは論をまたない。また、軍事力、国力の面からみても、秀吉のこの構想が実現する可能性は少なかった。

秀吉がこの構想を表明したころには、すでに慶尚道玉浦《オクポ》・合浦《ハッポ》において藤堂高虎らの日本水軍が、全羅左道水軍節度使（海軍司令官）李舜臣《イスンジン》のひきいる朝鮮水軍に撃破される（五月七日）という手痛い敗北があった。しかしなお渡海を強行しようとする秀吉を、徳川家康と前田利家の両名が押しとどめた。

ここで秀吉が渡海するのは、あまりに無謀であった。しかし、前線の将兵だけにはまかせておけない。そこで代理として、かれが深く信頼する石田三成・大谷吉継・増田《ました》長盛《ながもり》の三名を奉行として朝鮮に派遣した。政権の中枢メンバーを外地に派遣するというこの人選をみれば、秀吉がこの奉行派遣をいかに重視したかがわかる。

日本一の遅陣

島津義弘・久保父子は、毛利吉成ら九州大名とともに第四軍に属し、五月三日に釜山浦に上陸していた。しかし、かれは、身をひそめるようにしなければならなかった。

朝鮮に渡る軍船が、国元を出発するときから一艘も来なかったのだ。義弘らは、しかたなく賃船を借りて供を五、六人つれて壱岐まで渡る。しかし、諸大名の船で混雑しているため、どこの浦も一般の船は着いてはならないという命令が出ていて、動きようがない。乗り継ぐ賃船を探してもまったくない。

そうこうしているうちに、四月十二日、国元から敷根《しきね》藤左衛門尉の九端帆の私船が一艘やってきたので、十七日に久保が対馬まで渡り、義弘は、国元加治木から替米を運んできた五端帆の賃船数隻で二十八日に対馬へ渡った。これでは供の者なども召しつれようがない。かれが国元の妻に送った手紙には、そのあたりの事情がよくうかがえる。

国ぐにの大みやう小みやう舟数をかざり、われもわれもと打わたらるに、かり船の事にて時分をくれ、諸ぐん衆の跡になり候間、こゝかしこにとまり〳〵、しのびわづらひ、あはれをとゝめたる事にて候。

——諸国の大名たちは、多くの船を仕立てて我も我もと出船していくのに、自分は賃船のため渡海の時期が遅れ、諸軍のあとになり、ここかしこと停泊しながら、我が身を嘆くさまは、あわれなことであった。

諸大名の大艦隊の中を、賃船でこっそりと渡海し、思いなやむ義弘の無念がしのばれよう。

朝鮮に渡った諸大名は、切々と注進状を送って、自らの奉公を主張する。しかし、何もしていない島津氏からは注進のしようがない。同じ第四軍に属する毛利吉成に合流しようと跡を追うが、十日ほども遅れているため、ついに行き逢うこともなかった。ごていねいに「島津殿はまだ渡海してない」と朝鮮から告げてくる者さえあった〔六月二十日付細川幽斎書状〕。

さすがの義弘も、国元の家老川上肱枕《こうちん》（忠智）へ、「唐入りの軍役を調えると老中（島津家老中）の談合で決めておきながら、いま船が一艘も来ないというのは、御家御国を傾けるだけのことだ」と詰問しながら、次のように義憤をもらしている〔五月五日島津義弘書状〕。

龍伯様御為《おんため》、御家の御為を存知《ぞんち》、身命を捨て、名護屋へも能時《よき》分に参り候得《そうらえ》ども、船延引の故、日本一の遅陣に罷《まか》りなり、自他の面目を失ひ（中略）無念千万に候事。

――義久様のため、御家のためを思い、身命を捨てる覚悟で、名護屋にもよい時分に到着したのに、船が来ないため日本一の遅陣になり、自他の面目を失い（中略）無念千万です。

朝鮮への出陣は、どこまでも義久や御家のためを思ってのことである。それなのに鹿児島方（義久のひきいる本宗家）からの支援がまったくない。これは、御家を傾ける所行である。「無念千万」という義弘の言葉は痛切である。

諸国の諸大名は、総力でこの戦いにあたった。しかるに島津家では、義弘の軍団だけにまかせ、義久の家臣たちはまったく無関係のような顔をしていた。家臣のほとんどは義久の命令によって動く。義久が出陣しないこともあって、義弘の命令はとどかなかった。ここにおいて義弘は、島津家の前途が危ういことを身をもって実感し、体制変革の必要性を痛感することになる。

梅北国兼の一揆

この「日本一の遅陣」だけでも島津氏の失点は大きかったが、国元では想像もしない出来事が起こっていた。朝鮮に出陣しようとして平戸まで出陣していた島津氏の部将で梅北《うめきた》国兼《くにかね》という者が、出兵に反対し、とって返して加藤清正の領地肥後佐敷の城を占拠するという暴挙に出たのである〔紙屋敦之「梅北一揆の歴史的意義」〕。

佐敷は、薩摩と肥後の境目の港町で、佐敷城は加藤清正の部将加藤重次の居城であった。

加藤側からすれば、島津氏に対峙する最前線の城である。

「井上弥一郎梅北一揆始末覚」という当時佐敷城にいた者の覚書によると、梅北がとった城乗っとりの手段は次のようなものであった。

六月十日ごろ、梅北らの軍勢は朝鮮に出陣するため佐敷にきていたが、船がないからといって城下の町家に宿をとった。梅北は、十五日の朝、佐敷城の留守居安田弥右衛門のところへ使者をつかわし、「太閤様が名護屋から、佐敷の城を梅北に受け取れと使者にて命じられたので、引き渡すように」と伝えた。

安田が、「佐敷城は加藤家の端城だから、熊本の留守居からの状を持参していなければ渡せない」と返答していると、その使いが帰らないうちに薩摩の武士たちがぞくぞくと城にはいってきて、ついには城を略取したという。

朝鮮出兵のため、島津領国各地から三十、五十と船待ちしていた部隊が、梅北の偽計にうながされてぞろぞろ入城したものだが、注目すべきは、この記録に「佐敷の町人や庄屋・百姓らまで梅北に味方したため、あっというまに追手門から城中へ大勢の人間が押し込みました（佐敷町人・庄や・百姓以下迄、梅北に一味仕り候故、早速追手之門より城中へ人数余多《あまた》押し込み申し候）」とあることである。この記録を信じれば、佐敷の町人や周辺の百姓たちまでが梅北と行動をともにしたのである。佐敷の加藤氏は、いうまでもなく中央政権の占領軍であるから、梅北らが言葉たくみに誘えばありうることである。

佐敷城を占拠した梅北は、周辺へ兵を出し、翌日には小西行長領の麦島城（八代城）をも奪取しようとする。また、国元の者や人吉の旧族大名相良氏にも書状を送ってともに蜂起を呼びかけている。加藤清正も小西行長も朝鮮に出陣していて、国元の人数は手薄であり、それを見越しての行動であったと思われる。

しかし、佐敷の留守居たちも、相良氏へ救援を頼む書状を送り、翌十七日の朝には、佐敷城に訪ね、陣中見舞いの酒や肴を献上し、すきをみて梅北を殺害した。いっぽう、八代では、松羅筑前という者が田尻但馬を討ち、麦島城にはいって城を守り、佐敷城で梅北が横死したとの報を受けて佐敷へ引こうとする田尻の残党を追い打ちして討ち果たした。海路八代にはいろうとしていた東郷甚右衛門という者も、田之浦で蜂起した「古侍共」つまり地侍らに討ち取られ、佐敷城にはいろうとした残党も加勢にきた相良氏の軍勢に討たれた。

梅北一揆の目的

朝鮮に出陣せず肥後で蜂起した梅北たちの目的はなんだったのであろうか。ポルトガル宣教師ルイス・フロイスは、この事件について次のような論評を加えている。

「梅北と称する薩摩国の一人の殿が、かねてより（世相を）不快に思っていたところ、（突如）絶望した者のように己の運命を試そうと決意し、若干の部下を従えて肥後国に侵入し、そして『薩摩国王』の命令で戦いが始まり、（老）関白を打倒するため日本の全諸侯が謀反を起こしたと言いふらした」

つまり、秀吉に服属したことから要求される朝鮮侵略などの軍役に反発し、同様の武士たちを糾合して豊臣政権から独立しようと考えたようである。その計画の背後には、同じく秀吉に反発していると思われる当主義久も賛同するのではないか、というような甘い見通しがあったかもしれない。しかし、このとき名護屋にいた義久の行動は迅速であった。六月十八日付の秀吉朱印状には、そのあたりの事情が次のように記されている。

今度島津家中の者、不出陣の者相改め遣わされ候の処、その内梅北宮内左衛門尉と申す者、遅渡海の儀迷惑せしめ、佐敷辺一揆を企つの由、義久名護屋に相詰め、則言上候。

――こんど島津家中で出陣していない者を調査し出陣するよう命じたところ、家中の梅北宮内左衛門尉という者が、渡海に遅れたことに自暴自棄になり、佐敷あたりで一揆を企てたということを、名護屋に詰めていた義久が即座に言上した。

五月四日に鹿児島を立ち、六月五日から名護屋に詰めていた義久は、梅北一揆の報を受けるや、即座に細川幽斎を頼んで秀吉に披露してもらった。一揆の理由は、朝鮮に出陣していない者を調査し派遣させようとしたところ、遅れて渡海することを心外に思った梅北という者が「遅渡海の儀迷惑」に思って一揆を起こした、ということになっている。

もちろん、かれの言に嘘はないと思う。島津大名権力の代表者である義久にとって、朝鮮侵略に反抗することは身の破滅であった。義弘の惨状を知った義久は、国元へ出陣の命令を出したのである。しかし、朝鮮に出陣することになんの動機づけももたない者たちは、その命令を理不尽なものとして、あくまで非協力的であった。その中で出陣しようとした梅北が、あるいはここで蜂起してこの地域に独立政権を樹立すれば、周辺の土豪や百姓、あるいは、病気を理由に渡海を渋っているように見えた当主義久の支持をえることができるのではないか、と思いつめたというのが事の真相であろう。

2　秀吉、島津歳久に自害を命ず

義久の冷汗

義久も、事態の重大さを十分に認識していた。義弘に宛てた書状には、次のように述懐している〔七月付島津義久書状案〕。

島津義久（龍伯）の花押

忽《たちま》ち諸家より言上致され候へば、愚拙相果つべき様躰《ようたい》別儀なき処に、最前言上せしめ候の故、太閤様　上意恭《かたじけ》なく候て、進退奇特に安穏の事、まことに天道の加護にても候哉、不思議の子細の事。

——先に他大名から注進されていたとしたら、自分の身上は果てたにちがいないが、最初に言上したため、太閤様の上意にもかかない、対応が優れていたとして事なきをえることができたのは、まことに天道の加護とでもいうのであろうか。不思議な成り行きであった。

即座に言上したことで心証をよくした秀吉の処遇は厚く、「薩隅の置目」を改めよと命じられて薩摩にくだる細川幽斎の案内者として、義久も鹿児島へくだることになった。また、薩摩・大隅両国の検地の事も命じられ、梅北一揆鎮圧のために先月以来八代城に逗留していた浅野長政が当たることになった、という情報も流れている。

　じっさい、梅北一揆が他から秀吉に報じられたとしたら、あるいは義久がまだ名護屋に到着していなかったら、などと考えると、義久が胸をなでおろしたのもうなずけるところである。しかし、このような油断で身上の果てた大名は多い。はたして鹿児島にくだった義久には、過酷な命令がくだされた。

島津歳久の処置

七月五日、鹿児島にかえった義久は、同日付で名護屋の秀吉に注進状を送るが、折り返し返ってきた七月十日付の秀吉朱印状には、義久の弟歳久につき次のように記されていた。

「先年（島津氏征伐に）薩摩へ軍を出したとき、歳久は上意に対し慮外の働きをしたため処罰しようかと考えていたが、その方と義弘を赦免したため同様に許した。しかし、京都に参勤することもなく重々不届きなので、京都からでも命じようかと考えていたが、ついでもなく延引していた。今回、もし歳久が義弘とともに朝鮮に渡っているなら、その身の儀は助け、家中の者に悪逆（反乱）の棟梁がいるのであろうから、十人も二十人も首をはねて進上せよ。もし朝鮮に渡らず国元にいるのであれば、かの歳久の首をはねて提出せよ」

「慮外の働き」とは、秀吉が歳久の祁答院《けどういん》領を通りすぎたとき、秀吉の輿に矢を射かけたことをいう。また、「悪逆之棟梁」という言い回しをみると、秀吉は、梅北一揆の陰に歳久がいるのであろうと推測しているようである。

たしかに北薩摩を領地とする歳久を一揆の背後にみるのは自然である。そのため秀吉は、歳久が朝鮮に出陣しているか否かを試金石としようとしたわけである。

はたして歳久は朝鮮へは出陣していない。年来の病身のため、国元で静養していたのである。秀吉の誤解であるが、なかなか申し開きもできない。

歳久の自害

七月五日、鹿児島についた義久につづき、細川幽斎も九日に鹿児島へはいった。義久は、「歳久の幼い孫袈裟菊《けさぎく》だけは許してほしい」と願い、幽斎も「歳久一族の納得にもなろう」と袈裟菊には別儀ない旨の誓詞を書き、老中町田久倍《ひさます》に命じて、歳久に出頭させようとした。袈裟菊の母は歳久の長女、父は日向白根坂で討ち死にした養嗣子忠隣である。

幽斎の誓詞をもった瀬戸口藤兵衛という使者が、歳久の居城、川内川の中流にある宮之《みやの》城《じょう》に派遣された。かねてから中風で苦しみ、いまも腹中をわずらっている歳久も、ここで出頭して弁明しなければ一族の破滅だと考え、十日に宮之城をたった。

歳久が鹿児島に到着する前の七月十六日、先の秀吉の朱印状が鹿児島へとどいた。義久をはじめ老臣たちは困惑したが、ここは秀吉の命令にしたがって歳久の首を提出するしかないと談合しているところに、歳久が出頭した。

朱印状をみせられた歳久は、居城宮之城に立ち退いて自害しようと、その夜ひそかに鹿児島を出船した。しかし、追手に追跡され、本田・蒲生《かもう》など行く手にも軍勢が立ちはだかっているのを知った歳久は、船を瀧ケ水（鹿児島市）につけ、上陸した。

歳久は、家臣たちに逃げるよう告げたが、家臣たちは、「千度同じことを命じられても、一人も生き残るつもりはありません」と言い切る。鹿児島方の追手は、ぜひとも自害させなければならないと、鎧の袖を涙でぬらしながらも瀧ケ水に船を押し寄せ、家臣たちは歳久の自害の時間をかせごうと、弓・鉄砲で防戦した。

歳久は、宿病のため手足が心にまかせず、追手の者に向かって、「だれかある。はや近づきて首をとれ」と命じたが、追手にとっても主君義久の舎弟である。なかなか進み出る者はいない。しばらくあって原田甚次という者が進み出て、ついに歳久の首を掻いた。七月十八日のことである。

それまで火花を散らして斬り合っていた者たちも、鑓や刀を投げ捨て、あるいは木の下や岩の陰に倒れ伏して、声をあげて泣きだした(「歳久公御生害之記」)。

義久の思い

義久も、歳久を殺したくはなかった。歳久生害を聞いて宮之城に立てこもった家臣たちを慰撫する書状の次のような一節に、それはうかがえる。

今度晴蓑《せいさ》(歳久)進退之事は、御朱印指下《さしくだされ》、幽斎老拙者同前、去十六日拝領致し訖《おわんぬ》。さて兄弟之列堪え難きといへども、上意により、外には患気を顕さず、内には悲涙に沈

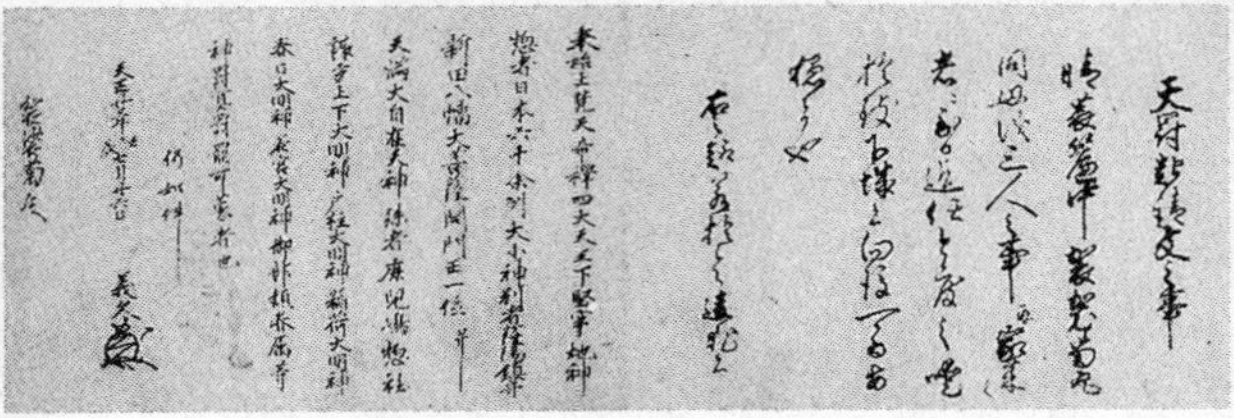

島津義久の起請文　天正20年（文禄元）7月26日

袈裟菊に宛てた天罰起請文之事という前半の誓約を、後半に掲げた神々の名で誓っている。このとき相前後して送られ、宮之城の家臣に開城をさとした書状は薩摩武士の生き方を示唆する迫力にみちていた。

み候。

――こんどの歳久の処分は、御朱印が幽斎老と拙者宛にくだされ拝領した。歳久に自害を命ずるなど、兄弟の間で堪えがたいことだが、上意なので、外見では平気な顔を保ち、心中では悲しみの涙に沈んでいる。

兄弟でありながら自害を命じなければならないのは、つらい。しかし、秀吉の命令とあらばしかたがない。もしかれが朝鮮に出陣してさえいれば、という秀吉の配慮もある。また、そばには薩隅仕置のために派遣されてきた細川幽斎もいる。ここはなんとしても歳久に死んでもらわねばならない。

七月二十六日、義久は、宮之城に立てこもった歳久の遺臣たちに対して袈裟菊宛の起請文を出し、懇切に開城をさとした。この起請文では、歳久の妻・袈裟菊・袈裟菊の母の三人、および家臣にいたるまで、このたび下城すれば後の面倒はみる（「向後安穏」）ことを誓っている。

しかし、なかなか宮之城は開城しない。八月十一日になってようやく城を出、南十キロほどの入来院《いりきいん》のほうに立ち退いた。義久も、無理に攻めるようなことはしなかった。その後、祁答院領は幽斎によって検地され、義久の蔵入地（直轄地）になることになった。

鹿児島市瀧ケ水の地には、現在歳久を祭神とする平松神社があり、歳久ならびに殉死者と由緒のある者の墓が立っている。義久は、秀吉死後の慶長四年（一五九九）、この瀧ケ水の地に心岳寺を建立して歳久の菩提を弔っており、それが明治三年（一八七〇）に平松神社になったのである。義久の歳久に対する感情が推測される行為である。

3　細川幽斎による薩隅仕置

八月十四日付秀吉朱印状

細川幽斎（長岡藤孝）は、支流とはいえ室町幕府の管領であった名門細川家の出身である。室町幕府最後の将軍足利義昭に仕え、義昭没落後は信長に仕えていた。かれの嫡子細川忠興は、明智光秀の娘を妻にしていたが、本能寺の変を起こした光秀には荷担せず、豊臣政権下でも一定の地位を築いていた。

島津家服属後、島津家との取次をまかされ、今回も「仕置」を命じられたのは、島津氏と共通する出自のよさがひとつの要因であろう。

細川幽斎が秀吉から命じられた「薩隅御仕置」とは、どのような内容をもつものだったのだろうか。「御仕置」とは、江戸時代の刑事裁判の判例集が『御仕置例類集』と呼ばれるように、「処罰」とか「こらしめ」という意味であるが、このころは政治、あるいは政治の刷新というような意味で用いられる。

天正二十年（一五九二）八月十四日、秀吉は三か条の朱印状を義久と幽斎に発給する。これによれば、幽斎が命じられた「御仕置」の内容は次のようなものである。

①島津義久と義弘の蔵入地で、近年売却した田畠は、ことごとく勘落《かんらく》（取り戻すこと）し、元のように蔵入地とすること。
②寺社領の勘落分を検地し、今年の所務（年貢）から義久の蔵入地にすること。
③島津家中の代官の算用を改めること。

以上でわかるように、島津大名権力の経済基盤の強化が目的であった。

のちに詳しく考察するが、戦国大名の蔵入地はおおむね弱体なもので、その程度の規模ではとても長期の遠征などは行えない。島津氏の九州統一戦争にしても、現地での兵糧略奪を前提としたものだった。他方、秀吉の戦争は、兵士たちが現地での略奪を行わなくてもよいように、多くの直轄地と潤沢な金銀をもつ秀吉が兵糧を支給する体制になっていた。島津義弘が、わずか二、三年の在京生活で音をあげたように、貨幣収入にいたってはとるに足らないものであった。

①で指摘されているように、それらの戦費をまかなうため島津氏の蔵入地は売却され、さらに弱体化していた。これを豊臣政権の後押しで取りもどそうというのである。

これらの「仕置」は、大名権力としては申し分のないものであるが、とうぜん国元の家臣たちの利害とは相反し、つよい反発をうける。また、寺社領からも一定部分を上知《あげち》（没収）し、蔵入地に編入した。また、蔵入地支配にあたる代官の算用も不正が多く、綱紀粛正をはかっている。

幽斎の仕置の実態

幽斎は、文禄二年（一五九三）正月に鹿児島を離れ、上京した。この幽斎の「仕置」は当初から成功したとは考えられなかったようで、かれの家臣麻植《おえ》長通は、義弘の側近伊勢貞真に次のような感想を述べている。

憚《はばか》り多き申し事に御座候へども、常々緩《ゆる》みに仰せ付けらる故に候哉、今度在国中、諸侍気違い申す儀遠慮なく万申し談じ候へども、何とも事行かざる様に御座候。

――申しにくい事でございますが、つねづね御家臣への対処が手ぬるいためか、こんどの在国中、御家臣方へ心得ちがいの儀を遠慮なくいろいろと申し談じましたが、なんともはかどりません。

島津氏が家臣団を「常々緩みに仰せ付け」ているためだとされているが、戦国大名の家臣団にとってはそれが当たり前で、上方風の統制をうけたことがなかった。おそらく麻植のいう道理が、本当に理解できなかったのである。戦国時代と近世の違いに加えて、上方と薩摩の違いもある。「戦国大名家臣団の自立性」ともいえるが、少し違う。むしろ文化や風習の相違に近い。

京都にのぼり、上方の者たちや諸大名の姿をみた義弘だけは、その規律におどろき、豊臣政権の指示にしたがわないときは身の破滅であることを心の底から理解した。しかし、国元にいる家臣団は、いまだ従来と同じような認識であった。あれだけ秀吉が重視した朝鮮侵略への軍役賦課も、かんたんにサボタージュしてしまう者たちだった。島津歳久の悲劇も、そのあたりの認識の希薄さが原因になっている。島津家では病気なら出陣しなくてもよいが、上方風では病気など理由にならない。

したがって、幽斎の仕置は、混乱を避けようとすると、いきおい妥協的なものにならざるをえなかった。この事態が深刻化するのは、幽斎と義久が国元を離れて上洛したあとである。

新納旅庵の報告

文禄二年(一五九三)八月二十三日、巨済島《こさいとう》の義弘に、国元の家老新納旅庵は、幽斎仕置ののちの領国の様子を次のように報告する。

「大隅の国のしかるべき在所は、(本来、義弘の蔵入地に編入されるはずであったのに)みな鹿児島(義久)の御蔵入になり、残る所も、鎌田政近や長寿院盛惇らが鹿児島衆(義久の家臣)に与え、ようよう宮内・大窪・田口が少し御公領(義弘の蔵入地)になりましたが、門屋敷《かど》(年貢収納の単位)がわずかに十二、三しかありません。何千石といっても、畠・畑ばかりで、後日用に立つようなものではございません。そちらからきびしく仰せになり、ぜひとも大隅のうちで勘落した所は、みな御公領にしてしかるべきかと存じます」

大隅の勘落した知行は、ほとんどみな義久の家臣に与えられてしまったのである。わずかに残った土地は、霧島神宮周辺など、山がちでとても豊かな土地とはいえなかった。

八月三日の新納忠元宛島津久保書状によると、朝鮮で久保が召しつかっている者たちの知行までそれぞれ上知(収公)になったようである。久保はその不当な処遇に怒り、即刻返却すべきことを申し送っている。

このように、国元の知行割は、義弘や久保のいないのをよいことにして、かなり恣意的に行われたようである。

義弘の抗議

このような現状を知った義弘は、朝鮮から豊臣政権の財政担当の奉行長束《なつか》正家に書状を送って、本来の命令どおりに是正してほしいと嘆願する。

「勘落の社領などまで、ことごとく義久と拙者の蔵入にすると仰せ出されたことは、身に余ることで忝《かたじけ》なき次第、感謝の言葉もございません。しかるに、朝鮮へも出陣していない在国の者ども、京都から下がってきた能役者たち、あるいは町人、あるいは他所より薩摩へきて奉公もしていない牢人どもへ、新知（新たに知行を与えること）が出されました。また、代官どもの儀は、上方のごとく申し付けるようにと御朱印にて仰せ出されましたが、代官に命じたからといって新知を出され、その上、代官全員に加増されましたので、そのような者たちは二重に新知を出されたことになります。そのような知行が合わせて一万千余石配分されております。なんとも迷惑なことでございます」

直接には言及していないが、在国している義久の家臣たちに、新知が与えられることに強い疑念を表明し、それらの知行を久保の蔵入地にするよう朱印状で命じてほしいというのが義弘の嘆願である。

この義弘の書状は、石田三成に見せられた。三成の家老安宅秀安は、初めて知った実情に激怒し、八月二十八日付で書状を送る。

まず安宅は、義弘の立場に理解を示しながら、幽斎の仕置を、「沙汰の限りで、言語道断のことです。第一に御朱印の旨をことごとく背かれ、欲にかられたほしいままのふるまいです（沙汰之限、然るべからず候。第一御朱印を悉く相背かれ、よくをほんと恣《ほしいまま》の振舞に候）」

と口をきわめて批判し、「このままにしておいては、いずれにしても御家はつづかないでしょう（その儘《まま》置かれ候ては、何《いず》れの道にも御家は続くまじく候）」と義弘に警告を発する。

安宅によれば、この原因ははっきりしていた。

「義弘らが家臣に対して弱腰であることを家臣のほうでも知っているので、こんどのように主人に一度も申し入れることなく知行を山分けし、その上、知行や代官職などを好き勝手に入れ替えて取ったりするのです（惣別御心よはく候事を、御家中衆も存知候故、今度のごとく、主仁にも一届をも申し入れず知行をわけ取り、剰《あまつさ》へ知行幷《ならびに》代官職なども恣に替へ候て取り候）」

ということである。しかし、朝鮮に出陣していて国元の状況がわからない義弘たちとしては、いかんともしがたかった。

薩隅検地の風説をめぐって

この八月初頭、久保は、家老の山田有信（理安）らを国元に返して、勘落分の知行を蔵入地にするようさせている。義弘も同様である。

「たとえすでに蔵入地になるべき土地が他に配分されていて、その給人が嘆願しても、上下の例法であるからきちんと蔵入地として年貢を収納させるようにしなさい（たとひ配分に罷《まか》りなり、その給人侘び候とも、上下の例法に候の間、緩みなく収納せしむべき事）」

と少々の混乱があっても強行するよう命じている。

しかし、このようなその場しのぎの方策では限界がある。抜本的な領国の検地が必要であった。これは、義弘も重々承知していた。すでにこのころ、島津領国に検地がなされるという風説（噂）が流れていたようである。この検地は、大名が行うものではなく、秀吉の奉行によって行われる「太閤検地」であった。

この年七月八日、義弘は、義久にたいして次のような書状を送っている。

「爰元《ここもと》の風説では、薩摩・大隅に検地が行われるといいます。もし本当ならば困ったことです。なぜなら、家臣たちの多くが留守で、検地奉行衆への対応などとてもできないでしょう。検地奉行衆の機嫌をそこなえば、国のためになりません。諸大名とも石田三成殿を頼んで検地をしてもらおうと申し合わせています。当国においてもたびたび御内談申しております。ですから、石田殿が御帰朝した折りに、そのように頼むつもりです。そのお心得をなさってください。石田殿の御帰朝も近々でしょうから、さして間をおくことはございません」

義弘は、取次である石田三成に検地をしてもらうことによって経済基盤を強化し、この窮地を乗り切ることを決意しているのである。家臣団統制がルーズで、経済的基盤が弱体な島津氏にとって、豊臣政権の実力者である三成の保護がどうしても必要であった。大名権力の強化統制を使命とする三成に積極的につながることによって、島津氏の存続をはかろうという策である。

義久と義弘の違い

この書状に対して義久は、「検地をするというような話はない」と答え、

「おそらくは出水の検地（後述する島津忠辰の改易にともなうもの）などのため、そちらにそのような風説があるのだろう。なんとも国の乱れになることで、困ったものだ」

と感想をもらしている。

義久のほうは、領国の検地などは家中の反発をおそれて気がすすまない。

また、三成に検地を依頼する件についても、

「しかし、（秀吉から）仰せ出されてしまえば、石田殿へお願いするというような嘆願は

できないのではないだろうか」

と冷たく答えている。義久には、島津氏の行く末についてあまり危機感がない。

この両者の違いはなにかといえば、実際に朝鮮に出陣して諸大名の姿をみ、自らは「日本一の遅陣」をして改易の恐怖を味わった義弘と、せいぜい京都と名護屋に少しだけ詰めたにすぎない義久の差であろう。

義弘のほうは、そのような体制をつくらないかぎり島津の家は永続しないという認識があるだけに切実である。いっぽう、義久は、戦国時代以来の当主であるから家臣団の圧倒的な忠誠心を集めているが、それだけに家臣たちの境遇を劇的に変化させる可能性のある太閤検地は避けたい。そこに、なんとしても島津家の体制を「近代化」して、豊臣政権のもとで十分な奉公ができる大名権力を樹立したいという義弘との路線の違いが出てくるのである。

第四　はてしない戦い

1　朝鮮侵略軍の動向

平壌入城

漢城《ハンソン》（ソウル）を占領した日本軍は、天正二十年（一五九二）五月二十九日、開城《ケソン》を落とし、さらに西北に軍を進めた。

六月七日、黄海道《ファンヘド》安城《アンソン》にいたり、小西行長ら第一軍は平安道《ピョンアンド》平壌《ピョンヤン》をめざし、加藤清正ら第二軍は咸鏡道《ハムギョンド》に向かった。

いっぽう、漢城をのがれた朝鮮国王は、五月七日、平壌にはいっていた。

小西らは、六月八日に、平壌の大同江《テドンガン》に迫り、翌九日、大同江上に船を浮かべ、朝鮮側と会談した。内容は、明侵略に協力せよとのことであったが、とうぜんのことながら朝鮮側は拒否し、会談は決裂した（『李朝実録』）。

六月十一日、朝鮮国王は平壌を脱出する。その夜、朝鮮軍は日本軍に攻撃を試みるが失敗した。

十三日深夜にも朝鮮軍は日本軍に奇襲をかけるが失敗し、翌十四日には、平壌を捨てて、撤退した。

六月十五日、小西行長らは、無人の平壌に入城した。

いっぽう、咸鏡道に向かった加藤清正・鍋島直茂らは、六月十七日、安辺《アンビョン》にはいり、清正は安辺に、直茂は少し北方の咸興《ハムフン》に本陣をおいた。そして、各地に番城を築いて在番の武士を駐留させ、逃亡している農民に帰宅することをすすめ、指出《さしだし》（年貢の申告書）を提出させて年貢の収納にあたり、長期的な占領体制を築こうとした。

清正は、七月半ばには北へ軍を進め、会寧《フエリョン》で朝鮮の二人の王子を捕えた。七月末には、豆満江《トマンガン》を渡ってオランカイ地域にまで侵出し、九月二十日、安辺に帰陣した。

朝鮮義兵の蜂起

このころまでの日本軍の戦いは、「破竹の勢い」という形容がぴったりのものであった。

しかし、各地で両班《ヤンバン》（文武の官僚に任ぜられた特権的身分）層を指導者とする「義兵」が決起し、抗日運動を展開しはじめた。慶尚道《キョンサンド》の郭再祐《クアクぜウ》、全羅道《チョンラド》の高敬命《コギョンミン》・金千鎰《キムチョンイル》、忠《チュン》清道《チョンド》の趙憲《チョホン》・僧侶霊圭《ヨンギュ》、京畿道《キョンキド》の禹性伝《ウソンジョン》、黄海道《ファンヘド》の李廷馣《イジョンアム》・金進寿《キムジンス》・金万寿《キムマンス》・黄河水《ファンハス》、平安道《ピョンアドン》の李柱《イジュ》、咸鏡道《ハムギョンド》の柳応秀《ユウンス》・鄭文孚《チョンムンブ》らである〔北島万次『豊臣秀吉の朝鮮侵略』〕。

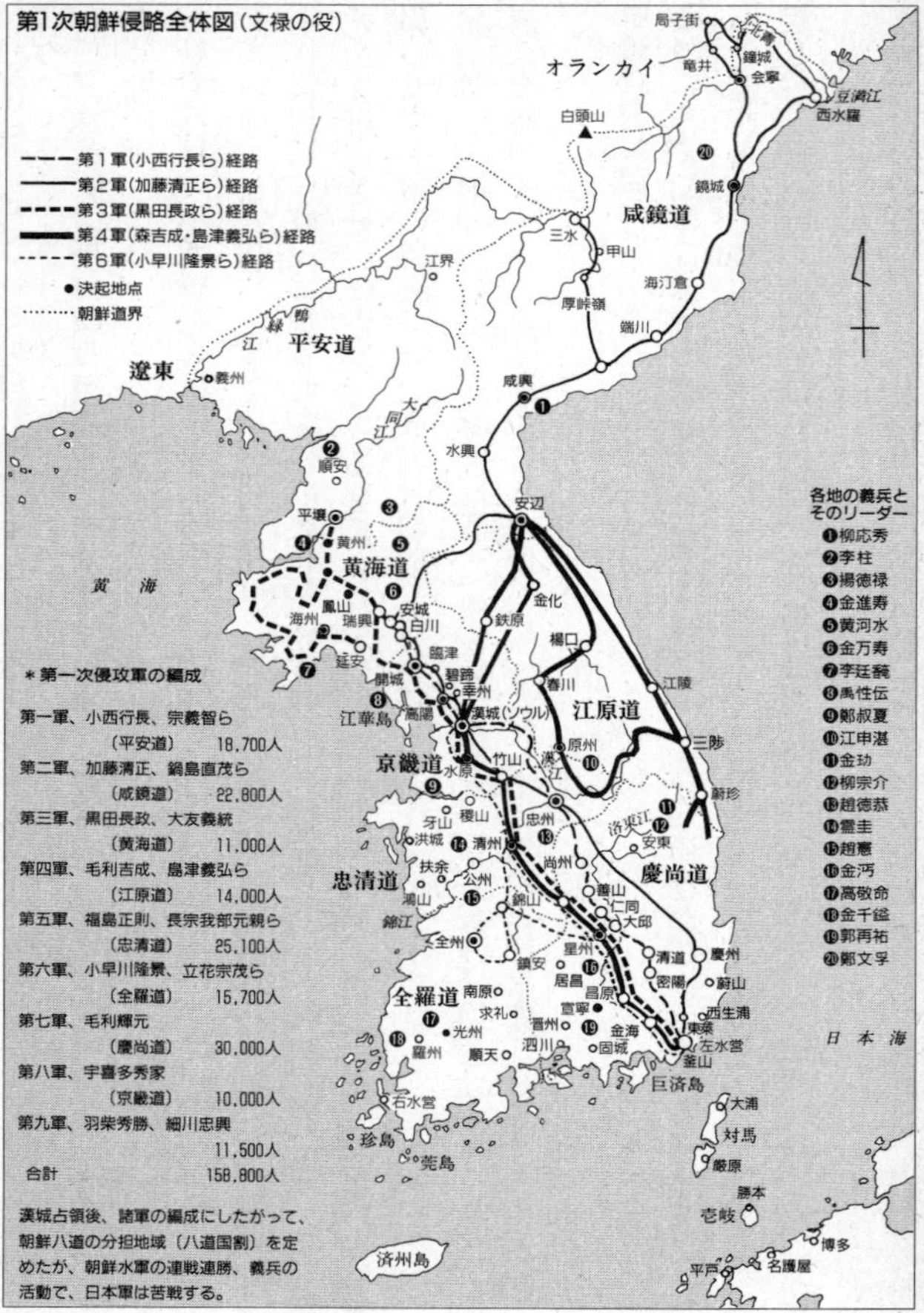
第1次朝鮮侵略全体図（文禄の役）
第１軍（小西行長ら）経路
第２軍（加藤清正ら）経路
第３軍（黒田長政ら）経路
第４軍（森吉成・島津義弘ら）経路
第６軍（小早川隆景ら）経路
決起地点
朝鮮道界
局子街
鐘城
オランカイ
竜井
会寧
豆満江
西水羅
白頭山
鏡城
咸鏡道
三水
甲山
江界
海汀倉
厚峙嶺
端川
鴨緑江
平安道
遼東
義州
咸興
大同江
水興
順安
安辺
平壌
黄州
黄海道
黄海
金化
鳳山
安城
海州
瑞興
白川
鉄原
楊口
延安
臨津
開城
碧蹄
坡州
春川
江陵
江華島
高陽
漢城（ソウル）
江原道
三陟
原州
京畿道
竹山
漢江
水原
蔚珍
忠州
牙山
稷山
洛東江
洪城
清州
安東
尚州
扶余
公州
慶尚道
忠清道
鴻山
善山
錦江
錦山
仁同
大邱
全州
星州
清道
慶州
鎮安
居昌
密陽
蔚山
全羅道
南原
昌原
西生浦
求礼
宜寧
東莱
光州
晋州
金海
左水営
日本海
羅州
順天
泗川
固城
釜山
巨済島
右水営
大浦
対馬
珍島
厳原
莞島
勝本
壱岐
博多
済州島
平戸
名護屋
各地の義兵と
そのリーダー
❶柳応秀
❷李柱
❸揚徳禄
❹金進寿
❺黄河水
❻金万寿
❼李廷馣
❽禹性伝
❾鄭叔夏
❿江申湛
⓫金玏
⓬柳宗介
⓭趙徳恭
⓮霊圭
⓯趙憲
⓰金沔
⓱高敬命
⓲金千鎰
⓳郭再祐
⓴鄭文孚
＊第一次侵攻軍の編成
第一軍、小西行長、宗義智ら
（平安道）　18,700人
第二軍、加藤清正、鍋島直茂ら
（咸鏡道）　22,800人
第三軍、黒田長政、大友義統
（黄海道）　11,000人
第四軍、毛利吉成、島津義弘ら
（江原道）　14,000人
第五軍、福島正則、長宗我部元親ら
（忠清道）　25,100人
第六軍、小早川隆景、立花宗茂ら
（全羅道）　15,700人
第七軍、毛利輝元
（慶尚道）　30,000人
第八軍、宇喜多秀家
（京畿道）　10,000人
第九軍、羽柴秀勝、細川忠興
11,500人
合計　158,800人
漢城占領後、諸軍の編成にしたがって、朝鮮八道の分担地域（八道国割）を定めたが、朝鮮水軍の連戦連勝、義兵の活動で、日本軍は苦戦する。

これら義兵は、組織的に蜂起したものではなく、それぞれの郷土防衛が大きな目標となっていた。しかし、正規軍とちがって数が多いため、日本軍は苦慮した。

咸鏡道の加藤・鍋島らが在番体制を固めることができたのも、日本軍に呼応する傀儡《かいらい》政権ができたからである。加藤が捕えた朝鮮二王子も、もと全州《チョンジュ》（全羅道）の住人で会寧に配流されて官吏になっていた鞠景仁《ククギョンイン》という者が、落ち延びてきた二王子を捕獲し、清正に差し出したものであった（李炯錫『壬辰戦乱史』）。

しかるに「義兵」が決起して戦うようになると、日本軍は現地調達するはずの兵糧不足に苦しみ、また傀儡政権も義兵に討ちやぶられて、しだいに在番体制は破綻してきた。

破綻する在番支配

文禄二年（一五九三）正月十一日付の石田三成・増田長盛・大谷吉継・加藤光泰・前野長康連署の報告（長束正家・石田正澄宛、金沢工業大学図書館所蔵文書）には、各部隊の状況が詳細に記されているが、中でも次の条項に日本軍の問題点がリアルに表されている。

「福島正則は、去年以来はや五六度も三万四万という敵の大軍に攻撃されています。敵の大軍をたびたび切りくずし、五百や三百の敵は討ちすてにしましたが、敵の人数は減らず、味方は負傷者が増え、しだいに少なくなってきます。武器や鎧など損耗しています」

正則は、敵の大軍を支えて戦い、しかも勝利していた。

しかし、いくら個々の戦いに勝っても、敵はあとからあとから出現し、日本軍の兵員や装備の損耗はしだいにつのってくる。国元からの軍勢の増補や武器・弾薬の補給がなければ戦線を維持できないが、兵站線《へいたんせん》が長すぎる上、そもそも国元の軍役を全力で動員しているわけだから、急には困難であった。

また、兵糧不足は深刻であった。

「兵糧さえあれば、諸大名が申しあわせて、どれほど明軍が攻撃してきても、討ちはたすでしょう。しかし、諸大名とも自軍に兵糧がなく、少しの陣替えにも五日や十日はかかる道のりなので、人数が増減してうまくいきません」

「兵糧さえあれば」という文面が切実である。また、つなぎの城（兵站線を維持する城）を築き、補給体制を整備しているが、朝鮮国土は広大で、陣替えするにも四国・九州などとはけたちがいに時日がかかり、兵力は分散して弱体化する。加藤清正らの咸鏡道の在番支配体制も、文禄二年にはいると破綻してしまった。

李舜臣水軍の活躍

日本軍を苦しめたのは、義兵だけではない。すでに述べたように、全羅《チョンラ》左道《ジャド》水軍節度使李舜臣が、日本軍侵攻早々の五月七日、巨済《コゼ》島《ド》玉浦《オクポ》で藤堂高虎の水軍をやぶり、以後連戦連勝をかさねていた。

七月八日には、閑山島《ハンザンド》沖の海戦で、脇坂安治らの水軍をやぶり、ついで安骨浦《アンゴルポ》の九鬼嘉隆・加藤嘉明らの水軍を襲撃して、勝利をおさめた。

李舜臣の水軍には、鉄で外側をおおった亀甲船《コブクソン》がある。背中一面に槍先を植えてあり、人はのぼれない上、船内から外はみえるが、外から内部はみえない構造になっている。これによって、日本水軍得意の銃撃戦と斬り込みが封じられ、舷側の砲列により、日本にはまだなかった火砲戦法が威力を発揮した。

日本軍はこれに苦しめられた。これらの戦いにより、日本軍は、潮流のはげしい変化など慣れぬ海域での水軍の戦いの不利をさとり、以後、巨済島に城を築き、陸づたいに朝鮮水軍の根拠地を討つ方針に転換した。

このの5李舜臣は、慶尚右道水軍節度使元均《ウォンギョン》のねたみをかい、讒訴《ざんそ》されて、しばらく獄につながれることになる。

平壌の戦い

天正二十年五月に秀吉の朝鮮侵入を知った明は、朝鮮からの救援要請にこたえ、迅速に援軍を送った。明の北辺を守る遼東の兵五千である。しかし、七月十七日、気負って急襲した泥雨中の平壌攻撃は無惨に失敗し、一気に遼東まで遁走した。

同年九月、小西行長は、明の申し出た和議に期待して、五十日の停戦協定を結んだ。

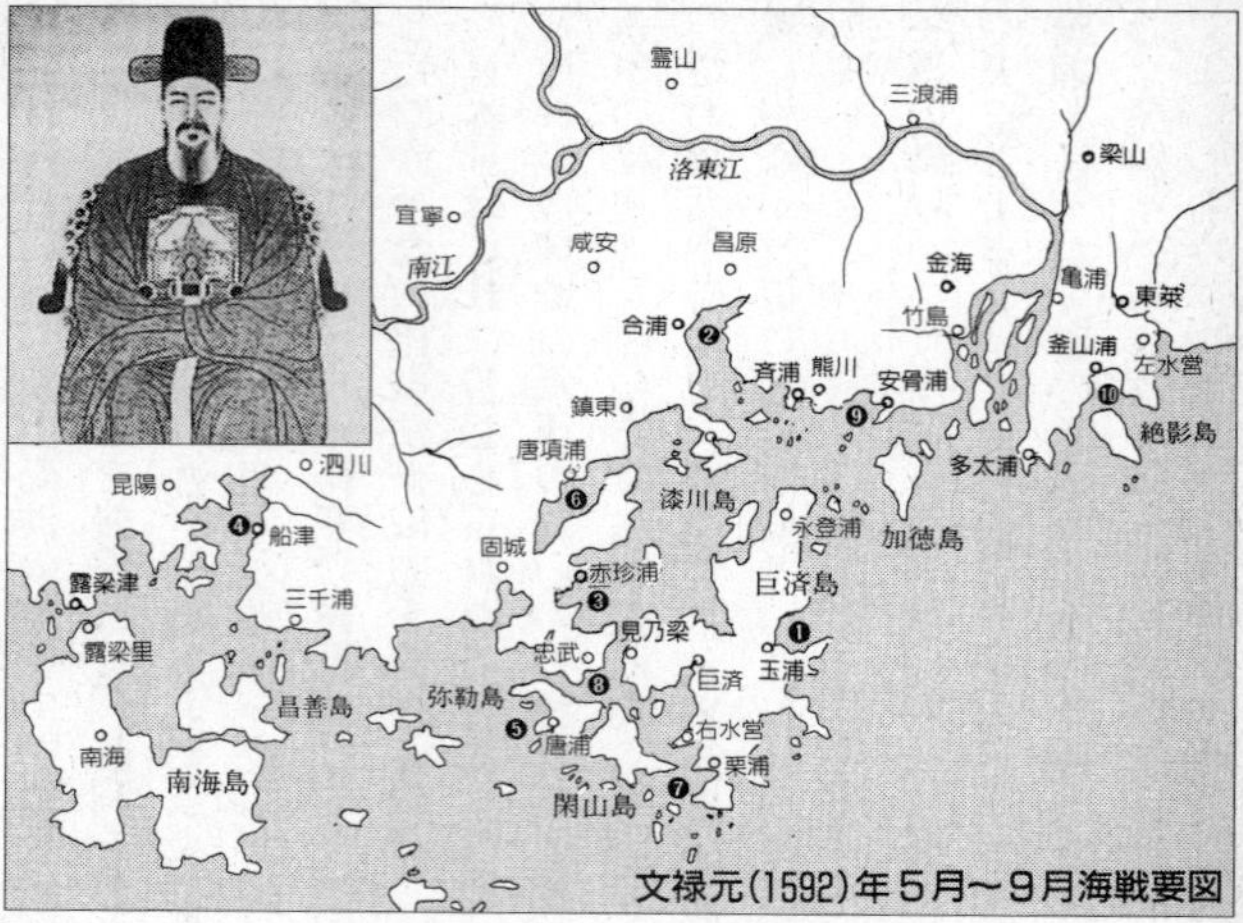

海の英雄李舜臣（左上）は、５月７日の玉浦から９月１日の釜山浦海戦まで、４か月間で、10回の海戦すべてに勝利を収め、日本全軍の戦略を破綻させた。

同年十月、平壌の敗北に大きな衝撃を受けた明は、必勝を期して、当時文武の逸材として知られた兵部《ひょうぶ》右侍郎《うじろう》（軍務次官）宋応昌と提督（軍司令官）李如松を朝鮮に派遣することにした。明中央の軍隊が、本格的に出動することになったのである。

十二月二十五日、李如松は、四万八千の軍勢を率いて鴨緑江《アムノクガン》を渡り、朝鮮軍一万とともに平壌に迫った。

翌文禄二年（一五九三）正月八日、李如松は、全軍をあげて平壌城を攻撃し、城内に突入した。小西行長軍八千もよく戦い、明軍にも死傷者が続出した。

そこで李如松は、いったん兵を退かせ、退路の保障をして開城を勧めた。

兵糧不足に悩んでいた行長はこれに応じ、平壌を撤退した。

撤退した行長らは、つなぎの城黄海道鳳山《ボンサン》にたどりついたが、そこはもぬけのからであった。鳳山の番城に在番していた大友義統が、行長戦死との虚報におどろき、恐怖にかられて逃亡していたのだ。

行長らは、しかたなく黒田長政の陣する黄海道白川《ベクチョン》へ向かった。さらに、明軍の追撃をうけ、長政とともに京畿道開城にまで退却し、開城に在番していた小早川隆景・吉川広家とともに一月十七日、ソウルにもどった。

平壌の戦いは戦局全体に暗雲をただよわせた。各地の諸将はソウルに参集し、朝鮮奉行石田・増田・大谷らを中心に、迫りくる明の大軍との決戦に向けて軍議をかさねた。島津義弘父子もソウルに向かっていた。

碧蹄館の戦い

平壌の戦いに勝利した李如松は、文禄二年正月十日、開城に着陣し、ソウルをうかがった。

日本軍は、兵糧不足のため籠城策をとらず、城外に迎撃する短期決戦に出た。

碧蹄館《ビョククジェクアン》は、ソウルの北方二十五キロほどの宿場である。

正月二十七日未明、碧蹄館南方で明軍と先鋒の立花宗茂の軍勢が接触した。ついでこの日午前、小早川隆景の軍に李如松の明軍主力が突入してきた。しかし隆景は、伏兵を東西に配置しており、明軍を包囲して攻撃した。鉄砲隊を前面に立て、中央突破して本営を衝いた果敢な攻撃に明軍は四散、李如松は命からがら逃走した。

この大勝利によって、日本軍は、ソウルを保つことができた。

二月十二日には、ソウル奪回をうかがう朝鮮・全羅巡察使権慄《クオンユル》の陣する幸州山城《ヘンジユサン》（ソウル西郊の要害）を、宇喜多秀家を総大将とし、小早川・吉川ら毛利勢および黒田勢、それに奉行石田三成らの軍勢を編成して攻撃した。しかし、権慄はよく守り、宇喜多秀家や吉川広家は負傷し、日本軍は退いた。明将李如松は、碧蹄館の敗北以後戦意を喪失し、講和を望むようになっていた。また日本軍も、先にみたような兵糧の欠乏と兵力の損耗に厭戦気分が起こり、こののち、小西行長を中心に講和交渉が開かれることになる。

2　久保の死

島津義弘父子の進路

島津義弘父子は、先にみたような「日本一の遅陣」をし、ひたすら同じ第四軍の毛利吉

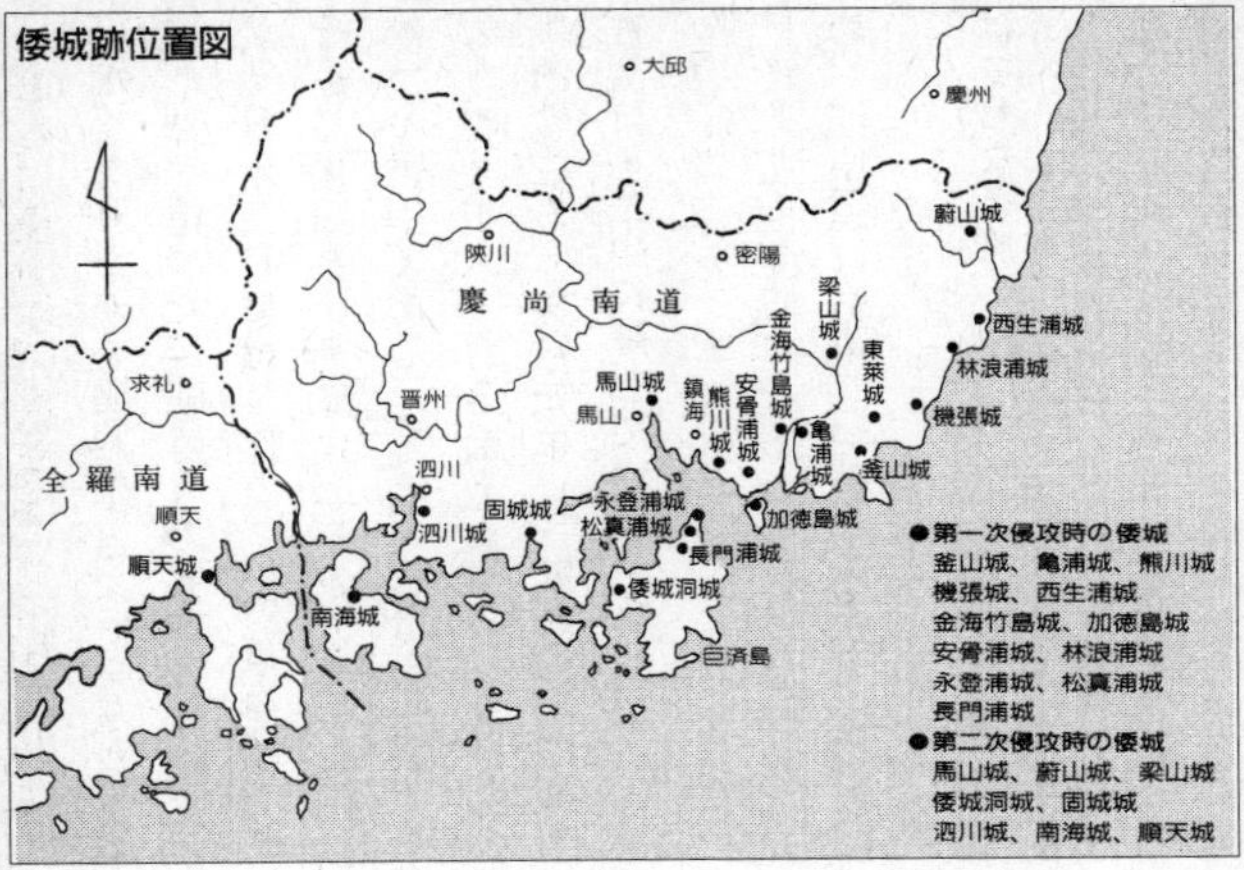

成を追いかけたが、なかなか行き逢えなかった。

この間の父子の進路を示す史料は少ないが、わずかに主人を追って北薩摩大口から従軍した新納《にいろ》忠増の記録が残っており、これによってその進路が推測されている〔池内宏『文禄慶長の役　別編第一』〕。

新納忠増は、船をもたなかったため、壱岐で主君に遅れ、天正二十年（一五九二）五月十八日になって壱岐をたち、二十六日に釜山《プサン》浦《ポ》についた。それより金海《キムヘ》に船で行き、ひたすら主人のあとを追った。

その経路は、密陽《ミルヤン》・清道《チョンド》・大邱《テグ》・仁同《インドン》・清山《チョンサン》（善山《ソンサン》？）をへてソウルに向かっている。おそらく、義弘たちも、わずかな人数でこの経路をたどって、ソウルにはいったのだろう。

主人に逢えない忠増は、六月二十六日にはソウルをたち、「どこともわからない道を、心細くなりながら尋ね歩き（いづちとも知らざる道の行方を心ほそくたづね）」ながら、さらにあとを追った。朝鮮人の案内者を頼んだが、言葉が通じず、難儀している。七月十二日には、江原《ガンウォンド》道の東海岸三陟《サムチョク》で毛利吉成の陣地に着き、吉成に面謁している。そして楊口という城についたとき、城の口にある札をみると、「薩摩衆はこの道筋御通り候」と書いてある。忠増一行は喜んで、二十一日に楊口をたち、いかにも細い道をたどり、ようやく主人と行き会えた。

そのころ、文禄元年（一五九二）の後半、義弘父子は、江原道の永平に、佐土原の島津豊久は春川《チュンチョン》に陣していた。そして、この年の暮れ、十二月二十六日に江原道の金化《クムホワ》に移った。

そして翌年春になると戦局は急転する。平壌の戦いで小西行長が明軍に敗れて退いたため、江原道に駐屯していた義弘父子ら諸将はソウルに戻った。

はてしなき旅

文禄二年（一五九三）四月、講和交渉がはじまり、日本軍は、四月半ばにソウルを撤退した。その直後にソウルに入城した明軍は、さらに南下して慶尚道居昌《コチャン》、全羅道南原《ナムウォン》まで進み待機した。

秀吉は、講和締結まで南部の慶尚道、全羅道を押さえて講和を有利に進めるため、慶尚道の晋州《チンジュ》城攻略の命令を出した。島津氏も、攻撃の一手として派遣されることになった。

晋州城は激戦ののち、六月二十九日に陥落し、日本軍は全羅道に侵入して、朝鮮南岸一帯に相次いで城を築き、諸大名が在番した。いまも石垣を残す「倭城」である。島津氏は、巨済島城の在番を命じられた。

六月二十日、島津久保は、国元の母親宛に書状を出した。次のようなものである。

「御ゆかしき折節、よい便がありましたので申し入れます。このごろはそろそろ帰朝できるかと存じておりましたが、明年の春まで逗留せよとの仰せがあり、年を越すような状況です。さてさてはてしなき旅、つかれはてたる躰、ご推量下さい。しかし何事もございません。ご安心下さい。またお便りします。かしこ」

久保は、講和交渉が始まったという情報を得て、帰国もほどなしと考えたようであるが、なかなか帰れない。「さてさてはてしなき旅」というくだりに、かれの疲れがみえる。

諸人の気も疲れはて…

義弘も、久保同様に妻に書状を送っている。義弘は、書状を書くのが苦にならないらしく、多くの書状が残っている。六月二十二日付の書状はおそらく久保と同じ便であり、その後、八月二日にも出している。これは妻からの待望の書状を受け取った返事である。

「そなたも聞いているように、この春は御引陣のような噂があったが、長い戦いになり、諸人の気も疲れはて、病気になったものは多くが死んでいる。去年以来、諸大名の番所は朝鮮の奥の奥に移っていて、日本からの便りもとどかないようになっている。さりながら、われらのいまの番所は、対馬と一島隔てた島で、船もたやすく乗りつけるので、日本からの便りも折々あるだろうと、自分の気持ちを慰めている。去年の五月三日に当国に着津してから、その方の手紙がこのたび初めて到来した。こちらからは便のあるごとに手紙を書いて申しているが、これほどまで思い捨てられるとは思いも寄らなかった。便のあるときは、詳しい手紙をさいさいよこしてくれ」

とても勇猛な戦国大名の手紙とは思われない。義弘の妻が書状を書かなかったのか、あるいは義弘のもとに着かなかっただけなのかはよくわからないが、戦地の義弘には、妻の手紙だけが楽しみだったようである。

この手紙の中に、「諸人の気も疲れはて、病気になったものは多くが死んでいる」とあるが、あまりに長い戦いで、しかも気候や食べ物などがちがい、病気になり命を落とす者も多かったのである。

久保の死

久保も同様であった。八月中旬から少し患いがちであった久保は、九月八日夜、朝鮮巨済島において死去した。二十一歳の若さである。義弘は慟哭《どうこく》した。

さても昨日八日夜半、久保死去候。我等力落ち、推量あるべく候。この中内々煩《わずら》われ候へども、今かやうに相果てらるべきの躰にてはこれなく候つる。覚の外の儀に候。

——昨日八日の夜半、久保が死んだ。私の落胆を推量してほしい。最近少し患ってはいたが、いま、このように早く死ぬほどの様子には見えなかった。まったく思いもしなかったことだ。

これは、義弘が久保の弟忠恒に送った書状の一節である。義弘は、さらにつづけて忠恒を諭す。

「貴所は近く当地へ参られるということを先日申し越してきた。壱岐・対馬まで渡海していれば日を決めてこの地へ渡ってくればよい。もしいまだ名護屋へいるのなら、まず国元へ帰宅するがよい。こんど渡海するというのも、見舞いのためだから、久保が死んでしまってはもう見舞いの必要もない。ことに宰相（義弘の妻）は頼りを失い、まことに心細く困っているだろうから、貴所が家にいて力になってくれることが肝要である」

力を落としながらも、妻のことを思いやる心持ちが印象的である。

諸大名からの悔み

久保の遺骸は、樺山久高や平田増宗ら重臣とともに薩摩に帰った。そして菩提寺である福昌寺に葬られた。法名を「一唯恕参」という。

久保の悲報を聞き、九月十二日には増田長盛が、同十七日には安国寺恵瓊が悔みの書状をよこしている。

前者は、「御心の内をお察しいたします（御心底の程、察せしめ候）」、後者は、「先年お会いしているだけに、私などはひとしお悲しく思います（去頃《さんぬるころ》面上を遂げ候条、一入《ひとしお》愚等においては愁傷に候）」とあり、現代とほとんど変わらない悔みの言葉である。

久保死去の報は、九月二十三日に名護屋につき、それより京都に帰った石田三成から秀吉に言上された。

久保は、十五歳で人質となって秀吉のもとにおもむき、十八歳のとき小田原陣で初陣をつとめている。秀吉は、「幼少より見知っている者だから、一段と不憫に思う（御幼少より御存知の儀に候処、一段御不便の旨）」と非常にねんごろに悔みの言葉をかけたという（閏九月晦日安宅秀安書状）。

また、九月十二日には、義弘の長女千鶴の婿である豊州家の島津朝久《ともひさ》が、巨済島の陣中で病没した。義弘にとっては、かさねての打撃であった。

三成の指示

島津家の取次にあたっていた石田三成は、久保の死去を秀吉に言上しただけではない。九月十日には、朝鮮に在陣している島津忠長ら一門・老中・有力家臣らに宛てて、「いま義弘は途方にくれているだろうから、こちらから考えるままを申し入れる条々（此度義弘十方在之間敷《とほうこれあるまじき》に付、存寄通申入《ぞんじよりとおりもうしいる》条々）」という文書を送っている。

これには、久保のいた巨済島の陣所に老中か有力家臣をおくこと、番城の普請は義弘の指示を受けるまでもなくおまえたちで念を入れて行うこと、下々の者が勝手に帰朝することはいっさい禁止せよ、といった指示がなされている。

そして、史料の二十二番箱七巻に収められている九月二十五日付の石田三成書状案には、次のように重要な指示がなされている。その人物に宛名は記されていない。

其方事、御大儀ながら京都へ御上り候て、義久御存分にしたがひ、御前へも御披露候て、御諚の趣、羽兵（羽柴兵庫頭＝島津義弘）へも急度《きっと》仰せ越され尤もに候。義弘今程は御取り乱したるべく候。島津殿御家の究《きわめ》此時に候間、御油断あるべからず候。殊《こと》に最前熊川（朝鮮慶尚道）にて申し談ずごとく、御家の御仕置も御諚なされ候。巨細《こさい》は其方へ御申し聞けあるべくと最前　上意候つる条、旁《かたがた》御上洛肝要に候。委細この仁申し含め候。

——そのほうは、大変であろうが京都にのぼり、義久の意見にしたがい（跡目の事を）太閤様へ御披露し、その決定を義弘にきちんと報告せよ。いまは義弘は取り乱しているだろう。（しかし）現在が島津殿の御家の浮沈の決まるときであるから、油断してはならない。ことに、このまえ熊川で話したように、御家の御仕置（検地をさす）も決定された。詳しくはそのほうへ指示せよと上意があったので、このこともあって上洛することが必要である。詳しくは使者に申し含めた。

この書状には、跡継ぎを失った義弘への配慮とともに、こんご島津領国の体制変革を実現しようという強固な決意がみえる。朝鮮から帰朝した三成は、いよいよ本格的に島津領国へのテコ入れを開始しようとしているのである。そしてもう一点注目しなければならないのは、秀吉からとくに指定されて島津家のこんごの「御仕置」にあたる人間がいるということである。それはだれか。

島津家老中伊集院幸侃

いちどは朝鮮に出陣して石田三成と談合し、のちに京都と国元を往復する者、しかも義久の指示を受け、秀吉に披露しうる存在といえば、戦国期以来の島津家有力老中伊集院幸《こう》侃（忠棟）のほかには考えられない。

なお、蛇足ながら付け加えておくと、これが『島津家文書』に残ったのは、幸侃から島津家へこの書状の案文が渡されたからである。このような三成の墨付によって、幸侃は自己の立場を正当化し、島津家にたいして家臣の立場を越えて行動できたのである。

この伊集院幸侃は、天正年中に大隅国高山《こうやま》・鹿屋《かのや》の地頭となり、日向平定に功績があった。また、祖父忠朗・父忠倉の時代から島津家の老中として家臣団筆頭の地位にあった。天正期の坪付打渡状を集めてみると、幸侃は、ほとんどの坪付打渡状に連署している（福島金治『戦国大名島津氏の領国形成』）。

島津氏が九州統一に向かうと、幸侃も肥後八代地頭となり、肥後、肥前島原などに出陣し、天正十四年（一五八六）には筑前に出陣して筑紫広門（勝尾城主、鳥栖市）を降伏させている。秀吉が九州平定に向かうと、いち早く降伏を主張し、豊臣秀長に帰順（このとき、剃髪して幸侃と号した）、肝属《きもつき》一郡（鹿屋・高山・内之浦・姶良《あいら》・大姶良・串良《くしら》・百引《ももひき》・高隈）を与えられている。その後、義久にしたがい京都におもむき、秀吉から茶をくだされたりしている。

細川幽斎の仕置失敗後、三成の指示を受けて島津領国の改革にあたるのは、この伊集院幸侃であり、島津家の領内政治は、あらたに本宗家の跡継ぎに指定された久保の弟忠恒とこの幸侃を軸に展開していくのである。

3　島津忠恒の出陣

忠恒、秀吉に謁見

文禄二年（一五九三）十二月、九月に没した島津久保の弟忠恒は、薩摩から海路京都へ向かい、十三日大坂に到着する。天正四年（一五七六）生まれ、この年十八歳である。十五日には石田三成と会い、その指示にしたがって堺で越年する。三成は、忠恒に非常に親切な態度で、忠恒も信頼している。

翌三年二月には疱瘡をわずらい心配されるが、ほどなく軽快した。三月十九日、堺から上洛し、翌日、伏見城において秀吉に謁見する。これで、久保の没後、忠恒は正式に島津家の跡継ぎとして認められたことになる。三月二十六日には聚楽第で関白秀次に謁見している。

義弘は、三月早々、伊集院幸侃からの書状で、忠恒は秀吉に拝謁をするとすぐ朝鮮へ渡海するよう命じられることになっている、という石田三成の言を伝えられている。

そこには、三成の重要な指示があった。鎌田出雲守政近・伊集院抱節（久治）・比志島紀伊守国貞ら重臣たちも、忠恒の供をして渡海するよう、薩摩へ命じてくれるというので

ある。義弘は、

「これも三成様の好意だとのこと、忝《かたじ》けないことである。それなら、弱輩の身での在陣も心配がないだろう。いよいよ良きように才覚することが大切である（是又治少様御念を入れられ、忝き次第に候。左様に候はば若輩の在陣も気遣ひあるまじく候。弥《いよいよ》然るべき様に才覚候て肝要に候）」

と幸侃へ申し送っている。義弘は、経験ある者たちが若い忠恒の補佐をしてくれれば安全だと素直に喜んでいるようだが、三成の思惑は別のところにあった。

三成の思惑

ひとつは、三成が直接指示することによって、忠恒が軍勢もつれずに朝鮮に渡るような事態を避けようとしたのであるが、むしろその人選が重要である。

鎌田政近・伊集院久治・比志島国貞は、いずれも義久の信任厚い「鹿児島衆」であった。かれらを国元から遠ざけることによって、来るべき島津領の検地をスムーズに実現しようという意図があったのではなかったか。

また、このことから、伊集院幸侃と三成が密接に接触していることがわかる。従軍する者の人選など、三成では事情がわからないはずである。このように的確に人間関係を把握しているのは幸侃にほかならず、かれが三成に進言したと考えてよいだろう。

島津忠恒（のち家久）画像

忠恒はすぐに出発するはずであったが、三成がまた念の入った配慮をみせた。ほどなく義久が上洛するので、それを待ち、義久の娘亀寿（久保の未亡人）との縁組みを決め、祝言をあげてから渡海するようにとのことであった。

義久には男子はなく三女があり、長女の婿は薩州家島津義虎（忠辰の父）、次女の婿は島津彰久（垂水家島津以久《もちひさ》の長男）、三女の婿が久保であった。そのようなこともあり、久保死後の島津宗家の後継者をめぐる忠恒の地位は微妙であったともいわれている。そのため忠恒は、ぜひとも亀寿と結婚せざるをえなかった。

島津領の検地については、年初から京都で三成と伊集院幸侃、それに義久の家老長寿院盛淳《もりあつ》をくわえた三人で談合がかさねられていた。

長寿院盛惇は、幼少より出家し、薩摩の大乗院盛久の弟子になった。壮年におよんで紀州根来山へのぼり八年間勤行し、高野山の木食上人に三年したがったのち国元へ帰り、安養院という寺の住持をしていた。天正十四年（一五八六）九月、義久から家老役を命じられ、秀吉への使者として京都へ派遣された。翌年、義久が剃髪して泰平寺へ出頭したとき、秀吉からお目見えを許された七人の家臣のうちのひとりである。

四月七日付の幸侃の義弘宛書状には、「御国元の検地の実施が決定しました。時期はまだわかりません（御国元検地の事相定まり候、時分は早晩とも決まらず候）」とあるので、検地の実施自体は決まったが、いまだ具体的な日程までは決定していなかった。

四月ごろには三成の家老安宅秀安が体調をくずし、検地に着手できない。このころ、三成への取次も他の者が代行している。

忠恒の出陣

さて、婚礼の祝儀をすませた忠恒は、八月二十五日、名護屋へ到着した。肥前唐津城主で長崎奉行をつとめ、釜山と名護屋を船でむすぶ連絡役でもあった寺沢広高が、忠恒のために「中途まで御着船のお祝い」の使者を派遣し、翌日には、祝儀の品として樽五荷・昆布五十本・生鮑五十立《りゅう》・するめ二十五連をよこしてくれた。

この寺沢および小西行長は、石田三成の人脈につらなる武将であり、三成は忠恒の後見人として行動している。文禄四年（一五九五）五月二十四日の忠恒宛三成書状には、次のように助言されている。

「そちらでの御陣替えなどについて、御談合なさりたいことがあれば、小西行長と寺沢広高の両人に諸事御相談されたい。この両人は、私がとくに親しくしている者で、信頼してよいかと思います。貴所の面倒をみるようにと、こちらからも頼んでおきました」

三成は、このふたりが自分ととりわけ親しい人間であることを告げ、自分からもふたりに忠恒に「御馳走（厚意を示すこと）」するよう依頼している。この寺沢との関係は、のちに島津家にとって大きな意味を持つことになる。

面高連長坊の『高麗入日記』

渡海した忠恒の行動については、供の面高連長坊《おもだかれんちょうぼう》の『高麗入日記』（『薩藩旧記雑録』・『改定史籍集覧』）が残されていて、逐一明らかにすることができる。少し忠恒の行動を追ってみよう。

文禄三年（一五九四）八月二十九日には、名護屋の町を見物している。ここは秀吉が朝鮮侵略の前進基地として作らせたものだが、諸大名の陣所が各所にちらばり、町屋ができ、多くの商人が集まってきていた。忠恒の楽しみのひとつに蹴鞠《けまり》があり、到着するとすぐ蹴鞠の庭を作らせていたが、このころにはおおかたできあがり、晩には蹴鞠を楽しんでいる。

翌九月一日にも晩に蹴鞠、二日には蹴鞠の庭に「懸之木」を植え、四日には庭のぐるりに網をはらせている。蹴りすぎてどこかへころがっていくこともあったのだろうか。この日も晩に蹴鞠をしている。

忠恒のことをいろいろと面倒をみてくれたのは寺沢広高で、五日に忠恒は御礼の訪問をしている。国元の義久から義弘への手紙をとどけてくれたのも寺沢で、十二日には訪ねてくれた。十四日は寺沢の主催する茶席に招待されている。

帰るとまた晩に蹴鞠、翌日も翌々日も蹴鞠である。まだ若い忠恒にとっては、エネルギーがありあまっているようである。十月六日の記事では、「御鞠常の如し」とあるので、支障がないかぎり毎日のようにやっていたらしい。『島津家文書』の中には、蹴鞠の伝授を行う飛鳥井家からの蹴鞠の秘伝書が残されている。

若殿のんびり着陣

しかし、若殿がそのようにして遊んでいる背後では、名護屋にいる水夫《かこ》の逃亡が相次いでいた。九月十七日に二人逃げ、十九日には七人が逃げている。十七日に逃亡した水夫には中間《ちゅうげん》二人を追手として派遣し、二十一日には捕え、二十七日に成敗を決めている。

義弘が在番する巨済島では、九月二十九日、数十隻の軍船に襲われた四国衆の救援に出動し、十月一日には義弘の城にも襲来した数十隻の軍船を撃退している。講和交渉中とはいえ、海上は緊迫していた。

さて、忠恒は十月九日、いよいよ名護屋を出て、壱岐勝本に到着した。ここでもしばらく逗留し、十三日には磯遊びに出ている。

十四日、勝本を出船して、対馬府中（厳原）に到着。ここに三日ほど逗留して、十七日には出船して対馬鴨瀬へついた。その後、対馬壁之浦、同泉之浦、同皇之浦に宿泊しながら、二十六日には釜山浦に着船している。急ぐ旅ではないとはいえ、軍事行動としてはのんびりとしたものである。

釜山浦へもしばらく逗留して、諸大名からの祝儀を受けている。父義弘のいる朝鮮唐島（巨済島）へ十七艘の船で到着したのは十月三十日のことである。

仮屋を渡されて忠恒がただちに着手したのは、「御鞠之庭」の普請奉行の任命である。ここでも毎日蹴鞠をするらしい。

義弘の苦心

いっぽう義弘は、忠恒の出陣を控えた八月七日、国元の妻宛に弱気な書状をしたためている。

唐と日本のあつかひもあひきれ候由、申しちらし候。さては我等帰朝の儀は中々おもひ絶えたる儀に候。然《しから》ば又八郎（忠恒）事渡海無き様に候へかしと、明暮思ひまいらせ候。

――明と日本の和議も決裂したとうわさされている。そうなれば私の帰国も絶望的な状況である。それならばせめて忠恒が渡海を命じられないようにしてほしいものだと、朝晩思っている。

明と日本の講和交渉が不調で、義弘の帰国は少なくともしばらくは遠のいた。義弘は、それならばせめて忠恒の渡海がないことを祈っているのである。さらに次のようにつづける。

「三年間も心労辛苦してきたのは、御家や子供たちのための奉公だと思うからこそできたことで、もしや私が死んでしまえば、子供たちの進退・行方はいかになるだろうかと考えれば、袖に涙もせきあえぬばかりである。さいしょう（宰相＝義弘の妻）は、子供がたくさんいるのだから、私のためにも、子供たちのために強く生きてもらいたい。そうしてくれれば、私の死んだ後に一万部の経を誦んで手向けてくれるよりもうれしい」

そして、これにつづけて、次のような注目すべきことを述懐している。

「日本の諸大名も、父子ともに朝鮮に在番している衆はひとりもいない。また、御家中の三人の『御朱印衆』がひとりも朝鮮にいないのに、又八郎が渡海するとすれば、父子ふたりながら朝鮮で暮らすことになる。まことに憂き世のありさま、これにすぎることはない」

「御朱印衆」というのは、秀吉が直接朱印状で知行を与えた島津家一門および有力家臣である。具体的には、島津以久（右馬頭、島津貴久の弟忠将の子）・北郷《ほんごう》忠虎（讃岐守）・伊集院幸侃《こうかん》の三人である。かれらはそれまで、自身ではひとりも在番していない。それなのに自分たち父子だけがどうしてこんなところで暮らさねばならないのか、跡継ぎとして将来を嘱望されていた久保が没したらすぐ忠恒とは……と、考えれば考えるほど不当な仕合せ（めぐりあわせ）に心は沈む。

島津家の存続のためには、自らが苦難を一身に背負って奮闘しなければならないことはよくわかっている。しかし、自分はどうなってもかまわないにせよ、一門や有力家臣の協力がないことにはなんともならない。ここにも、島津家の家臣団統制の古さと弱体性が現れている。そして、その背後には、兄義久の認識不足と非協力的な姿勢があることはすでに述べたとおりである。

在陣の島津勢

ところで、このころ朝鮮には、どのくらいの島津勢がいたのであろうか。文禄三年（一五九四）十一月に、義弘が三成に率直に在陣の人数を報告した書状案（控え）があるので、それをみていこう。

そもそも島津氏の軍役は一万人、これは二十石に一人の割合であった。しかし、戦いが一段落した現在は、三成の内意をえて四十石に一人、総計五千人という負担を課していた。ところが、義弘がいうように、「国習《くにならい》の式にて、つもり（動員計画）のやうに急速罷り出候儀これ無く候」という状態であった。「国習の式」というのは、薩摩の習慣というような意味で、「万事緩々《ゆるゆる》」というのがそもそも本来の姿であった。そのうえ、なんのメリットもない朝鮮に動員されることへの反発から、なかなか出陣体制がとれなかったのである。

しかし、豊臣政権のもとでは、それでは通用しない。朝鮮侵略にどの程度貢献するかが、豊臣政権への忠誠度をはかる試金石であったのである。

まず、「御朱印衆」である。

北郷家は、公役（軍役高）三万六千五百二十七石、これまで在陣の者が三百三十四人、十一月六日に讃岐守忠虎が参陣してようやく四百二十三人（このうち、水夫六十六人）になった。しかし、本来の軍役人数九百十三名にくらべて、まだ四百九十人の不足である。忠虎は、文禄三年十二月十四日に朝鮮加徳島《カトクド》で病死した。三十九歳である。嫡子長千代（忠能）は幼少のため、祖父時久（一雲）に養われ、北郷家は長千代が十七歳になるまで忠虎の弟三久が家督代をつとめることになった。

島津以久は、公役六千二百九十七石、これまで在陣の者が百七人、嫡子彰久（又四郎）が十月三十日に参陣して百九十六人になった（水夫二十八人）。これは、軍役人数を満たしたうえに三十九人を余している。なお、彰久も、文禄四年七月五日、朝鮮巨済島で病死している。二十九歳であった。

伊集院幸侃は、公役二万四千十四石、在陣の者二百三十四人（水夫四十人）。これは三百六十六人の不足である。そのうえ、在陣していた嫡子の伊集院忠真が病気のためこの夏に帰国してから、まだ交代の者が出陣していない。

これら「御朱印衆」の在陣人数の総計は八百五十三人である。

また、忠恒の供をしてきた者が、二百五十一人いた。

これらを加えた島津勢の総計は、三千三十人（水夫四百八十人）であるから、義弘の手勢は、千九百二十六人になる。これは、一部には鹿児島衆（義久の家臣）も含まれていたが、多くは義弘に付属する家臣である。文禄三年の春には三千七百九十人いたが、だいぶ目減りしている。病死したり、病気を理由に帰国する者が多かったからである。

取次の三成の役割

この義弘書状案の末尾には、三成にたいして次のような興味深いメッセージが入れられている。

遮《さえぎ》って龍伯へ仰せ聞けられ、国元へも仰せ下され候て、人数・兵糧下され、つづき候様に御入魂《じっこん》頼み存じ候。申すに及ばず候へども、この状一覧候て火にくべらるべく候。

――真っ先に義久へ申し入れいただいたうえ、国元へも命じて、軍勢や兵糧が補充されるようによろしくお口添えお願いします。申すまでもないことですが、この書状を読んだあとは火にくべてください。

義弘は、島津勢の軍役人数不足という危険な情報を率直に打ちあけ、三成の力を借りて国元から軍勢などの補充を実現し、島津氏の立場を固めようと必死だったのである。ここに、深刻な島津領国の事情をかかえた義弘のジレンマがかいまみえるが、いっぽうで三成の役割にも示唆を与えてくれる。

三成は、豊臣政権の有力な年寄（奉行）として、諸大名を監督する立場にあった。よって、知りえた情報は、即座に秀吉に伝えられ、その指示を仰ぐと思われがちである。しかし、かれの役割はそんなに単純なものではなかった。このように、大名から信頼され、その大名が首尾よく軍役を務められるように、指導・助言をする立場にもあったのだ。

最後に義弘が、状を読んだあとは火にくべてくれといっているように、これは秀吉はもちろん、他のどのような者へも漏らせない情報であった。しかし、それにしても、三成に頼るしかないという義弘の心情をよくしめしている文面である。のちに述べる、三成による島津領の太閤検地も、このような視点から理解していくことが重要である。

4　安宅秀安の島津氏批判

「無人」な島津勢

文禄三年（一五九四）十月六日、病から回復した安宅秀安は、義弘に長文の書状を送って、島津氏の問題点をいちいち指摘している。

まず、安宅が指摘するのは、朝鮮の島津勢が「無人《ぶにん》（人数不足）」であることである。これは、主に在陣の家臣たちに病気の者が続出したことにある。しかし、それだけではない。病人が帰国するのに多くの供の者をつけるため、ただでさえ少ない在陣衆が減り、しかもそのつど替えの者を呼びよせるべきなのに、「御心よはく」対処するため、軍勢は減る一方だ。これでは、にわかに軍役を命じられても果たせず、「御家の一大事（国家の御沙汰）」になりかねない。つまり、島津内部の問題にとどまらず、秀吉から責任を問われることになるというのである。

改易の危機1・役務怠慢に厳罰

そのような事例として、安宅は最近あった二家の改易を紹介している。

一つは、信長の弟である伊勢安濃津城主織田信包《のぶかね》（上野介）のことである。最近、織田の領地を検地したところ、非常に多くの打ち出しがあった。すなわち石高が大幅に増えたのである。

しかるに、織田は最近「役儀一円無沙汰」であった。

秀吉は、

「このようによい知行を取りながら、役儀が無沙汰（役務を粗略にしている）というのは不届きである」

と怒り、信包には堪忍分《かんにんぶん》（生活のための給付）五千石、子供には一万石を与えて領地は召し上げることにした（文禄三年九月）。このため、伏見で普請に従事していた織田家の家臣たちはちりぢりになって、身上が相果てた（地位や収入などを失うこと。切腹をさす場合もある）。

安宅は、これに関して、

「いまのうちに諸事油断のないようにしておかなくては、改易などになってから後悔しても遅いのです（身上相果てざる内に諸事油断なき様にこれなく候はでは、身上相果て候ては後悔も毛頭用に立たざる事に候）」

と、もっともな教訓をたれている。

のち信包は、近江のうちに二万石が与えられ、大名に復帰している。これは秀吉の主家筋にあたるための配慮であろう。

改易の危機2・家臣団統制の不備

つぎに例にあげるのは、豊後府内の大友義統《よしむね》の事例である。大友義統は、小西行長らが平壌から撤退する際、つなぎの城にいたのだが、軍勢が少ないことから城を捨てて逃走した。この臆病な行動に秀吉は激怒し、豊後一国を没収した(文禄二年六月)。安宅は、この原因を家臣団統制の弱さに求めている。

「かの家中衆が大友殿をあなどり、歴々の老中も朝鮮へ出陣もせず、大友殿の軍勢が無人であり、そのうえ歴々の有力家臣たちも在陣していなかったため、引き退いてはならないところを退去され、日本の面目を失い、家をもつぶしてしまわれた。はばかりながら、よくよく分別なさってください。大友殿を軽くみてあなどっていた家臣たちも同様に身上が果て、現在では身のおくところもない仕合せとなっている。推参ながら、島津殿の近頃の役儀があまりに無沙汰しているので、よいことはおこらないのではと心配しています」

なお、大友義統の改易と同じころ、薩州家の島津忠辰も、釜山浦まで出陣したが病と称して進まなかったことをとがめられ、改易された(文禄二年五月一日)。かれの身柄は小西行長にあずけられ、領地は寺沢広高と宗義智に与えられた。忠辰は、この年八月二十七日、朝鮮加徳島において病死している。享年二十八であった。

安宅を憎悪する島津家臣団

このように島津家のことを心配する安宅であったが、かれをみる島津家中の目は憎悪に満ちていた。

「これほど島津家のためを考えて困ったことだと思っているのに、御家中衆はことごとくわれらを敵視しているので、どうしようもありません。それでも、龍伯様や貴老、治部少（三成）のためですから、いかように思われてもかまいません。私のためにやっているのなら悪くいわれると困るでしょうが、島津家のためを考えて腹蔵なく申しているのですから、なにかと申されることはかまいません」

開き直ったような言い方だが、無理もない。とくに、幽斎の仕置のときにまんまと「知行を取り、代官をも預かり候衆」が、安宅をにくむ様子はひどいものだった（「一段我等をにくみ申し候事、際限なき仕合せに候」）。それを、安宅は、

「このような筋ちがいのことを逆恨みして家臣の方々がいろいろというのは、たいへん迷惑です（かくの如く筋なき事、各《おのおの》申さる儀は一入《ひとしお》迷惑）」

といきどおる。

そして、いわれのない悪口などをいいふらす者がいたらかたく糾明することを、義久に誓詞をもって誓わせる。義弘にたいしては、同様に誓詞にて誓ってほしいが、遠くにいる

のでこのように前後の事情をくわしく話しているのだと説明する。

とにかく、事情はかんたんなことだ。

「御家中衆それぞれに我等をにくまれる理由は、ほかでもありません。龍伯様・貴老御ためを専一に考え、また、朝鮮でも御無人ゆえ御難儀におよばれたことなど、拙者でなければ参陣した前後の事情さえよく存じているものはないため、さようのことを折々申しているわけです。歴々の方々が出陣なく、それどころか出陣の留守に主人にも一言の断りもなく、ほしいままに主人の知行を分け取るなどまったくもって言語道断であって、義弘様御父子の御腹立ちがもっともであると申したりしました。それらのことが、御家中衆が私をにくむ理由です」

くどい文章である。島津家臣団の自分への態度がよほど腹にすえかねているのだろう。自分は、島津家のためを思って苦言を呈しているのに、それをまったくわかってもらえないという腹立ちである。

忠恒を遠ざける島津家中

すでに見たように、忠恒は長々と在京していた。そのとき、安宅が忠恒に近づこうとすると、「御家臣の方々は、私が忠恒様へ不届きなことでも申し入れるのではないかと思うのか（御家中衆、不届事をも申し入るべくと存じられ候や）」と、安宅が近づけないようにしてしまう。

「とにかく、忠恒様のおそばに義弘様が年来召しつかったしかるべき人を付けおくのがよいと思います。いまの様子ではよくありません」

と安宅は義弘に訴える。

これは深刻な問題であった。若い忠恒の周囲にいる者は、義久の腹心の者たちばかりである。かれらは、反豊臣政権の色が濃い。とくに、石田三成やその威を借る安宅などにたいする反発はつよい。かれらは、安宅から忠恒を遠ざけるだけではなく、よからぬことを吹き込んでいる恐れがある。これが安宅の心配であった。そしてのちに述べるように、それは杞憂には終わらなかったのである。

太閤検地の実施へ

さて、この安宅の書状の別の部分に、島津領国へ太閤検地が行われることが決定したことが述べられている。幽斎の仕置いらいずっと課題になっていたことだが、ようやく義弘の希望どおり、三成によって検地が実施されることになったのである。

これを聞いた義弘の書状の一節を紹介しよう。文禄三年（一五九四）十一月と推定される案文（島津家に残された控え）である。

国元検地の儀仰せ付けられ候由、累年の本望この事に候。然《しか》らば、幽斎御人数御下りなく候哉、その意を得しめ候。貴老様御手の人数、御書中のごとく、関東以来方々御苦労《ほうぼう》の上、今度薩まで差し下され候。御芳志申す事なく候。検地の儀は、連々《つれづれ》申し入れ候様に、あはれ〳〵御一手の人衆にて仰せ付けられ候へかしと存じ居り候処、我等望みの様に罷り成り候。安堵までにて候。

——国元の検地を命じられたとのこと、累年の本望とはこのことでございます。幽斎の御人数は加わっていないでしょうか。聞きたいところです。貴老（三成）の御家臣は、御書中で述べられていたように、関東（北条氏攻め）いらい方々に出張してご苦労のうえ、こんどは薩摩まで差し下されること、その御芳志にいうべき言葉もございません。どうかどうか三成殿の御家臣にて検地を仰せつけられてほしいと存じておりましたところ、私の望みのようになり、安堵しております。

義弘の心中を推しはかると、三成に検地をしてもらえるという喜びが大きいと思われる。豊臣政権下の大名たちは、検地を実施したいとは思いながら、家臣団の反発をおそれて、なかなか検地ができなかった。だからといって、中央政権から太閤検地を押しつけられることには抵抗がある。けっして大歓迎したわけではない。次章で詳しく述べるが、義久は検地に反対だったし、家臣団の反発は想像を絶する。

太閤検地に賭ける

しかし、それにもかかわらず義弘は、島津家の苦境を救う道は検地の実施しかないと深く決意していた。それならば、すでに気心の知れた三成によって実施してもらうのが最善である。経験をつんだ三成の検地なら、島津家の蔵入地を増やし、軍役も調えられるようになるはずだ。また、中央政権のやることだから、不満はあっても、家臣団も納得せざるをえないであろう。楽観はしていないにせよ、義弘にとって三成による太閤検地は、これまでの矛盾を解決する残された唯一の手段であった。

しかし、一方で検地は危険な政策である。天正十五年（一五八七）、新しく肥後の領主となった佐々成政は、検地を行って国衆の反乱を招き、改易されている。検地を受け入れないと島津家滅亡は必至という客観的状況は確かにあったが、義弘としては、三成に積極的に近づき、その力を借りて島津家を守るという、保守的な国元の家臣団を思えばきわめて危険な路線を選択したのである。これは、ひとつの賭けであった。

第五　島津領太閤検地

1　島津領国大変革の序曲

太閤検地の実施

文禄三年（一五九四）九月十四日、薩摩国大口外城の麓（武士の集住地）で「竿始め」を行い、翌十五日の早朝から石田三成の家臣五十人あまりが薩・隅・日三か国の検地に馳せ向かった。島津領太閤検地の始まりである。

検地衆は、薩摩・大隅・日向諸県郡《もろかた》の三グループに分かれ、夜を日についで実施され、翌年二月二十九日には全員が京都に帰った（『長谷場越前自記』）。

文禄四年四月六日、安宅秀安は、朝鮮の義弘に宛てて書状を書き、検地の無事終了を祝った。

「御国の検地中、いかなることが起きるかとたいへん心配しておりましたが、なにごともなく終了し、検地衆はみな一昨日、四日に伏見へ着きました。大慶に存じます（御国検地中、何《なん》たる儀も出合《であ》い申すべく候哉《そうろうや》と別して心遣《づか》い存じ候処《ところ》、異議亡《な》く相済《あいす》み、検地衆一昨日四日に伏見へ悉く上着候。大慶に存じ候事）」

この文面には、大名領の検地という大仕事をおえ、緊張をまぬかれた解放感がよく表れている。革新の第一歩は成功したが、前途はけわしい。安宅の書状はその実情を逐一、義弘に知らせていく。

検地後、「検地打出し知行」が約三十万石ほどあった。すなわち石高の増加である。これが太閤検地の最も重要な目的であった。

なぜこのように大量の「打出し」分があるかについては次節で述べるが、義弘・三成・安宅らの意図した蔵入地の増加は、予定どおり実現した。しかし、問題はいろいろと出てきている。

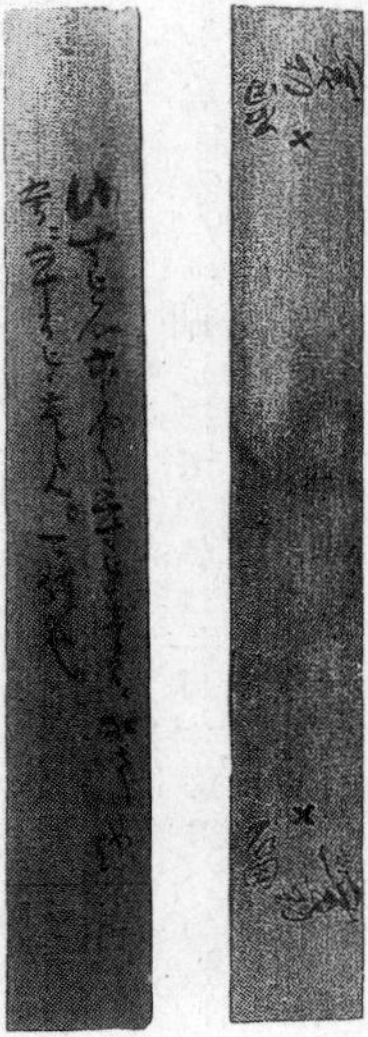

石田三成検地尺

中世の雑多な税制を統一した画期的な太閤検地に用いられた測量尺。奉行石田三成の自署・花押があり、裏書には「此寸を以、六しやく三寸を壱間に相さため候て、五間に六間を壱たん（反）に可仕候也」とある。表は1寸ごとに目盛りをつけ、×印の間　は曲尺で1尺。この尺により従来の6尺5寸間尺を2寸つめて6尺3寸とし、360歩1反を300歩1反とした。

ひとつは、去年分の年貢が、米・大豆ともいまだに四万石ほどしか納まっていないことである。伊集院幸侃と長寿院盛惇が、いろいろと才覚して尽力したが、なかなか収納は進まなかった。大坂・堺へついた米はわずか二万石ばかり、しかもこの二万石というのも、京都で島津家が借銀した相手がわざわざ薩摩へ出張し、現地で受け取った米をふくんでの話である。

　京都の借銀は、現在では元利合わせて銀百二十貫目ほどあり、まだ京都の屋敷の作事などもあって、さらにふくらみそうだった。

　数字上の石高は増加しても、現実は上納する人の問題である。すぐにはうまくいかない。

家臣団の反発

　検地中、島津家臣団の中には、耐えがたい不協和音が出はじめていた。安宅はいう。

「検地は無事終了しましたが、薩・隅・日の諸侍、百姓、町人以下まで、少しも検地に得心（納得）しておりません。それどころか義久様も得心しておりません（御検地は事能《ことよく》く相調《あいととのい》候ても、御国諸侍《しょざむらい》・百姓・町人以下迄《まで》少しも得心なく候、龍伯様〈義久〉得心なく候）」

　島津領国の体制変革のための検地であるにもかかわらず、領内の諸階層は検地に不満をもち、当主の義久自身さえ検地に不満であった。

伊集院幸侃とともに蔵入地年貢の収納にあたっていた長寿院盛惇は、とうとう「ぜひとも家老役をやめさせてもらいたいと言上するため（是非とも役御侘《おわ》び申し述ぶべき由《よし》候て）」、国元をたって上洛していた。長寿院は、国元家臣団の反発に嫌気がさしたのである。事情は、幸侃も同様であった。かれもまた検地衆とともに大坂までのぼってきた。これは予定の行動ではなく、「ひとりではどうにもならないとのこと（是も一人として何とも成るまじき由申さる由）」であった。

このように、収納にあたった者がうんざりするのは、「御家中衆が思い思いに身勝手な態度をとるため（御家中衆の気任《きまか》せ故）」で、家臣団の不満が表面化するのも、本当の原因は、義久がそれらの者を統制するつもりがないからであった。

安宅秀安の皮肉

安宅は、家臣団の「気任せ」は義久や義弘が家臣団を甘やかしている結果だといい、つぎのようなおどしとも皮肉ともとれることばを投げかけている。

然《しか》る間《あいだ》、是迄《これまで》は誠に色々《いろいろ》治部少《じぶのしょう》（石田三成）肝煎《きもい》り候へども、此上《このうえ》は了簡《りょうけん》なく、御取次も御斟酌《ごしんしゃく》申さる外これ無く候。去《さ》りながら、御検地にて御知行一《ひと》かど出来候間《あいだ》、何《いか》様《よう》にも罷《まか》り成《な》るべく候。たとひ治部少御取次申さず候て、もちろん苦しからざる事。

――こういう事情ですから、これまでは三成もじつにいろいろと援助してきましたが、こうなってはどうにも処置なしで、御取次も考え直さなければなりません。しかし、検地をして御知行も立派にできたのですから、いかようにもなることでしょう。たとえ三成が御取次しなくても、もちろんかまいません。

「何様《いかよう》にも罷《まか》り成《な》るべく候」というのは、もちろん皮肉である。せっかく手をつくして検地を実施してやったのに、このような状態がつづくならば、三成は島津家のことを面倒みないといっているのである。

義弘にたいして、このような言辞を弄しながら、安宅は、事態を打開するためには義弘の帰国がぜひとも必要であると考える。義久の黙認を見すかした国元の家臣団のわがままを抑えるためには、いくら実力者とはいえ、しょせん家臣である幸侃では力不足である。ぜひとも義弘の権威が必要であった。

三成もそのあたりの事情はよく理解していて、秀吉に島津領検地を言上したとき、朝鮮に在陣している義弘の帰国を申請した。すると秀吉から急ぎ「羽兵（島津義弘）帰朝あるべき」旨の朱印状が発給された（四月十四日忠恒宛石田三成書状）。

貴老御覚悟ひとつにて

領国の諸階層をはじめ、当主の義久までが不満をもつという状況を前にして、病の床にあった安宅は、義弘に書きおくる。

「ことごとく御心を入れ替《か》えて事にあたらなければ、御検地をしてかえって役儀がはたせず、御身上がはててしまうでしょう（悉《ことごと》く御覚悟《かくご》引き替へられず候《そうらわ》では、御検地に罷《まか》り成《な》り候《そうろう》てから役《やく》みじかく、御身上《しんじょう》果て申すべく）」

と、義弘が自覚をもって検地後の仕置にあたるよう忠告している。

体制変革のための検地が、諸階層の不満のためかえって領国に混乱を持ち込み、ひいては島津家の滅亡を早める可能性すらある。生半可の決意ではだめだ。「とにかく〳〵一大事」という認識から、義弘への書状は、

「貴老の覚悟ひとつで、御国を維持できるかどうかが決まります。分別するのはいまです（貴老御覚悟一ツにて、御国留《とど》めさせらるべく候哉、御分別此時《ふんべつこのとき》に候）」

ということばで締めくくる。

たしかに、島津家存続のかぎをにぎるのは義弘であった。いまのままの混乱状態では、朝鮮侵略への軍役動員もままならない。秀吉の怒りをうけて改易・転封などの沙汰がくだらないともかぎらない。義弘にとっては気の重い帰国であった。

安宅の書状に明白なように、国元の義久の存在が、反豊臣政権、反石田三成の諸勢力に力を与えていた。それを知っている三成たちにとっても、義弘の奮起以外に事態を改善させる見通しはなかったのである。

秀吉、義弘に領国を与える

文禄四年（一五九五）五月十日、義弘は朝鮮巨済島を出発し、六月五日に大坂に到着した。

そして、六月二十九日付で、秀吉の島津領の領知朱印状が発給された。それをみて義弘は驚愕した。

秀吉の朱印状の宛名が、義弘自身だったのである。豊臣政権が公認した島津領国の主は、島津家当主である義久をさしおいて義弘に指定されているのである。

また、従来二十二万五千石足らずであった島津家の領知は、五十五万九千五百三十三石と倍以上に増えている。これが太閤検地の魔力である。そのからくりについては次節で解説しよう。

そして、島津家にとっての痛恨事は、領国の中に秀吉の蔵入地が設定され一万石を収公、それとは別に検地にあたった三成に六千二百石、前に仕置を行った細川幽斎に三千石の知行が与えられたという現実である。

三成らへの知行宛行《あてがい》は検地にたいするお礼（秀吉からすると恩賞）であって、常陸の佐竹領太閤検地でも同様の措置がとられたが、義弘はともかく、国元の家臣たちには理不尽なことに思えたにちがいない。

また新設された秀吉の蔵入地は、大隅国の加治木《かじき》周辺から溝辺《みぞべ》にかけて、すなわち現在の鹿児島空港付近から錦江湾の最奥部の加治木まで、という島津領国の喉元をおさえる地域である。この代官には、石田三成が任命された。これらの事態は、国元の家臣団に豊臣政権とはなにかということを思い知らせることになった。しかし、これはまだ変化の序曲にすぎない。

八月中旬に京都を辞した義弘は、同月二十八日に川内《せんだい》川上流域の居城栗野《くりの》へ到着した。これから島津領国の大改革が開始されたのである。

2　太閤検地の知行割

秀吉の指示した知行割

六月二十九日の朱印状は、じつは三種類ある。ひとつは先に紹介した、①領知朱印状、

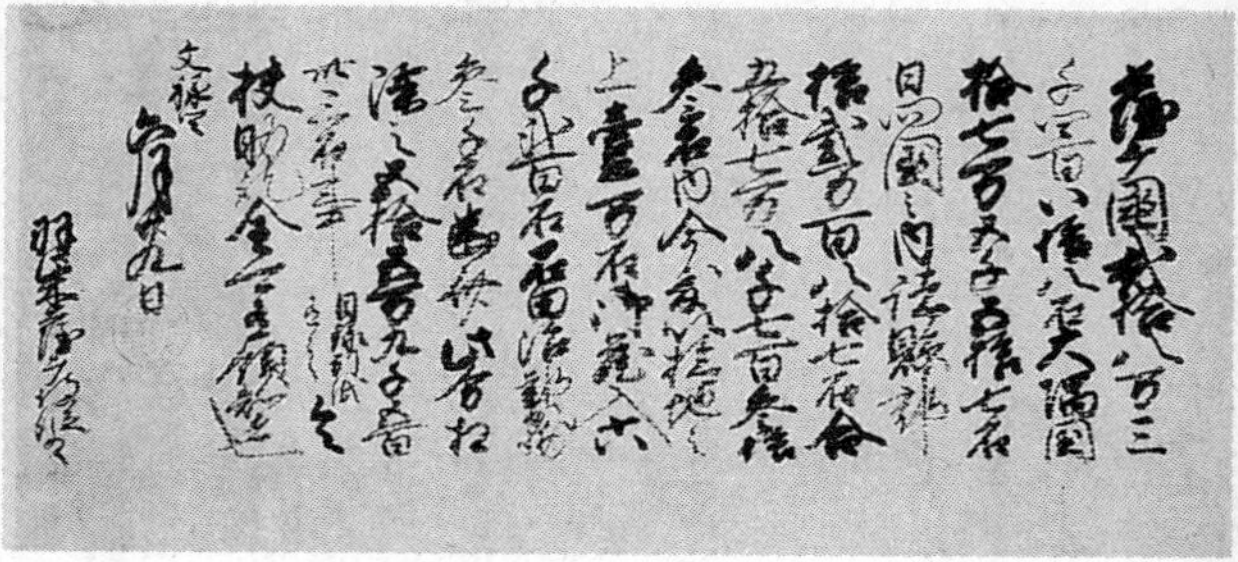

秀吉の島津領領知朱印状

新石高の明細は別紙に示し、領主たるものその支配をまっとうせよ、と命じている。宛名の義弘は天正16年、秀吉より豊臣姓の羽柴氏を与えられていた。

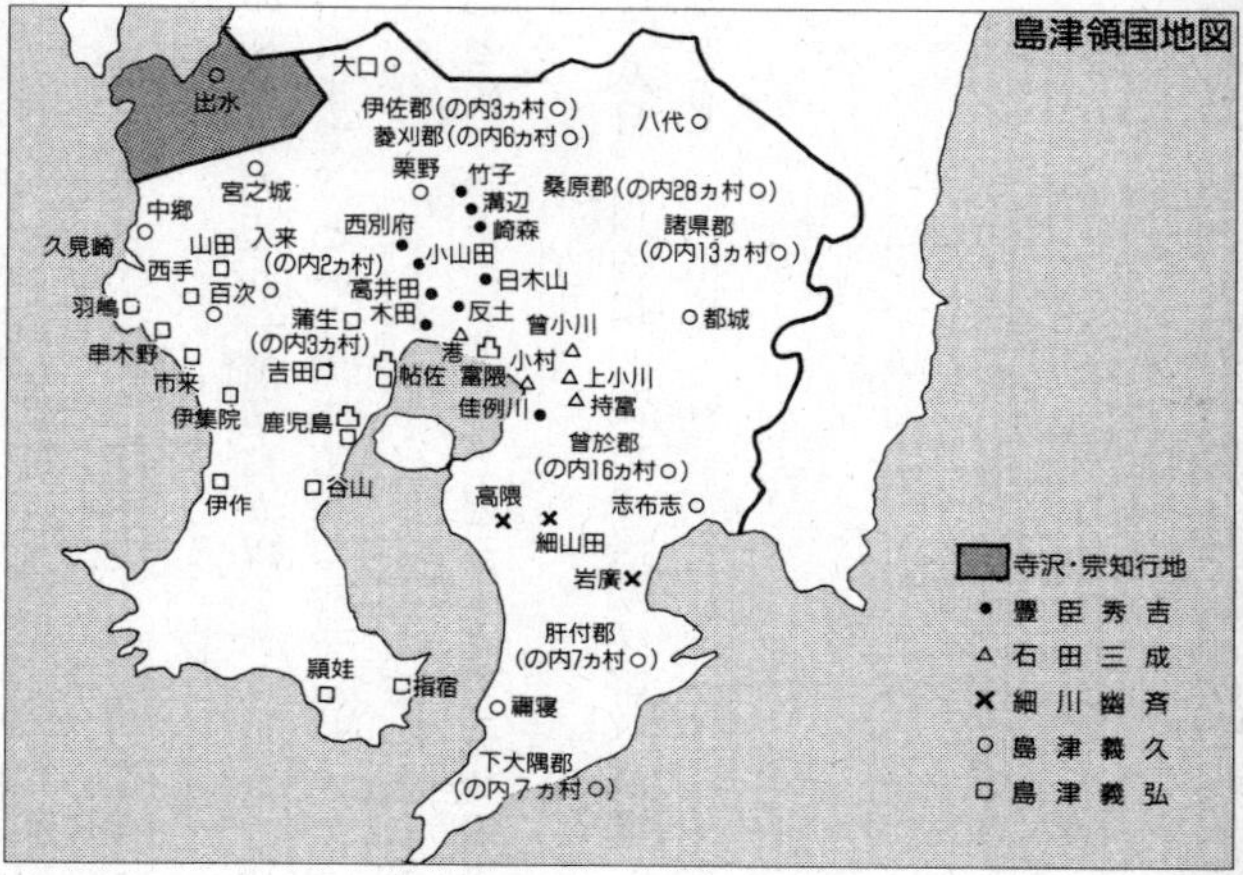

その明細である②領知目録（①に「目録別紙にこれ在り」とある目録）、そしてあとひとつは、中に知行をどのように配分するかを示した③知行方支配目録である。

この最後の朱印状③をみると、秀吉が島津家の石高をどのように配分するよう指示したかがわかる。表にかかげた知行割をみながら、解説していこう。

まず、本宗家の義久・義弘兄弟に、各十万石ずつ無役で与える。これは、それぞれ七万三千石、八万八千石の加増である。「無役」とは、この分には秀吉から軍役をかけないということである。

つぎに「御朱印衆」であるが、伊集院幸侃には五万九千石加増して八万石もの知行を与えている。しかも、そのうち一万石は無役である。

また、島津以久には、無役分千七百石を加増して一万石を与えている。しかし、一門としてはいかにも少ない。

もうひとりの北郷《ほんごう》氏は、当主忠虎が没しており、また前に紹介した三成への義弘書状の中で軍役不足を指摘されたためもあってか、知行高の指定がない。これによって、「御朱印衆」の地位をうしなったことになる。しかも北郷家は、領地の日向都城《みやこのじょう》から北薩摩の宮之城（島津歳久の旧領）へ所替《ところがえ》を命じられ、都城には伊集院幸侃が入ることになった。いわば北郷家は幸侃の犠牲になったのである。

そのほか、「給人本知」分が十四万千二百二十五石。これは、それまでの家臣（給人《きゅうにん》）

たちの知行地の総計で、その分が所（領地）を替えて宛行《あてが》われることになる。

そして、注目すべきは「給人加増」分である。朱印状では、十二万五千三百八石の石高の記載の下に、

「これを給人に加増として与えるか、新参の侍を召しかかえるかは、義久・義弘の考え次第である（右給人に加増として遣はすべきか、新参相抱ふべきか、義久・義弘覚悟次第）」

という文章が書いてある。

つまり、「給人御加増」分は、いわば予備分で、義久・義弘の心ひとつで家臣に加増してもよいし、新参の侍を召しかかえてもよかったのである。

有力家臣たちの所替

太閤検地にともなって、島津家臣団のほとんどの者は、知行地を移されることになった。所替である。「樺山紹劍自記《かばやましょうけん》」に、

「先祖の墳墓の地、命を懸《か》けて守ってきた領地であるのに、みなみな知行を失うことは悲しいことであるが、国のため御家のためと考えて、あえて不満をいう者もなかった（数代骸《むくろ》の跡、懸命《けんめい》の地なるに、皆々知行を失ひけるこそ悲しき事なれども、国のため、御家《おいえ》のためなるべしとて、物云《ものい》ふものなし）」

という嘆きの言葉がある。

島津氏知行割の変化　(単位：石)

	天正18年	文禄4年6月29日	～慶長4年正月	慶長4年正月
義久蔵入	2万7000	10万(無役)	6万5000	6万(無役)
義弘蔵入	1万2000	10万(無役)	6万5000	6万(無役)
忠恒蔵入	――	――	6万	10万(7万石無役)
義久・義弘内儀	――	――	1万2800	――
忠恒内儀	――	――	1万	1万(無役)
給人本知	14万1225	14万1225	22万8690	22万9390
給人加増	――	12万5308		
浮地	――	――	1万7350	3万0850
道具者	――	――	5870	5870
帖佐・富隈	――	――	1800	1800
寺社領	3000	3000	3000	3000
上方分	1万	1万	1万	3万
伊集院幸侃	2万1000	8万(1万石無役)	8万	7万9300(1万石無役)
島津以久	8300	1万	1万	1万
秀吉蔵入地	0	1万	1万	島津氏に加増(5万石)
石田三成知行	0	6200	6200	
細川幽斎知行	0	3000	3000	
出水・高城領	3万0800	3万0800	3万0800	
島津氏分合計	22万4745	56万9533	56万9510	61万9430
内無役分	1万3000～1万4000	21万	21万	21万

『島津家文書』『薩藩旧記雑録』後編巻34による。

たとえば、秀吉の蔵入地となった加治木・溝辺等を領していた肝付《きもつき》兼三は、薩摩国喜入《きいれ》へ移された。それにともない、喜入領主喜入久道は、大隅国永吉《ながよし》に移される。

一門の島津以久や先祖代々種子島を領した種子島氏も例外ではなかった。以久は大隅国清水から種子島・屋久島・永良部《えらぶ》群島へ移され、同所を領していた種子島久時《ひさとき》は薩摩国知覧《ちらん》へ移された。このように、玉つき式に領地を移動していくことになる。

大身家臣の所替は、三成から具体的に場所を指定して行われ、深刻な影響を与えた。義久が、八月二十一日付で女《むすめ》の島津彰久《あきひさ》（以久の子）室へ宛てた書状に、以久の動きが示されている。

まづそう所《ところ》かへ（惣所替）にて有《あ》るべきにて、図書《ずしょ》（島津忠長）・かう侃《かん》（伊集院幸侃）計《ばかり》かへ有るまじきにて候。典廐《てんきゅう》（島津以久）などもいづかたへ替へ候《そうろう》ずるかとの、気《き》遣《づか》ひとこそ聞こへ候へ、何事も幸かんへ御談合と見へ候。又あたき（安宅）どのへ色々手まはし候やうに申し候。

——ほとんどの家臣が所替するということで、島津忠長と伊集院幸侃だけ替わらないということだ。以久なども、どこに移るのかと気遣いしているということだ。なにごとも、幸侃へ談合しているようだ。また、安宅殿へもいろいろ手まわししているように聞いている。

以久は、京都から配当業務を命じられた幸侃へ談合したり、安宅へいろいろと手回しをして、自己の都合のよいようにはかろうとした。しかし、そのかいもなく種子島へ所替になった。

他の有力家臣の所替をあげると、知覧《ちらん》を領していた佐多久慶《さたひさよし》は薩摩国川辺《かわなべ》へ、根占重長《ねじめしげなが》は大隅国小根占から薩摩国吉利《よしとし》へ、入来院《いりきいん》重時《しげとき》は薩摩国入来院から同国湯之尾へ、敷根頼《しきねより》賀《いわ》は大隅国敷根から同国垂水《たるみず》へ、頴娃久音《えいひさなり》は薩摩国頴娃《えの》（揖宿郡《いぶすき》、「えい」は明治以降）から同国谷山へといった具合である。まさに懸命の名字の地を取りあげられ、なじみのない土地へと移されたのである。このほか、地頭や一般の家臣も所替が命じられた。

石高の飛躍的増加の謎

ところで、これまであれほど蔵入地不足になやんでいた島津氏が、検地をすると蔵入地が何倍にも増えたうえに、家臣への加増分までできたのはなぜであろうか。どのような細工をすればこんな魔法のようなことができるのだろうか。

じつはこの所替が魔法のかぎであった。

検地のあとは、知行配当が行われる。知行三百石の侍には三百石が与えられる。これは問題ない。しかし、それにはかならず所替がともなっている。代々相伝してきた本貫《ほんがん》の地から引きはなされ、新しい知行地をもらうのである。新しく封じられた領知の三百石は、検地の結果三百石になった領地である。

家臣の知行地がそのままであれば、大名の蔵入地は、蔵入地石高の増加分しか増えない。これでは、数字が増えただけである。全家臣が所替を強制された結果、新しい三百石は、それまでの三百石の領地が洗いなおされたあとのすっかり目減りしたものであった。目減りどころではない。半減しているのである。

この所替は、根生《ねお》いの武士を本領から引き離して、長年つちかった土着の勢力を削ぐためのものだと説明されることが多いが、それだけではない。じつは、増加した石高をすべて蔵入地高に編入するための、不可欠な操作だった。

太閤検地の諸段階

ひとくちに太閤検地というが、三段階の経過がある。

第一段階は、近江・播磨・山城など、秀吉が直轄地に順次行った検地である。これが純粋な太閤検地で、土地の生産高を石高にむすび、隠田を摘発して、自己の権力基盤をつよめた。一地一作人の原則（検地帳に記載された者に耕作権を認める）や作合《さくあい》否定（中間搾取をみとめない）といった太閤検地の特質は、この地域の検地にもっともよくみいだせる。

第二段階は、天正期の天下統一の過程で行われた征服地の検地である。これは「天正の石直《こくなお》し」といわれるように、全国の土地を統一的な基準である石高にむすんだことにその特質がある。天正十三年の大坂城築城ごろから、秀吉は、諸大名の大規模な転封を行っている。これも、秀吉の征服地内では領地が同一の石高にむすばれていたことによってスムーズにいった面がある。

この第二段階においても、第一段階で行われた直轄地への検地は並行して行われている。

したがって、直轄地への検地と征服地への検地は少し意味がちがうと考えたほうがよい。秀吉は、第二段階の征服地への検地のあと、「御前帳《ごぜんちょう》（国ごとにまとめた検地帳）」と国《くに》絵図《えず》を作成し、天皇に献上している。これは、国土の領有を目にみえる形でしめしたもので、天下人秀吉の真骨頂であった。

したがって、検地は、天正期で一段落しているのである。あとは、しつこく直轄地で行う検地があればよかった。しかし、第三段階として、文禄期にも諸国で検地が行われている。

文禄太閤検地の目的

ではこの第三段階の検地とはなんであろうか。気がつくのは、常陸の佐竹氏、薩摩・大隅の島津氏といったように、石田三成を中心に行われた検地が目だつことである。

私の考えでは、これらの大名領に行われた文禄検地は、その大名の体制強化のために実施されたもので、豊臣政権のおしつけというより、大名側から三成に依頼した検地であった。そのため、大名側から秀吉や三成へのお礼として、太閤蔵入地や三成の知行地が設定されるのである。

島津領においては、朝鮮侵略への動員力確保と大名の蔵入地強化が目的となって実施されている。じっさい、検地をやれば、石高が大幅に増える。秀吉が、蒲生氏の会津検地を批判した朱印状（島津家文書）に次のように記されている。

上方之《かみがたの》けん地《ち》も五わり三わりは出候。是《これ》は遠国にて候に付きて、最前《さいぜん》のけんちやすく仰せ付けられ候間、其分《そのぶん》にも出るべきやと御意なされ候処《ところ》、出米もすくなく候と思し召され候。

——上方の検地でも、五割や三割は石高が増加します。会津は遠国なので、前回の検地がゆるやかに行われているので、そのくらいにはなるだろうとお考えになっていたのですが、それにしては出米が少ないと思っておいでです。

厳しく検地された上方でも五割三割は石高が増加するので、以前からきびしい検地のなかった会津などの石高はなおさら増加するだろうと考えられていたのである。この検地後の石高の増加分を「打出し」といい、その分は蔵入地に加算されるので、検地を実施した大名の蔵入地は飛躍的に増加するのであった。

すでに触れたように、この検地は、義弘が、ぜひ石田殿の家臣によって行ってもらいたいと懇願したものである。

徳川氏や毛利氏など、有力大名も天正期に検地をしている。これらは、自主的な検地であったが、方針は太閤検地に準拠しているといわれる〔加藤益幹「毛利氏の惣国検地について」〕。

しかし、重要なことは、自己の権力で検地ができ、朝鮮侵略への軍役も問題なくはたせるような大名には、文禄期に検地は行われていないことである。

文禄期の検地は、体制強化が必要な大名にたいして、大名からの依頼を受ける形で石田三成や増田《ました》長盛らの奉行によって行われたものである。もちろん、依頼したといっても、心から望んでというものではない。検地を行って体制強化しないことには滅亡は目前だ、という強迫観念の中での依頼である。

そして、大名たちは、豊臣政権の権力を背にしていたから、家臣団につよい不満は起こるにせよ、どうにか検地をやりおおせ、数量的には蔵入地を飛躍的に拡大したのである。

3　義久・義弘の所替

秀吉の本拠地移動命令

義久・義弘が、それぞれ加増のうえ、無役で十万石を宛行《あてが》われたことはすでに述べた。しかし、これにも秀吉の重要な政策意図があった。さきの朱印状②は「領知目録」であるが、それをみると、両者の領地の分布が好対照をなしている。

すなわち、それまで伝統的な島津氏の本拠地鹿児島にいた義久の蔵入地は、九二パーセント以上が大隅・日向に設定され、鹿児島は義弘に与えられた。そして大隅国栗野にいた義弘の蔵入地は、鹿児島をはじめとしてほとんどが薩摩にあり、大隅に配当された領地も蒲生《かもう》・帖佐《ちょうさ》・向之嶋（桜島）といった鹿児島周辺の要地ばかりである。

朱印状①を契機に、豊臣政権がみとめた島津家の代表者は義弘であることがすでに確定していたが、それだけにとどまらず、義久と義弘はじっさいにそれぞれの本拠地をも移動させられることになったのである。

七月二十日、義久は、朝鮮の忠恒に次のように告げている。

「国元はすべて所替することに決定した。それにともなってわれらも大隅にうつる覚悟である。鹿児島には、義弘がうつることになるであろう。鹿児島衆は大略《たいりゃく》召しつれていくつもりである。しかし、鹿児島へとどめて家臣にしたい者がいれば、書付で知らせてくれ。そのように談合したいと思う」

義久は、自らの家臣団（「鹿児島衆」）を引きつれ、大隅にうつる決心をかためている。鹿児島へ義弘がはいることも納得しているようである。そして、自らの家臣団の中から、忠恒が家臣にしたい者がいれば、かれに付けてやって補佐させようとしているのである。忠恒は、義弘の子であるが、義久の女《むすめ》を妻にしており、次期当主に予定されているからである。

この忠恒付きの家臣とは、石田三成の指名で忠恒とともに朝鮮に従軍している鎌田政近・伊集院抱節・比志島国貞らを意識したものだと思われる。

前に紹介した女《むすめ》あての八月二十一日付書状には、「おそらく鹿児島から遠く離れた土地に行くことになるのではないかと考えている（定《さだ》めてかごしま遠くなり候ずるかとこそ存じまゐらせ候へ）」と述懐を述べている。いままで慣れ住んだ鹿児島、島津家の当主であることをしめす鹿児島から離れなければならない無念さがしのばれる。以久もすでに述べたように、種子島へ所替になっていた。

義弘の配慮

義弘のほうはといえば、栗野にいた家臣たちに、帖佐に移住するよう命じた。本来はいるべき鹿児島へは、「考えがあって（存ずる子細《しさい》候て）」多くは移さなかった。朝鮮の忠恒には、貴所が帰朝したとき、面談して、貴所の思いどおりに移そう、と伝えている（九月十三日忠恒宛義弘書状）。義弘が鹿児島へは入城せず、帖佐にとどまったのは、忠恒を鹿児島の主として、かれの希望で家臣を付けてやろうという考えにほかならない。

義弘は、豊臣政権の路線を積極的に領国に導入することが、島津家存続の絶対条件と考えていた。しかし、検地後、義久を鹿児島から追い出して、その跡に自分がはいるというような形はなんとしても避けたい。義弘には義久を排除しようとする気持ちは毛頭ないし、もしそんなことをすれば、ただでさえつよい鹿児島衆の反発を、抑えることはできなくなる。

　そこで、跡継ぎに決定していた忠恒を鹿児島へ入れ、義久への配慮を示したのである。はたして十二月朔日、義弘は忠恒に次のように告げる。

「私は鹿児島へ居住するようにと、太閤様の御指図で仰せ出されたが、鹿児島へうつることは、急にはできないので、まずは帖佐へ中宿之儀を申し付け、三日に帖佐へうつる（我等事《こと》、鹿児島へ罷《まか》り居《お》るべきの由《よし》、太閤様御差図《さしず》にて仰《おお》せ出《だ》され候、当分かご島《しま》へ罷り移り候儀急に成《な》り難《がた》く候、先《ま》づ先《ま》づ帖佐へ中宿《なかやど》の儀申し付け、来《きたる》三日に帖佐へ罷り移るべく候事）」

　義弘の鹿児島移動は秀吉の命令であったが、あえてそれにそむいて帖佐にとどまることにしたのである。「中宿」とは、しばらく田舎などに引きこもることをいい、表向きは暫定的な措置だということにしている。

　これにともない、義弘は家老として、長寿院盛惇・伊集院一雄（久春）・新納《にいろ》旅庵《りょあん》・川上肱枕《こうちん》らを召しつかうことにした。このうち、長寿院については新たに義弘がつかうようになったようで、文禄五年（一五九六）九月十七日付の石田三成書状に、

「長寿院は、諸人の猜疑の的になっているので、訴えるものなどあるだろうが、念を入れて調査することが必要である（長寿事《こと》、諸人之猜《しょじんのねたみ》これあるべく候間、自然訴《しぜんうった》ふ族《やから》候とも、御《ご》念《ねん》を入《い》れられ御糾明《きゅうめい》を遂《と》げらるべき事専一《せんいつ》に候）」

とあり、検地を契機に家臣団からうらまれている様子がうかがえる。

他の三人は従来からの義弘の家老で、伊集院一雄は義弘にしたがって朝鮮に従軍し、在番していた。新納旅庵は文禄三年忠恒の供をして朝鮮にわたり、十二月十二日帰国、上京したのち、国元栗野の留守居をつとめている。川上肱枕は京都にあって国元からの蔵米の算用などにあたっていた。

義久、濱の市に移る

義久は、濱の市に移ることになった。

濱の市の富隈城は、大隅国の国府のあった国分にある。現在のこっている富隈城の上にたつと、前方に桜島の勇姿がみえ、はるかに鹿児島を望むことができる。西隣は太閤蔵入地が設定された加治木である。

ここを選んだ義久には、家督を義弘にゆずる気持ちはなかった。島津家伝来の「御重《じゅう》物《もつ》（家伝の文書や宝物）」も依然として所持しており、島津家当主として、いまだに家臣団への影響力は大きい。中央政権の動きから自立して、めったには動かない義久は、反豊臣政権の心情のつよい家臣団の支えであった。

しかし、現実には、豊臣政権と積極的にむすびつかなければ島津家は存続していけない。朝鮮侵略にしても、太閤検地にしても、三成の要求を満足させていかなければ、秀吉からどのような処分があるかわからない。それを遂行したのが義弘であるが、兄義久の協力はなく、家臣団の反発を一手に引きうけて島津の家を死守していた。

しかし、このときから島津家の家臣は、富隈・帖佐・鹿児島の三方に分散することが確定的となる。義弘には三成らのうしろ盾があるが、島津家中でもっとも権威を保持し、大半の家臣団が主君として忠誠を誓っているのは、やはり義久であった。ここに義弘の不幸があった。

4 忠恒の加増要求

忠恒の約束

太閤検地の知行配当は、文禄四年（一五九五）の九月から十二月までで一段落つき、義弘は帖佐をたって上洛する。あとは、国元に残った義久と伊集院幸侃で知行配当を継続し、五年三月まで行われる。

実務は「配当衆」と呼ばれる者たちが行ったようだが、坪付打渡状の署名者は、文禄四年中は伊集院幸侃と本田三清、文禄五年になると、本田三清が没したため幸侃ひとりとなっている。

もちろん、このことは、幸侃ひとりが知行配当を行っているということではない。島津家の坪付打渡状の発給は、戦国時代以来、幸侃らの老中が行っていた。知行を与える主体はあくまで島津家当主である義久であったが、具体的にどの知行を与えるかという事務作業は老中の責務であった。しかし、今回は少し事情がちがう。豊臣政権から大枠が示されているため、義久でさえ自由に知行を与えることができなかった。それは、たとえば義久が忠恒に語った言葉からもわかる。

文禄五年正月二十三日、忠恒は、義久に、朝鮮在陣の者たちに加増するようにと願った。忠恒にしてみれば、そこにはもっともな言い分があった。前にみた知行配当の計画（知行方支配目録）で、十二万石の浮地分は朝鮮に出陣した者に優先的に加増されることになっていた。そんなこともあって、朝鮮の忠恒は、従軍している者たちに加増の約束をし、本領を離れることをよぎなくされた者へは、時期をみて本領にもどすつもりであることを告げた（たとえば文禄五年正月十四日付伊集院抱節宛島津忠恒書状など）。

朝鮮では、在陣している家臣たちの間にこんどの知行配当に不満が噴出しており（諸侍何《いずれ》も述懐《じゅっかい》の躰《てい》、其色外《そのいろそと》に出候《いでそうろう》）、忠恒の心情としては、やむにやまれず配当に口をはさむような出過ぎた仕儀にいたったようだ。

しかし、こと知行宛行に関するかぎり、若殿のいちずな心づもりではどうにもならない。

実際に加増などをしようとすると、大きな壁が立ちふさがる。

加増をする主体は誰か

その書状を受け取った義久は、二月六日、次のように返事して忠恒をなだめる。

さりながら此度《このたび》の配当の儀は、右に申すごとく、京都より幸侃へ仰せ付けられ召《め》し仕《つか》はれ候間、其方《そのほう》へさし越《こ》し候《そうろう》て諸嗳《あつかい》これあるにおいては、必定《ひつじょう》京都へ悪《あ》しく申しなさるべく候条、即刻此方《こなた》のために罷《まか》り成《な》るまじく候。然《しか》る間《あいだ》、此節《このせつ》は其儀《そのぎ》に任《まか》せず候。

——しかしこのたびの配当は、右に申したように、京都から幸侃に仰せ付けられて行っているので、それを無視して配当しようというのは、かならず京都に悪く伝えられるに相違なく、即刻島津家のためにならない。だから、今回は希望にそえない。

このたびの配当が、京都から幸侃に仰せ付けられたものだと、義久自身が明言しているのである。自らの領地の知行宛行が自由にならないというのも無念であろうが、家臣たちの不満にいちいち応えてもいられない。

義久はさらにつづける。

「その地へ在陣している者たちへ加増の約束をなされるのは、もっともである。まず島津忠長へは、七千石余の加増を申しつけた。その他の者へも、だんだんに貴所と相談して申し出すつもりである。いよいよ別して奉公いたすように申し聞かせよ」

家老をつとめ、忠恒について朝鮮に在陣している島津忠長へは、七千石もの加増がなされている。このような大量の加増も、太閤検地が実施されてはじめて可能になったことではある。

いっぽう、義弘の家臣へは手厚い措置がとられた。

武庫（義弘）御側《おそば》へ罷《まか》り居《お》り候衆《しゅう》へは、伊勢弥九郎（貞真）へ弐百石下され候。其外《そのほか》の衆へも或《ある》ひは百石、或ひは弐百石下さるべき由候て、さん用《よう》を以《もっ》て田数肱枕《こうちん》（川上忠智）へ御渡し候の由、幸侃申さる事に候。御存知《ぞんち》のために候事。

——義弘の御側にいる衆へは、伊勢貞真へ二百石くだされた。そのほかの衆へもあるいは百石、あるいは二百石くださるということで、算用をもって肱枕へお渡しされたということを、幸侃が申された。御存知のために伝える。

この文章の敬語のつかいかたからして、加増の主体は当主の義久でも主君の義弘でもない。「弐百石下さるべき由にて」の下さる主体も、やはり「京都」なのである。おそらくは安宅秀安が義弘の家老で京都に詰めている川上肱枕に書付を渡したのであろう。

にいう。

したがって、義久のほうでは、あまり自由には加増できなかった。それをふまえて忠恒にいう。

「拙者が申しつけたうちには、百石におよぶ加増はなかったと思う。拾石前後の加増はある。このごろも幸侃から加増のことをいわれたが、貴所(忠恒)の帰朝を待ったほうがよいといっておいた。また、その地へ在陣している者への加増の約束は、そのように多くはどうであろうか、容赦してほしい。浮地は三、四万石ほどしかないと思う」

文禄五年のはじめごろには、自由に加増できる「うき地」は、はじめにあった十二万石がもはや三、四万石ほどしかなかった。とうぜん、いかに朝鮮で苦労しているとはいえ、忠恒の過分な加増要求に応えるだけの体力は、すでになくなりつつあったのである。

義久とて、自由に加増を命じる立場になかった。また、幸侃にしても、安宅から命じられた者は別として、加増するには義久の同意が必要であった。

それでは、どの程度が加増に回されたのであろうか。島津家文書「黒漆塗十六番箱」に納められた忠恒宛と推定される年月日欠の史料によると、十二万石あった浮地のうち、四万石は加増していたが、その四万石のうち一万六千石は奥方の知行になっているという。

この史料の年次が文禄五年秋ごろとすると、配当が一段落した時点で、家臣へは都合二万四千石ほどが加増されたことが知れる。

忠恒、安宅へねじ込む

しかし、忠恒はあきらめない。文禄五年十月二十三日、忠恒は、安宅秀安に書状を送り、加増の許可を願う。

「家中の者どもに、いまだ加増の配当がありません。急度《きっと》申しつけてくださいと龍伯（義久）・兵庫頭（義弘）へ申し越しました。おそらく貴所も御存じのように、龍伯・兵庫頭の家来どもは、少ない扶持ながら在京し、われらは在陣して、いずれも数年になります。不弁（不自由）というより見苦しいありさまです。とりわけ朝鮮に在陣の大名衆へ出会うときはあまりにみっともなく、一刻も早く加増してやりたいと思います」

浮地分は、まだ朝鮮に在陣している者たちに加増配当なされていない。その苦しみがいちばんよくわかるのは、いっしょに朝鮮にいる忠恒である。

書状だけでは埒《らち》があかないと考えた忠恒は、十一月には加増を実現させるために、島津忠長と鎌田政近を帰国させた。このふたりは老中であり、国元にも押しがきくと考えたのであろう。

島津忠恒（のち家久）の花押

安宅、忠恒をたしなめる

この書状を受けとった安宅は当惑した。たしかに浮地分は「家来の者の奉公忠節を勘案して（家来の者奉公忠節次第）」加増するようにすれば、「みな勇んで奉公し、忠義の行動をとるであろう（悉《ことごと》く勇《いさ》みをなし奉公致し、忠義を仕《つかまつ》るべく）」と考えて設定したものではある。

しかし、島津領国は混乱していて、文禄四年の秋に配当した知行をめぐって、「訴訟や嘆願が引きもきらない（支配に以《もっ》ての外出《ほかで》入《い》り候）」。三成もあきれて、思惑どおりに配分するのは困難だと考え、助言するのをひかえている状態である。とてもかんたんには請けおえない。そこで、次のようにたしなめる。

「義久・義弘殿も、上様（秀吉）が重々御念を入れて御置目を仰せ出されたので、大事にお考えになり、現在まで国元の御支配（知行の配分）が遅れています。それなのに、朝鮮で員数を定められ、御配当なさって、図書頭（島津忠長）と鎌出（鎌田出雲守政近）を差しむけられたとしても、私としては治部少（三成）に申しがたいことです。直接三成に仰せになってください」

どうしてもというなら直接どうぞ、と突きはなしたのである。

一定の成果あり

安宅には断られたが、忠恒の行動は一定の成果をもたらした。

現在残されている坪付打渡状をみると、文禄五年十月二十七日から慶長元年十二月二日付のもの（署判は幸侃ひとり）が多くある。そしてそれには、「先年高麗国奥陣まで御奉公したため、このように宛行う（先年高麗国奥陣迄《まで》御奉公申され候故、此《かく》の如《ごと》く宛行《あてが》わる者也）」と明記されている。

これは、島津忠長と鎌田政近の帰国前のものだが、朝鮮への再出兵が現実化したこともあり、朝鮮へ在陣した者たちに少しは加増しないと、かれらのやる気がでないという事情を配慮したものであろう。もちろん、その前提にたびかさなる忠恒の要求があり、それにある程度こたえておく必要もあった。

慶長二年（一五九七）正月十九日、義久は忠恒に次のように伝えている。

「図書頭（島津忠長）が帰朝したので、談合している最中である。然《しか》らば加増の支配を早々行えと京都から承《うけたまわ》ったので、義弘へ談合し、其元《そこもと》からの希望も忖度《そんたく》することにした」

慶長二年二月二十九日付で発給された比志島国貞・伊集院抱節連署の坪付打渡状が三通残されている。文面に「朝鮮での軍功のため加増」が明記されており、これがこのときの成果かとも思われる。

しかし、比志島と抱節の連署というのは異例である。この両人とも忠恒について朝鮮に在陣しており、これは現地での約束手形的なものとも考えられる。

知行配当の混乱

さきの書状で、義久は、次のようにもいう。

「鹿児島支配の儀であるが、加増など下されるべきではないような者へもつかわされている。つよく批判する者もいる。ことに其方《そのほう》から割り付けた者のほかにも加増されていると取り沙汰されている。困ったことだ」

このころ義久は、国元をはなれ、上洛していた。留守にするともうこの始末である。原因は、義久と義弘の対立ばかりでなく、パイの奪い合いに血道をあげる家臣団自体にも問題があったようである。

そのため、軍役をはたしているかどうかで、配当をやりなおすという意見も出ていたようだが、これもなかなか実現しない。しかたなく、これまでの割付が恣意的になっている在所だけを是正するということで妥協している。

太閤検地で蔵入地が強化されたのみならず、加増予備地まで設定されたわりには、島津家の大名権力強化の道は前途多難だった。

5　島津家臣団の対立

伊集院幸侃の立場

伊集院幸侃は、三成と密接なつながりを保っていて、三成による太閤検地のお膳立てをしたのも幸侃である。そして、検地後は、知行配当の実施責任者として、帰国した義弘とともにはたらいた。

しかし、幸侃の権限は、島津家老中としての立場に規定されており、三成の命令を実行する場合でも、義弘とはちがって義久の意向をたえず配慮していなければならない。

しかも、検地や所替につよい不満をもつ家臣団からは孤立した。

幸侃は、慶長二年（一五九七）正月に秀吉の命令で上洛する。これは、朝鮮への再出兵が現実化したことがもっとも大きな理由であると思われるが、国元の混乱とも関係がないとはいえない。配当がまだ終了していなかったからである。

同年正月二十日、安宅秀安は忠恒に次のように告げる。

御国《くに》の儀《ぎ》、一度秋《あき》配分候《そうろう》て支配に以《もっ》ての外出入《ほかでいり》（訴訟）候間《あいだ》、治部少《じぶしょう》（三成）も惣別《そうべつ》配分は仕《し》置《おき》なりがたき題目《だいもく》に心得、助言申す段斟酌《しんしゃく》申し候。

——御国のこと、いちど秋に配分しましたが、知行配当についていろいろと訴訟が続出しましたので、三成も、ことが配当となると、自分が口を出しても島津家中は収まらない、と考え、助言するのを遠慮しました。

島津家中の混乱に、三成でさえさじを投げたのである。もはや幸侃が国元にいても、どうにもならなかった。

伊集院幸侃と長寿院の仲

伊集院幸侃と義弘の家老として帖佐の留守をあずかっていた長寿院盛惇は、検地後の知行配当の中心的な人物であるが、両者の仲はそれほどうまくいっていなかった。

文禄三年（一五九四）六月ごろには、幸侃と長寿院の仲が悪いといううわさがたっていた。文禄三年六月といえば検地前である。その時点で両者の関係が険悪であるとしたら問題だし、そのようなことが世間のうわさになるのはますますよくない。

これを憂慮した幸侃は、長寿院に、

「私と貴殿の仲が悪いということが世間のうわさになっています。これはいけません。そこで神文（起請文）を深重に取りかわし、別して入魂《じっこん》にしましょう」と申し入れた。長寿院は、義久側近の喜入大炊助《きいれおおいのすけ》（久正）にどう思うか相談した。とうぜんこれは喜入から義久に伝えられ、かえって義久の疑心を招くことになった。

義久は、朝鮮の忠恒に、

「幸侃と長寿院は入魂の間柄だと聞いていたのに。（中略）もしこの儀を正式に打診してきたら、家臣同士の神文のやり取りは御法度《ごはっと》であるからだめだと堅く申し渡そうと考えている。このことは他言無用である」

と伝えている〔六月二十日付義久書状〕。

このような状態は、検地後にますます悪化する。翌文禄四年五月二十一日、伊勢貞成（のち義弘家老）は、次のように書いている。

「かの大坊主と長寿院の間柄は、上むきはよいようにふるまっているが、下心は正反対である（彼大坊主《かの》と長寿間《あいだ》の事《こと》、上むきはよきように候へども、下心は然々《しかじか》なく候事）」

「彼大坊主《かの》」とはだれのことかが問題になるが、この書状の別の部分では、「彼佞人《かのねいじん》」と罵倒されている人物がおり、このような符丁をつかって名指される者は、おそらくわれわれに推測できる者、つまりは豊臣政権に佞《おも》ねる伊集院幸侃（かれは秀吉に服属したとき剃髪している）にほかなるまい。

この書状は、『鎌田文書』に残されており、宛先はおそらく朝鮮に在陣している義久の家老鎌田政近である。鎌田は義久の信頼する家老であり、そのような宗家にからむ人脈の中で、配当にあたる両者をこきおろす内容である。検地後、豊臣政権に協力した幸侃と長寿院は、家臣団の怨嗟《えんさ》の的になっており、このようなうわさを流されているわけである。

義久の述懐

知行配当がすすむにつれて、家臣団の不満は極限に達した。文禄五年と推定される九月三日付の義弘にあてた義久の書状には、配当担当者のだれそれが依怙《えこ》贔屓《ひいき》しているというような訴えが多出して、苦悩している様子がみえる。

「このたび、休心が上洛して申すには、有方《あるかた》（氏名不明）が贔屓がすぎるといい、また上井甚五郎が申すことには、長寿院が贔屓しているということだ。これらをよく考えてくればうれしい。このことでもよくわかるように、口引きが多い。重大なことだ。私以外には、真実を申す者はこの国（島津領国）にはいないのだろうかと思う。しかし、みなの者はそんなことを信じないであろう（然《しか》れども御かた〳〵たち、それをまこと、思《おぼ》しめし候まじく候）。真実が偽《いつわ》りになり、偽りが真実になってしまうのかと思うと、無念である」

思いのままにふるまい、家臣団もそれを支持して動いているようにみえる義久であるが、かれもまた家臣団にたいし、不満いっぱいであった。家臣団の間に蔓延《まんえん》する疑心暗鬼やつよい不満の表明があり、それぞれが互いに悪口を言い合い、それがまた人づてにゆがんでつたえられる。義久にしても、自分の真意がうまく人につたわっていないと自覚せざるをえない。当主である義久自身がこのように感じているとすれば、まさに危機的な状況である。

幸侃上洛後、朝鮮への武器・弾薬・兵糧等の補給の責任者であった長寿院についても、義久は忠恒に次のように述懐している。

「義弘は、長寿院を信頼して何事もまかせきっているようである。後悔するときがくるにちがいない。困ったことだ。これも他言してはならぬ（長寿が事、何事も曖《あつかい》の儀うちまかせ、別して召し仕《つか》はれ候やうに聞こへ候、御後悔の儀候づる、笑止《しょうし》に存じ候、是又《これまた》他言有《あ》るまじく候）」

義弘が長寿院を重用することにたいして、義久は、いまに後悔するぞと考えているのである。

島津家中の分裂

伊集院幸侃のことにせよ、長寿院のことにせよ、家臣をめぐる義久の心情は、朝鮮の忠恒には腹蔵なくつたえられている。さらにそれらの内容は、次のように限られた者だけにつたえられる。

かやうに申し候とて、色にあらはされ候《そうろう》ては悪《あ》しかるべく候。御存知《ぞんち》のために候。此《この》よし、図・抱・雲・紀へは密々《みつみつ》にて仰せ聞けらるべく候。

——このように申したからといって、顔色に出してはよくない。念のために知らせるだけだ。このことは、図（島津図書頭忠長）・抱（伊集院抱節）・雲（鎌田出雲守政近）・紀（比志島紀伊守国貞）の四人には内密に伝えておけ。

図・抱・雲・紀の四人は、かつて義久の有力な家臣であり、三成に命じられて忠恒に供して朝鮮に在陣している者たちである。このような情報交換によって、義久の派閥は、自分の婿養子である忠恒をも取り込んで強固に形成されていく。島津領国では、もと三州太守である義久の権威は大きく、忠恒としてもそれに反抗することはできなかったばかりか、しだいに義久の考えに影響されはじめている。

その結束のかなめは、検地とその後の知行配当への不満である。これにたいして、検地を推進したのは石田三成であり、それに協力する義弘であり、伊集院幸侃であった。つまり島津家中は、義久と義弘のふたりを結束の核として、ふたつの派閥に分裂しつつあったのである。

第六　朝鮮での苦闘

1　日明講和交渉の破綻

長引く講和交渉

文禄二年（一五九三）四月十八日、日本軍のソウル撤退から始まった日明の講和交渉は、なかなか進展しなかった。

この年五月十五日、石田三成ら三奉行と小西行長は、明使節を同行して、肥前名護屋に着船した。この使節は、明将李如松（朝鮮派遣軍提督）の派遣したもので、史料上には「大明勅使」とみえるが、「勅使」すなわち明皇帝の使いなどではなかった。

これらの動きをお膳立てしたのは、沈惟敬《しんいけい》という者である。沈は、李如松が日本との外交折衝のできる者を募ったとき、日本通を売りものに応募した者で、「遊撃将軍」という肩書で李の配下となった。明側の史料では、かれを「遊客」「市中無頼」としており、なかなか、いかがわしい人物である。

秀吉は、かれら明使節を名護屋城で応接し、和議の条件として、次の七か条を掲げた。

①明皇帝の息女を天皇の后として差し出すこと。
②勘合が近年断絶しているのを改め、官船・商船を往来すること。
③両国の大官は互いに誓詞を取り交わすこと。
④朝鮮国王にはソウル付きの四道を与えること。
⑤朝鮮王子と大臣一、二名が人質として日本に来ること。
⑥去年捕えた朝鮮王子は返還する。
⑦朝鮮国王の権臣は「累世違却有るべからざる」旨の誓詞を提出すること。

秀吉は、和議をすすめるいっぽう、交渉のなりゆきを見守る在陣の諸将には、晋州城《チンジュ》を保障占領し、全羅道に進出することを命じた。これは、すでに述べたとおりである。この晋州城はこの年六月二十九日に落ち、日本軍は全羅道の海岸線に本格的な城郭（倭城）を築き、長期的な占領体制を固めた。義弘は、巨済島に在番することを命じられ、帰国はかなわなかった。

偽りの降伏使節

日本軍諸将が晋州城を攻撃しているころ、小西行長は秀吉の和議七か条を無視して大きな賭けに出た。沈惟敬と謀り、家臣内藤如安《じょあん》を明皇帝のもとへ派遣することにしたのである。外交に明るい行長は、秀吉の出した講和条件が明に受け入れられるとはとうてい思えなかった。偽りの降伏使節とされた如安は、偽作された「関白降表」を持参していた。

文禄三年十二月、内藤如安は北京に到着し、十三日、明皇帝に拝謁した。

その後、明側は、内藤に、晋州城攻撃占領の理由などを詰問したうえで、秀吉を「日本国王」に冊封《さくほう》することにし、日本へ使節を派遣することに決した。正使は李宗城、副使は楊方亨という者である。

明使節は、文禄四年一月、北京をたった。

四月、沈惟敬が、釜山の小西行長のもとに着いた。行長は急ぎ日本に帰り、明側の和議の条件を秀吉に報告した。『江雲随筆』という史料に載せられた秀吉が行長に示した条件は、

①朝鮮に対しては王子一人を自分に仕えさせれば、朝鮮北四道を安堵する。

②明に対しては、使者が挨拶に来るように。

という大幅に譲歩したものであった〔山室恭子『黄金太閤』〕。

一方、明使節は、遅々とした足取りで、ソウルをへて、十一月末には釜山浦に到着した。これはいまだ加藤清正が、和議に反対して軍を収めていなかったためである。

講和交渉の破綻

翌文禄五年（十月二十七日、慶長に改元）正月、沈惟敬は、行長に連れられて釜山から日本へ向かい、上洛して秀吉に拝謁した。首尾は上々だった。ところが、行長らが釜山を留守にしているとき、釜山では、秀吉に冊封を受ける気がないとか、日本に行った惟敬が秀吉に抑留された、というような風聞が飛び交っていた。これは講和に反対する清正らの策動であったとされるが、このような不穏なうわさにおびえた正使李宗城は、釜山からひとり逃亡する。

五月、明は、しかたなく正使に楊方亨を立て、沈惟敬を副使に任命して、日本に派遣することにした。かれらは、六月中旬に大坂に着いた。六月二十七日には沈が、上下三百人という行列を仕立てて伏見に行き、秀吉に拝謁している。

当時秀吉は、明使節を引見するため、壮麗な伏見城を建設途中であり、日本国中の武士を集めて信長のときのような「武者揃え」（大軍事パレード）も計画していた。ところが、閏七月十三日、畿内をおそった大地震（マグニチュード7・5）のため伏見城はくずれ、武者揃えも中止され、使節の引見は大坂城に変更された。

九月一日、明使節は、大坂城で秀吉に拝謁し、明皇帝からの誥命《こくめい》（辞令）・金印・冠服を進呈した。これで冊封の儀はとどこおりなく終わった。明側からすれば、秀吉を国王と認めてこれらの品物を下賜したということになる。

翌二日、秀吉は明使節を大坂城で饗応した。その夜、秀吉は、鹿苑僧録《ろくおんそうろく》（五山の長官）で外交ブレーンである西笑承兌《さいしょうしょうたい》らに明皇帝の誥命を読み上げさせた。

それには、「茲《ここ》に特に爾《なんじ》を封じて日本国王と為す」とあるが、肝心の秀吉の和議条件にはまったく触れられていない。譲歩を重ねて最低限の条件とした朝鮮王子の提出についても何も言及されず、これではこの戦いを勝利の名目をもって収めることができない。秀吉はこれを理由に、再び朝鮮への出兵を決意する。

2　義弘の朝鮮再出陣

義弘への出陣命令

秀吉は、文禄五年（一五九六）九月七日にはすでに、島津義弘にたいして、慶尚南道加《カ》

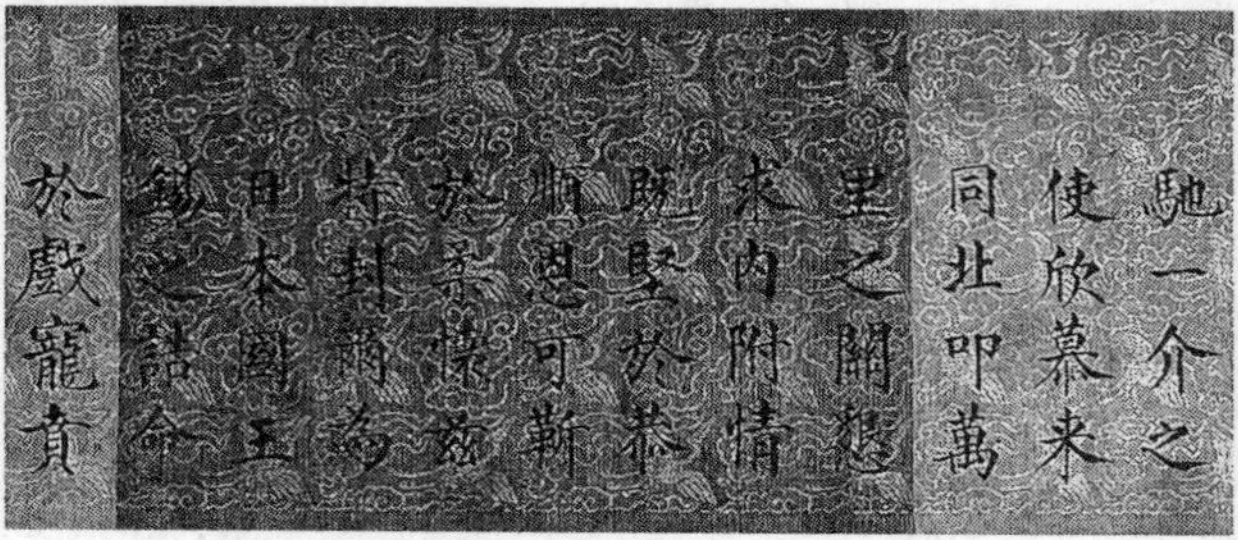

明皇帝から秀吉に贈られた誥命（辞令）

徳島《トクド》の城普請を堅固に命じ、軍勢の半分を在番させるようにとの命令を出した。その朱印状によると、「今度朝鮮王子を提出しないことは、不届きなことである（今度《このたび》朝鮮王子差し渡さざるの段、相届《あいとど》かざる儀《ぎ》に候）」とあり、和議条件の第五条、内々にはほとんど唯一の和議条件とした条項を朝鮮側が履行しなかったことが第一の理由にあがっている。

義弘は、忠恒の代わりに出陣するなら本望だと考え、大坂からすぐにでも朝鮮に渡るつもりであった。しかし、十二日に秀吉に拝謁したところ、次のような仰せがあった。

「まず朝鮮在陣の人数を増派せよ。貴殿は老体でしかも寒中であるから、年内は在国し、所務（年貢の収納）以下を申し付けよ。そして来春、総勢を差し渡す時分に渡海するように」

いかにも戦術家らしい配慮がうかがえる。

そこで義弘は、ひとまず国元へ帰り、人数や兵糧を朝鮮へ送ることにした。

九月二十三日、義弘は大坂を出船し、十月十日に義久の濱の市に到着した。秀吉から命じられた軍勢を調達するため、義久に協力を頼むつもりだったのである〔十一月十一日忠恒宛義弘書状〕。

このときの義久の対応は明らかでない。面と向かって拒否することはなかったと思われるが、今回も結果的に朝鮮への兵糧の補給すらなかなかままならなかった。

その後、義弘は帖佐にもどり、年貢の徴収や軍勢の督促につとめた。

忠恒の悲嘆

翌慶長二年（一五九七）の二月十一日、忠恒は、つぎのように恨みのことばを義弘に訴えてきている。

「去年以来、兵糧や軍勢を送っていただきたいとなんどもお願いしましたが、ついにたいした補給もなく、とりわけこのごろはこちらへの連絡も絶えてしまいました。こちらの兵糧は、図書頭（島津忠長）が存じているように、ようやく年内分あるかないかというところでしたが、いろいろと節約して現在までもたせています。これ以後はどうしようもないので、飢えにのぞむばかりでございます」

義弘も、国元へ帰って義久と談合し、兵糧調達などに苦心したのだが、なかなか思いどおりにはいかなかった。国元に帰ったのが十月であるから、兵糧などの補給には絶好のときであったが、それすら予定どおりに行えないようでは先が暗い。

忠恒もそのあたりの事情は推察しながら、つぎのように述べる。

「こちらはたとえ相はてたとしてももしかたがありません。のちのち御家がどのようになっていくのか、この事情をお忘れになってはいけません」

かつて義弘が義久に訴えたような内容である。国元の非協力的な態度が、朝鮮にいる者にとってはなにより情けない。

また、義弘が家臣から徴収する出物（米銭）や自力で人数・兵糧を調えて出陣するなどといって延び延びになっているのにたいして、忠恒は、

「数年の在陣・在旅、またたび命じられる銭や米の供出に、（国元の）家臣たちはみな疲れはてていると聞いております。もっともな命令であるとは思いますが、家臣たち自身が装備しての出陣は、とても急にはできないと思います（数年の在陣《ざいじん》・在旅《ざいりょ》、又《また》は度々の出銭・出米に、諸人《しょじん》つかれはてたると聞こへ申し候、たとひ理《ことわり》の御沙汰に候《そうろう》とも、自分の調《ととの》えにてはとても急には罷《まか》り成《な》るまじく候）」

と批判している。とにかく、

「年末年始に、諸大名方の船はひんぱんに参りますが、薩摩よりの船は一艘《そう》もきません（年の明け暮れに、方々《かたがた》の船切々《せつせつ》参り候へども、薩摩よりの船は一艘も参らず候）」という状態

であった。

悲壮な決意

義弘の代理として加徳島《カトクド》に在番していたのは、家老新納旅庵《にいろりょあん》である。このころには、加徳島周辺もだんだん危なくなってきていた。「番船」すなわち朝鮮水軍の軍船が出没して、日本船の行き来を監視するようになっていたのだ。

巨済島《コゼド》に在番している忠恒のほうも、加徳島へ普請道具を取りに家臣を派遣したがもどってこず、迎えの船を派遣したが、それもまだもどってこない。

加徳島は、洛東江《ナクトガン》をはさんで釜山のすぐ西にあり、日本の船で釜山へ行こうとして乗りはずしたときは加徳島へ着くといった位置関係にあるが、その島もそのような状態であった。制海権をうばわれていたのである。

朝鮮からの忠恒の書状には、

「釜山へ行こうにも、最近は海路では危なくなり、竹島《チュクド》まで船で行き、そこからは陸路をとるというありさまです。このようになってしまったのでは、日本との連絡が絶えてしまいます」

とある。補給路が断絶しているのである。そのため忠恒は、義弘の身を案じてつぎのように申し送っている。

「御自身の御渡海も三月だとのこと、かねてお聞きしました。もしや今までどおりのつもりで、あたふたと御渡海なさっても、兵糧の御用意や人数のことなどをきちんと調えてからでなければ、結局面目をうしなうことになりますので、一月、二月のうちは、石田殿へお願いして延ばしていただき、御在国なさってできるだけ調えてから、御渡海なさるのがよいと思います。こちらは、弱輩《じゃくはい》ながら落ち度のないように申し付けます。ただし、なにぶんにも兵糧がないので、力におよびません。こんごのことが気遣い千万でございます。もし、敵が大勢で攻め寄せたときは、あまりに無人《ぶにん》のため防ぐことはできないかもしれません。また、人数が増えたとしても、兵糧がなければ結局手づまりになります。このようになってしまってからではあとの祭りですが、あまりの無念さに申しただけのことでございます」

忠恒のためを思って、装備も調えないままで渡海をいそぐと、番船の餌食にもなりかねない。それが心配であった。しかし、うらみごとも述べないではいられない。実の父親の苦労を知りながら陣容の不備を訴えざるをえないところに、かれの無念さがしのばれる。

国元の協力を渇望

事情は、朝鮮在陣の島津勢すべてに共通する。三成に命じられて忠恒に付属して在陣していた伊集院抱節も、さきに国元へ派遣された島津忠長に、二月十二日付の書状でうらみごとを述べている。

「御帰朝以来、いちども書状をもらっていません。海上が不穏なためとは思いますが、他陣へは日本から船がしきりに往還しています」

とまず皮肉を述べながら、この地へ兵糧がないこと、番船がしきりに出没して補給もままならないことを述べ、御国（薩摩）の外聞を失うことを悔しく思うと訴えている。

そして、つぎの一句は、在陣の者たちの共通の感慨であろう。

千言万言今更入《い》らざる申し事に候。ただ御国元の御扱《あつか》ひ、上下在陣衆《ざいじんしゅう》恨み奉るほか、他《た》なく候。

——千言万言をいまさら申してもしかたがありませんが、在陣している上下の者はただ御国元の仕打ちを恨むしかありません。

義弘、再び朝鮮へ

慶長二年（一五九七）二月二十一日、義弘は、朝鮮にむけて居城帖佐をたち、その日は蒲生に一泊した。付き従う軍勢はわずか上下三百余人。

翌日、入来《いりき》、その翌日隈之城《くまのじょう》につき、そこで十日逗留した。『朝鮮日々記』によれば、平佐の北郷三久のところを訪問したというから、出陣途上で軍勢を集めていたらしい。

また、逗留しているうちに、鹿児島から種子島久時《たねがしまひさとき》・樺山久高《かばやまひさたか》ら供衆がおおぜい来たというから、義弘の出陣を聞き、駆けつけた者もいるようである。

それから向田から出船して、薩摩の軍港久見崎へついた。御座船は十一端帆の大船で、船頭は東太郎左衛門。早船の船頭は関備後。船はあわせて十一、二艘である。

久見崎にも十日ほど逗留したのち出船し、天草の佐志の津、樺島、平戸を経由して、壱岐の風本（勝本）についた。ここで順風をまち、対馬のうちの桑振小浦につき、ついで飛崎についた。

飛崎で五日ほど逗留し、そののち、海上四十八里を渡って朝鮮の釜山浦《プサンポ》についた。ここで総大将の宇喜多秀家と対面、その日の夜に釜山浦を出て、翌日未の刻に加徳島の薩摩の陣所に到着した。暦はすでに四月になっていた。

3　島津氏の軍役調達の方法

豊臣政権における軍役

ここで、島津家の軍役調達方法についてみていこう。

豊臣秀吉によって全国の土地が石高で表示されるようになり、軍役もまた石高に応じた数が要求されるようになったというのが、通説である。

佐々木潤之介氏の軍役論では、豊臣政権の場合は石高に応じた軍役人数がかならずしも実現しておらず、そのような軍役体制が成立するのは徳川政権になってからであり、豊臣期の大名の自立性を示すとされていた（『幕藩権力の基礎構造』）。しかし、三鬼清一郎氏は、これに対して豊臣政権下においては大名の石高に「無役」分があり、これをのぞけば整然とした軍役が要求されていると主張した（「豊臣政権の軍役体系」）。「無役」の評価をのぞけば、軍役は石高に応じて人数を出すという基準が存在することは共通している。現在では三鬼氏の説が通説であるが、三鬼氏にしても、なぜ「無役」高があるのか、「無役」高設定の基準は何なのかという点についての説得性のある説明はしておらず、豊臣政権下の軍役が整然としたものかどうかには、なお検討すべき問題が残っている。

私見によれば、豊臣政権の画期性は、全国統一を実現し、その軍事力を背景に諸大名領の検地を行って、全国を石高という普遍性のある数字でまとめたことにある。これによって、大名の転封も行うことができたし、諸大名に軍役を割りつけることもできた。

もし、一応の基準としての石高がなかったら、軍役の動員も「出来るかぎり」というような抽象的なものとなり、諸大名への強制力ははたらかない。百石につき四人というような設定ができるからこそ、十万石の大名の軍役人数は四千人、二十万石の大名は八千人というような要求ができ、大名としても他の大名との釣り合いを考えて、せめてその人数の調達はしなければならないという心理的な強制力もはたらく。「無役」分は、大名の経済力に余裕をもたせ、動員力と石高のずれを少しでも現実に近づけるための数字の操作であった。したがってその高は、ある意味でどんぶり勘定であり、多いからといって豊臣政権からの自立性を示すというものではなく、むしろそれだけ現状とかけはなれた領知高になっているのである。

島津家への軍役要求

軍役人数というのは、諸大名に要求する最低限の数字である。この軍役を大名がどのように調達しようが、それは秀吉の関知するところではない。基準とした数が調達できればよかったのである。

したがって、大名は員数合わせのため、苦労することになる。

たとえば、島津氏は、文禄の役のとき、一万人という人数を要求される。これは島津家の内情を勘案したうえでの数字ではなく、当時の島津家の石高である二十二万石から無役分を引き、二十石に一人として計算された数字であった。しかし、島津家はとてもそんな数を動員できず、三成に相談して四十石に一人、総計五千人としたことはすでにみたとおりである。

これでも島津家としては過重な負担である。そのため、義弘は加徳島に在陣していたとき、三成の内意をえて百石に三人という数字に調整することができた。そして、国元には三十石に一人と命じ、百石につき十石、すなわち三百石で一人ずつ多く動員し、不足分の予備としようとした。

大名家内部においても、家臣に動員数を納得させるためには、基準となる数が必要であった。天下一統の基準であれば、家臣たちもしたがわざるをえない。

自前の軍勢で参陣

しかし、実際には、それぞれの家臣が自らに与えられた石高に応じて参陣したわけではなかった。『薩藩旧記雑録』には、「児玉筑後利昌御奉公の次第」という興味深い史料がある。

文禄元年辰年　義弘公高麗《こうらい》御渡海の刻《きざみ》、自分にも罷《まか》り渡る者これあり候はば、心次第《こころしだい》渡海仕《つかま》つるべき旨《むね》御触《ふ》れござ候由にて、筑後事自分乗船取り仕立《した》て渡海仕《つかま》つり、高麗において雑兵共《ぞうひょうども》数多《あまた》討ち取り申し候。帰朝の時は、御褒美《ほうび》として御知行三拾石宛行《あてが》われ候事。

——文禄元年辰年　義弘公が高麗に渡海するとき、自主的に出陣する者があれば、心次第に渡海するよう御触れがあったということで、私は自分で船を仕立て渡海し、高麗において雑兵共《ぞうひょうども》を多く討ちとりました。帰朝のとき、御褒美として御知行三十石を宛行《あてが》われました。

これによると、義弘は、朝鮮に出陣するときに、自発的に渡海しようと思う者は、渡海せよと触れを出している。そこで児玉利昌は自分で乗船を仕立てて、朝鮮で手柄をたて、褒美として知行三十石を宛行われた。じつは、この児玉利昌は、元和二年（一六一六）十二月二十一日にも、藩当局へ嘆願書を提出しており、このときの事情がより詳細にわかる。それによれば、利昌が出陣したのは文禄四年六月、義弘と忠恒が朝鮮唐島《からしま》（巨済島）へ在陣していたときで、嘆願書によれば、「自力にて罷《まか》り渡《わた》り」、翌五年七月、暇をくだされ帰国した。

さらに慶長二年七月、利昌は、主従七人、六端帆の船一艘、船頭・水手《かこ》八人という装備で「自力自船」を仕《つかまつ》った。そのとき、義久の家臣岩切与兵衛と山崎少兵衛の主従七人がその船に相乗りしていったという。

この利昌の嘆願は、自己の奉公に対して加増がない（あるいは少ない）ことを訴えたものであったが、このように「自力」で軍勢を仕立てて朝鮮に渡った者も少なからずいたのである。

自力で五百石なら五百石の加増

義弘の触れは、もっと露骨なものだったかもしれない。たとえば、次のような史料がいくつか残っている〔『本藩人物誌』〕。

高麗御出陣前、諸士ニ仰《おお》せ渡《わた》され候《そうろう》ハ、此度《このたび》自力ニ高《たか》五百石之軍役勤《ぐんやくつと》め候《そうら》はば、帰朝の時高《たか》五百石下《くだ》さるべき由《よし》に候。その時、国分左京自力ニ右高《みぎたか》の軍役ニ而《て》渡海致《いた》し候。御出陣前、高《たか》弐百五拾石下《くだ》され候。

――朝鮮へ出陣する前、諸侍に命じられたことには、今回自力で五百石分の軍役をつとめたならば、帰国したとき五百石の知行をくださるということでした。私は自力で五百石の軍役で渡海したため、出陣前に二百五十石の知行を与えられました。

「自力」で五百石の軍役人数を調達して渡海すれば、帰国したとき五百石を与えるという触れが出ているのである。しかも、国分左京は出陣前にすでに二百五十石が与えられている。これは好条件である。本来軍役は、宛行われている石高に応じて負担しなければならないものである。なぜ、五百石の軍役をつとめれば五百石が与えられるかといえば、かれが島津家から知行を与えられていない者だったからである。

国分左京は、帰国したとき、残高の二百五十石の宛行《あてがい》を要求したが、「国分氏は川内《せんだい》天満宮の社領八町を領しているが、私領はないので、最初与えた二百五十石の高で十分である（国分氏千台《せんだい》天満宮の社領八町を主取《しゅど》り、私領これなきに付き、右の高にて然《しか》るべし）」

と仰せわたされたという。つまり国分左京は、私領をもたない、川内天満宮の社領の代官のような地侍だったのである。そのため二百五十石で十分だろうと説得されたのだが、このようにかならずしも島津氏と主従関係をもたないような地侍層の軍事力にも依拠して、どうにか軍役をつとめていたのである。

かつての敵対者にも参陣のチャンス

すでにみたように、当初、義弘は軍勢が集まらず、小姓だけつれて朝鮮に出陣するという醜態を演じていた。これは今回も同じで、国元を出るとき、すでに予測されたのであろう。知行《ちぎょう》宛行《あてがい》の約束で地侍層をつって、軍役人数を確保しようとしたのである。

ほかにも、この触れにつられて出陣した者がいる。

たとえば鮫島筑右衛門という者も、同様に五百石の軍役にて渡海したが、出陣前に半分の二百五十石を宛行われている。そして、帰国したときに残高の宛行を要求したところ、「鮫島はわずか二町ばかりの領地をもっている者だから、二百五十石で我慢せよ（鮫島ハ僅か二町持ちたる人にて候間《あいだ》、二百五十石にて堪忍仕《つかまつ》るべく候)」

と家老の鎌田政近から説得されている。かれも、私領をわずか二町しかもたない地侍的な存在であったことがわかる。

壱岐少左衛門という者も、同様である。五百石の軍役で渡海し、出陣前に二百五十石を宛行われ、帰国後は、

「壱岐はかつて伊東氏の先鋒として島津家に御敵対した経歴があるので、二百五十石で十分である(壱岐ハ伊東先方《せんぽう》ニテ御敵対《てきたい》いたし候間《あいだ》、二百五十石ニテ然《しか》るべし)」

と鎌田から説得されている。かれは、日向の伊東氏の先鋒となって島津家に敵対したれっきとした武士だったのである。しかし、そのような経歴から、島津家からは知行を与えられておらず、このチャンスに召し出されようと、自力で朝鮮に出陣したのである。

知行を望み出陣する者たち

われわれの常識からいえば、豊臣政権下の大名は、石高に応じて軍役につく家臣たちを動員することによって必要な人数を調達していったはずである。

しかし、豊臣政権の要求する軍役人数は過重であった。それに頼っていたのでは、短時間に必要な人数はなかなか調達できない。そこで、在地の兵農未分離の者や、兵力を出せる者に依存して数の帳尻合わせをしたのである。

ほかに、他家へ養子にいった三男坊が、実家の援助をえて五百石の軍役で渡海するというケースもある〔『諸家大概』二渡次兵衛の項〕。さまざまなケースがありうるが、知行をのぞみ、自力で軍勢を仕立て渡海していった者は大勢いた。したがって、太閤検地で設定された浮地（加増予備地）は、慶長の役が開始されると、島津領国の武士たちの大きな動機づけとなったであろう。

はたされない約束

しかし、問題も多い。ひとつは、れっきとした家臣の動員はやはりうまくいかなかったことである。本来、浮地は、知行に応じた軍役をはたした家臣が、軍功をあげた場合の加増を想定している。たんに動員のためにつかったのでは、加増の分がなくなる。もちろん、浮地分は、「新規に人を抱える」ことも想定していたが、それが主流ではなかったはずである。

ところで、ここで述べたような知行宛行を目的として参陣した者の存在が、なぜわかるのだろうか。それは、自らの奉公を藩当局に申し出ることによって、約束の知行をもらおうとしているからである。そのような文書が多く残っていて、それはいまだに約束がはたされていないことを訴えるものが多い。ということは、浮地分は意外と脆弱で、参陣した者たちにすべて加増するような量はなかったのである。ここにもうひとつの問題点がある。

島津氏は、改易の危機に瀕して、朝鮮になりふりかまわず軍役人数を動員しようとした。その結果、数量の上では強化された蔵入地や浮地分も家臣に配分され、当初予定したほどには島津家の財政基盤は強化されていなかったのである。

4　慶長の役と秀吉の死

慶長の役、始まる

慶長二年（一五九七）七月半ば、第二次出兵の日本軍の総大将として、秀吉の甥小早川秀秋が釜山浦に着陣した。すでに日本・朝鮮両国は戦争状態にはいっていた。

朝鮮では、宣祖三十年（一五九七）一月、派閥争いから忠清・全羅・慶尚三道水軍節度使になっていた李《イ》舜臣《スンジン》が失脚し、元均《ウオンギュン》がかわって三道水軍節度使となった。慶長二年六月十九日、元均ひきいる朝鮮水軍が安骨浦《アンゴルポ》と加《カ》徳島《トクド》の日本軍を攻撃し、撃退された。

七月十五日、元均は、報復のため釜山浦一帯に停泊する日本水軍を襲撃したが、逃げる日本船を追っているうちに朝鮮水軍は四散する。そこを日本水軍が襲撃し、七月十六日暁には温羅《オンラ》島《ド》に休息をとっていた朝鮮水軍を襲撃して勝利し、陸地にのがれた元均は、待ち伏せしていた島津勢の襲撃を受けて戦死した。この戦いの結果、閑山島《ハンサンド》も日本軍の手に落ちた。

さて、八月のはじめ、日本軍は、小早川秀秋を釜山浦におき、軍を左右二手に分けて出撃した。左軍は宇喜多秀家を大将とし、小西行長・島津義弘・藤堂高虎・蜂須賀家政らが加わり、慶尚道から全羅道をへて忠清道にむかい、右軍は毛利秀元を大将とし、加藤清正・浅野幸長・黒田長政らで構成され、慶尚道を北上して忠清道に兵をすすめた。

島津義弘らの左軍は、全羅道南原城《ナムウオン》に迫り、八月十六日には城の周囲を取りかこんだ。そして四方から攻撃を加えたので、守備していた明将兵楊元は南原城を脱出し、朝鮮軍の諸将はほとんどが戦死をとげた。

その後、小西行長らの先鋒軍は全州《チョンジュ》にいたり、明将陳愚衷が放棄していた全州城にはいった。右軍の先鋒加藤清正も八月二十五日全州にはいり、ここで軍議の結果、加藤・毛利・黒田ら右軍は忠清道を北上して漢城（ソウル）をめざし、左軍のうち小西行長らは全羅道順天《スンチヨン》方面へ、島津義弘らは全羅道の南岸を押さえることになった。

島津義弘の泗川築城

島津義弘は、全羅道の内陸を北上して忠清道扶余《プヨ》に至り、そこから全羅道の西側を南下して、十月二十八日、慶尚道泗川《サチヨン》にはいった。泗川は、晋州《チンジュ》の南十二キロほどのところに

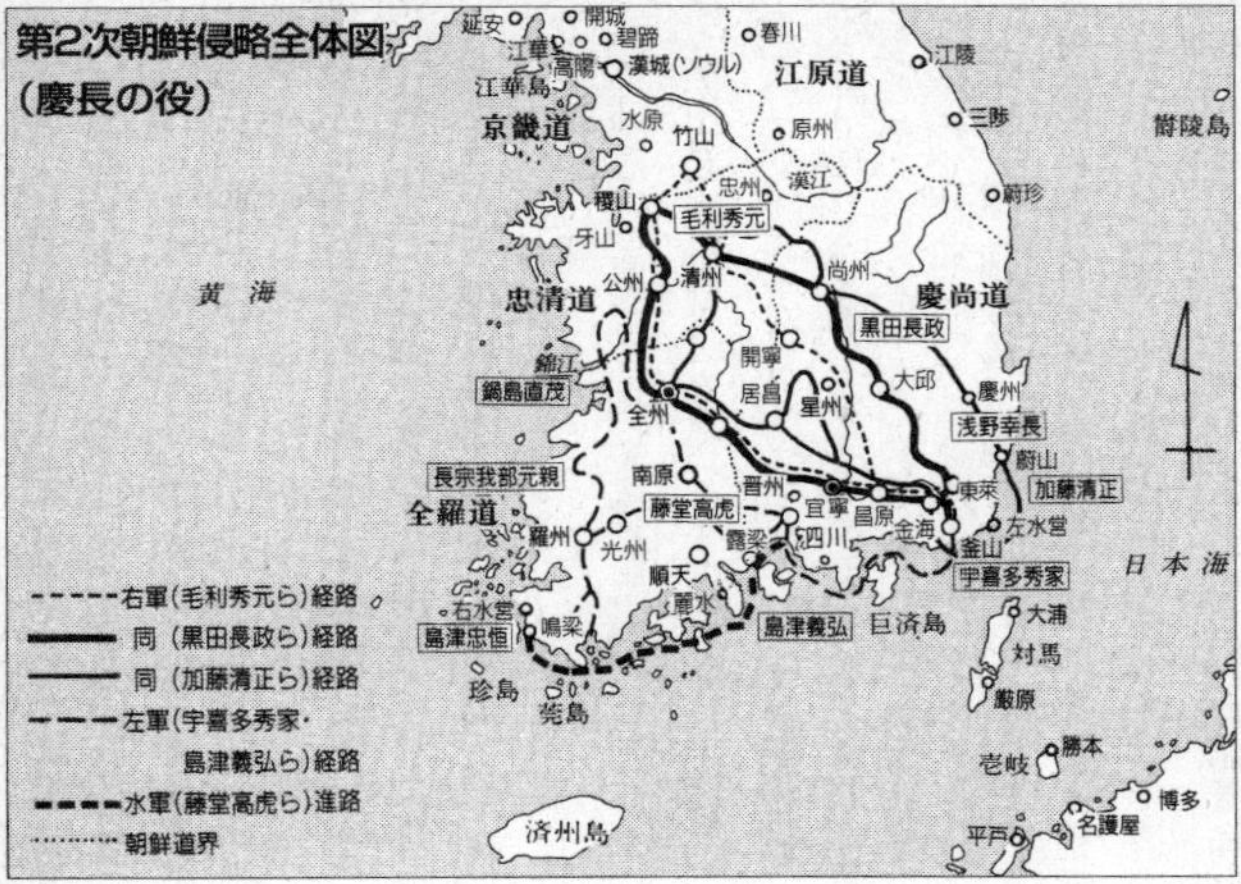

あり、船津湾《ソンジン》に臨んで南海島《ナムヘド》へ通じる要衝であった。そして小西行長のはいった日本軍の最西端順天《スンチョン》と釜山《プサン》との中間ぐらいの位置にある。

したがって、朝鮮南岸に展開して城を築いていた日本軍諸将からの手紙や使者の往来も頻繁であった。この日も日本軍諸将が迎えにきていたし、翌日からは互いに船で挨拶をしている。

さて、翌二十九日、義弘は泗川古城にはいり、忠恒のために新城の普請を開始する。軍監垣見《かきみ》一直《かずなお》（家純、豊後国東郡富来《とみく》城主）らの諸将も手伝うことに決し、諸軍共同での築城となった。完成の暁には、この要衝を堅く守ることが今回の任務である。

慶長の役は、ソウル再攻撃をめざしたというよりも、講和条件を貫徹するため、全羅・

慶尚・忠清三道の保障占領をしようとしたものである。そのため朝鮮南岸には日本式の城郭を数多く築いている。これらの城の石垣は現在でも残っており、倭城とよばれる。

泗川古城での義弘の行動をみると、山へ上官狩り（朝鮮の官人を捕えること）に行ったり、「ひやうらう（兵糧）こしらえ」に在郷へ軍勢を出したりして、周辺地域の制圧につとめている。ときには江南人（明軍）と遭遇し、敵を討ちとることもあり、ときには鷹野へ出て、たのしむこともあった。

垣見一直や長宗我部元親・毛利吉成・伊東祐兵・小西行長らは、しばしば使者をよこしている。家臣では、北郷三久や伊集院忠真（幸侃の嫡子で義弘の女婿）らがよくきて、話をしている（『面高連長坊高麗日記』）。

泗川新城築城は慶長二年の暮れには終わった。十二月二十一日に新城へ移っている。翌慶長三年（一五九八）正月九日、京都の留守居川上肱枕への義弘書状には、つぎのように報じられている。

軍衆《ぐんじゅう》兵糧《ひょうろう》の儀《ぎ》、種々様々収納の儀申し付くにより、諸人《しょじん》よりにくまれ候事以《もって》の外《ほか》に候《そうらい》つれども、念《ねん》を入《い》れ候故《ゆえ》、たとえ爰元《ここもと》籠城《ろうじょう》になり候とも、此節《このせつ》の儀《ぎ》は、兵糧等の気《き》遣《づか》いこれなく候。

——軍衆の兵糧は、いろいろと収納を命じたことにより、朝鮮の人民からは憎まれておりますが、念を入れて行ったため、たとえここで籠城になったとしても、今回は兵糧等の気遣いはありません。

兵糧は、「諸人よりにくまれ」ながら現地調達していた。これは場あたり的な略奪ではなく、年貢として収納しようとしたものである。全羅道羅州《ナジュ》では、島津氏の呼びかけに応じ、市をひらき交易する者もあった〔『乱中雑録』丁酉九月〕。義弘は、周辺地域を馴撫し、税を取り立てて長期的な占領体制を築こうとしたのである。しかし、明・朝鮮の連合軍が南下してくると、農民たちは山へ逃散《ちょうさん》していった。

蔚山の籠城戦

いっぽう、全州で会談したあとの右軍の動向を見ると、加藤清正は忠清道清州《チョンジュ》を占領し、毛利秀元・黒田長政ら右軍の主力は、忠清道公州《コンジュ》から天安《チョンアン》へと兵をうごかし、忠清道稷山《チクサン》へせまった。

稷山近辺には明の大軍が待機しており、九月七日夜明け、日明両軍が衝突した。激戦が展開したが、両軍とも多数の死傷者を出し、日暮れごろになって両軍とも引き揚げた。

この戦いは決着がついたわけではないが、朝鮮側では日本軍のソウル再侵入を阻止した戦いとして高く評価されている。

稷山の戦い後、日本軍は京畿道竹山《チュクサン》境まで進出したのち、清州から公州に兵を返し、慶尚道を南下する。戦線の拡大を不利とみてのことである。

慶尚南道蔚山《ウルサン》は、釜山浦から慶州に通ずる要衝であり、西生浦《ソセンポ》にいた加藤清正はここの城を修理して、長期の駐留に備えようとした。完成の暁には清正が蔚山城を守り、西生浦には黒田長政がはいるという計画である。

蔚山城の普請は、加藤清正・浅野幸長・宍戸《しんじ》元続（毛利氏部将）らが命じられ、十一月十日ごろからはじめられた。

ところが、十二月二十三日、明・朝鮮連合軍が蔚山にせまった。まだ城の普請は完成していない。西生浦にいた清正は、いそぎ蔚山城にはいって、守備をかためた。

明軍は、朝鮮軍とともに蔚山城を包囲した。蔚山の籠城軍の決定的な弱点は、水と食糧の欠乏であった。いまだ普請中で十分な蓄えがなされていなかったのである。ここに、世にいう蔚山籠城戦の地獄絵が現出するのである。

禁じられた救援出動

十二月二十六日、泗川の城でこの知らせをうけた島津義弘は、軍監の垣見一直へ援軍のため出陣を命じてほしいと願った。泗川城の普請を手伝っていた大名がみな救援にむかうことを聞いたからである。

しかし、垣見は、「城主の儀は、請け取りの城番、堅く相勤むべし」として義弘の言葉に耳をかさなかった。

義弘は、なお、「自分たちは親子で在陣しているから、一人はみなといっしょに蔚山に出陣したい」となんども申し入れたが、やはり断られた。

これは、たんに形ばかりに志願したわけではなく、豊臣政権への奉公の姿勢をなんとか示したかったからであろう。いやそのような打算ばかりではない。義弘は、かなり資質のある戦国武将である。

このようなときは、積極的に戦いを望むものであり、命令にそむいてでも先陣争いをするものなのである。蔚山の苦戦を聞いて、義弘が救援に行きたかったというのは本心であろう。

さて、蔚山城であるが、十二月三十日、水と食糧と弾薬の欠乏に苦しんでいた清正は、明軍と和議をむすぶことを決意していた。

しかし、翌慶長四年正月一日、蔚山の籠城軍と救援軍の連絡がとれ、三日には清正は和議の交渉を打ちきった。

翌四日夜明け前、明軍は蔚山城の総攻撃にかかったが、清正らはその攻撃に耐えた。そして、夜が明けるとともに、日本軍は明軍への攻撃を開始した。

その夜、陸路から日本の大軍が背後に迫っていることを知った明軍は、撤退を開始した。

救援に駆けつけた毛利秀元・黒田長政らの日本軍は、これを追撃した。明将楊鎬は、武器・兵糧の焼き捨てを命じ、慶州へ退却した。明軍の敗北であった。

秀吉の死

蔚山の戦いのあと、日本軍のなかに戦線縮小論がでた。加藤清正の蔚山城、小西行長の順天城は離れすぎており、難所も多いので救援にむかうとしても時間がかかりすぎる。よって、両城を放棄し、黒田長政の西生浦を清正が守り、島津義弘の泗川に小西行長がはいるという計画である。

宇喜多秀家らは、連署して石田三成らに提案した。しかし、秀吉は、この提案を「言語道断」であると激怒した。明にまで攻めようという計画ではじめた戦いである。どんな困難があったにせよ、戦線縮小など秀吉が認めるわけもなかった。

その秀吉も、この慶長三年の六月ごろから体調をくずし、食がすすまなくなった。

七月にはいると、いよいよ最期を感じさせるような状態となり、諸大名は、豊臣政権をささえる徳川家康と前田利家の両巨頭にたいして、秀頼への忠誠を誓う起請文を提出している。また二十五日には秀吉が、朝廷・公家・諸大名に遺物を分配している。

そして八月五日、秀吉は、家康ら五大老に、秀頼の行く末を後見してほしいという哀切な遺言を託し、八月十八日、息を引きとった。享年六十三であった。

五大老と五奉行は、秀吉の死をかくし、徳永寿昌《ひさまさ》と宮木豊盛を朝鮮へ派遣した。朝鮮王子の提出などの和議条件を示し、なんとか面子をたてて講和をはかろうというのである。しかし、秀吉の死のうわさは、秀吉の死よりもさきに、捕虜を通じて朝鮮軍につたわっていた。

明・朝鮮の連合軍は、この情報に力をえ、撤退する日本軍の追撃を行うことにした。総反攻に転じた戦略から、明軍は東路・中路・西路・水路の四軍に編成された。いまや日本軍は、無事に日本に帰れるかどうかが問題になっていた。

5　義弘・忠恒父子の活躍

義弘、支城を放棄す

慶長三年（一五九八）九月上旬、明中路軍提督董一元は、日本軍追い討ちのため、晋州《チンジュ》城まで南下し、陣をかまえた。南江という川をへだてて船津浦《ソンジンポ》岸にいたる地域に、島津義弘・忠恒父子の守る泗川の新旧二城がある。

島津勢は、晋州城の対岸の西に望津《マンジン》、東に永春《ヨンチユン》の二城を設け、それぞれ寺山久兼と川上久智をおいて、船津浦の対岸の昆陽《コンヤン》に出城をつくっていた。董一元は、日本軍の構えをみて、武備が厳重であるから軽々しく川を渡ってはならぬと命じ、南江をへだてて対峙していた。

これをみた義弘は、戦いが長期化するのをきらい、両城を放棄して、泗川新城に引くことを命じた。寺山らは不審に思ったが、命令とあらばしかたがない。泗川新城までしりぞいた。

しかし、明軍は、策略をおそれて容易には手出しができない。義弘の陣中にいた明人郭国安は、董一元の家臣の茅国器という者と知り合いであり、島津勢に内通するとみせかけて川を渡るよう誘った。茅国器は、董一元に自ら先鋒となることを申し出た。

九月二十日、望津城に火の手があがった。茅国器は、郭国安の裏切りの合図であると確信し、真っ先に川を渡った。これをみて明の総勢も川を渡り、望津、永春、そして昆陽の三城を乗っとった。

明軍、泗川古城を落とす

同月二十八日、勢いに乗った明軍は、泗川新城から東北一里ほどのところにある泗川古城に押し寄せた。義弘の撤退命令により新城に退却しようとしていた矢先の三百人ほどの将兵は、包囲される前に城外に討って出た。

古城の苦戦を聞いた忠恒は、救援に出ることを申し出るが、義弘は頑として聞かない。のちに島津家で編纂した『征韓録』には次のような義弘の言が採録されている。

もっとも味方を見捨つるも本意の外には候へども、彼大軍只今此城《かのたいぐんただいまこのしろ》に寄せ来るべきに、僅かの小勢《こぜい》を分散し、その上付け入《つい》れなどにせられては、悔《く》ゆともさらに益有《あ》るまじ。

――もちろん味方を見すてるのは本意ではないが、明の大軍がいまにもこの城に寄せ来ようとしているのに、わずかなわが軍勢を分散させ、その上、退却してくる者たちに乗じて城に付け入られたりしたら、悔やんでも悔やみきれない。

『征韓録』は、三城の放棄などを明軍をおびき寄せるための義弘の策略であるとするなど、少し話ができすぎているが、引用されている史料はたしかな典拠があり、この言もまったく絵空事とも思えない。おそらく義弘は、少ない人数を分散させるのを避け、堅固に築城した泗川新城で雌雄を決しようとしたのであろう。

しかし、この古城の放棄が遅れたことは、島津家に甚大な被害をもたらした。古城の城兵たちは死力をつくして敵に大きな損害を与えたものの、城兵の半数におよぶ百五十人もの戦死者があった。

なかでも義弘の側近であった相良玄蕃助頼豊《さがらげんばのすけよりとよ》は、検使（目付役）として古城にいたが、この戦いで戦死した。同じく検使の勝目兵右衛門は、「自分は平生玄蕃助とは生死をともにしようと誓約していたが、そのかいもなく、その死に場所すらわからないというのは、世に無念のしだいである。せめて玄蕃助の死骸なりともみておきたい」

と、下人に脇差を渡し、

「おまえはこの脇差をもって故郷に帰り、老親幼子どもに、私が犬死にしたわけではないことを伝えてくれ」

と言いすて、馬を返して大軍の中に駆け入り、ついに討ち死にした。

現代的な目でみれば犬死にとしか思えないが、薩摩武士の心情的なつながりはこのようなものであった。

泗川新城の合戦

翌二十九日、泗川新城では、忠恒ら若武者が集まって、明軍に泗川古城を乗っとられ、多くの味方を討ちとられたことを歯がみしてくやしがった。忠恒は、陣頭にたって明軍に攻めかけることを願ったが、義弘は断じて許さなかった。義弘は、明軍が堅い防備をほこる泗川新城に攻めてくるのを待っていたのである。

義弘がそのように諭しているところに、明兵一騎が城に近づき、城門の外三、四町（三、四〇〇メートル）のところに傍木（立て札）をたてて帰っていった。みると、明日泗川新城を攻める、とあった。

十月一日、明の大将董一元は、二十万といわれる大軍をひきいて卯の下刻（午前六時半ごろ）から泗川新城に押しよせた。

巳の上刻（午前九時ごろ）には、明軍は柵ぎわにまでせまって、矢や鉄砲を雨あられと放った。

忠恒は、敵をみつめ、近づく敵に矢を射かけて二、三人をたおし、突撃しようとするが、義弘は許さない。

ついに明の一隊が大手門を打ち破り、塀を越えようとしたころ、義弘は、

「時分よきぞ！」

と下知した。

島津家の鉄砲隊は、いっせいに鉄砲を撃ちかけた。この攻撃によって、塀や柵に取りついていた明兵は撃ちたおされた。そのうえ、攻城戦に大きな威力を発揮した明側の大砲の火薬箱に火がついて、つぎつぎに爆発した。そのため、数万の寄せ手は混乱した。

そこへ鬨《とき》の声をあげた島津勢が、いっせいに押しだした。白兵戦では、鋭利な日本刀の威力は圧倒的であった。浮き足だった明軍は、島津勢を防ぐこともできず、われさきにと落ちていく。若殿忠恒は、真っ先に追撃し、肩に軽傷を負いながらも自ら敵兵を討ちとっ

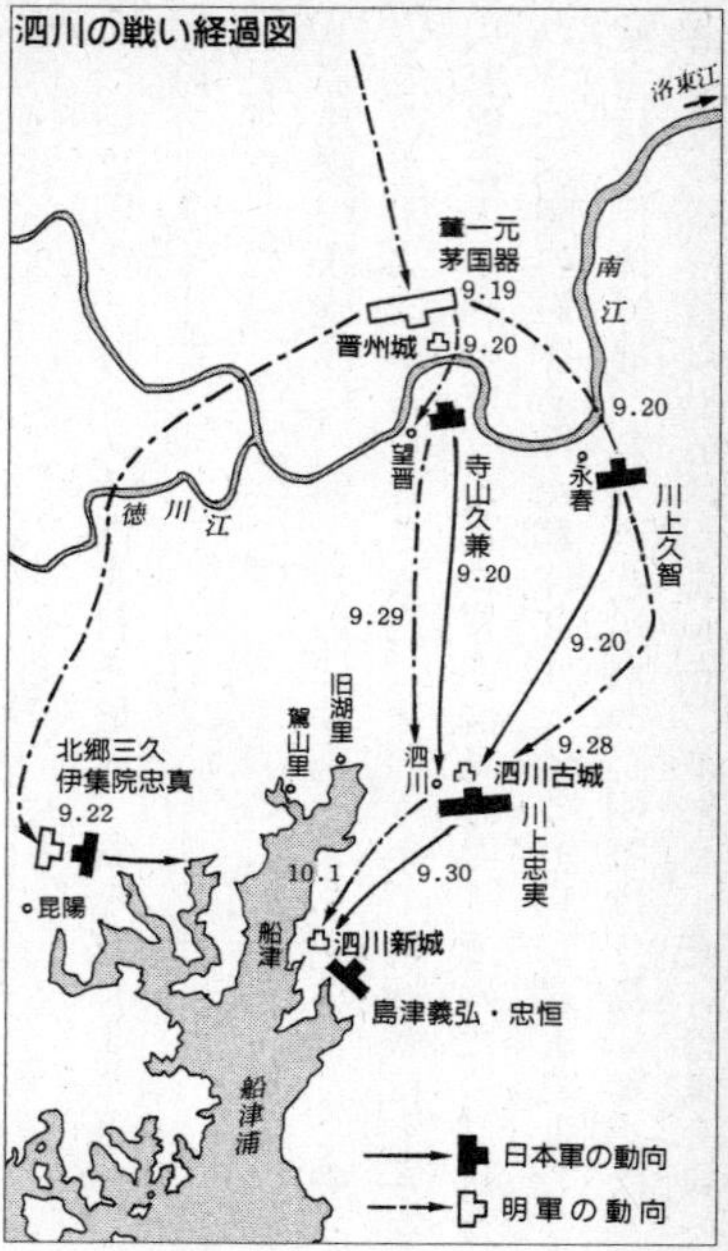

泗川の戦い経過図

た。この軍勢の中には、五百石の軍役で参加した鮫島宗俊の姿もあった。

義弘も水の手口から討ってでて、敵を討ちとっている。また、昆陽筋からは北郷三久、伊集院忠真らが出撃し、敵を追い討ちした。混乱した明軍であるが、踏みとどまって戦う者もおり、乱戦となった。

北郷三久は、戦っているうちに明兵と組討ちをして、両者の馬の間に落ちた。

これをみた忠恒は、

「あれは北郷作左衛門（三久）にてはなきか。三久討たすな」

と自ら駆けより、馬から降りて明兵を討ちとった。そして首を三久の家来にあずけ、忠恒も三久もふたたび馬に乗り、逃げる敵を追いかけていった。

茅国器の反撃

いったん退いた明将茅国器は、島津勢が出撃してきたので、もしや城中にはほとんど守備兵がいないのではと疑い、一万ばかりの兵で取って返した。

この大軍に攻撃されたならば、なかなか無事ではすまない。これをみていた島津忠長は、泗川新城と敵陣の間にある細い川を前にして、手勢百騎足らずで茅国器らの軍勢に立ち向かった。

茅国器らは、忠長勢が小勢であるのをみて、いっきに踏みつぶそうと攻撃をかけてきた。

忠長は、

「前に大敵ありて、うしろは援兵がないどころか漫々たる大海、のがれる術はない。これは十死に一生の合戦である。われらはこの戦場において一歩も退かぬ」

と下知した。

大将が死を決意したことにふるいたった若武者たちは、鬨《とき》の声をあげ、火花を散らして戦った。しかし、なんといっても多勢に無勢、忠長の軍勢も敗色濃くなっていった。

万死に一生の戦機

樺山久高・寺山久兼らは、逃げる敵を追っていたが、南のほうをみれば忠長が万死に一生の合戦をいどんでいる。いざ引き返して加勢しようと、茅国器らの軍勢にむかったが、ひるむ気配もない。

寺山久兼は、すばやく戦況を読みとり、

「あれほど勢いたった大軍に、わずかの人数で攻めかけても効果はない。おそらくうしろには軽卒らが控えているにちがいない。かれらに弓や鉄砲を撃ちかければ、大騒動になる。後軍が騒動すれば、前陣はおそらく動揺するであろう。この手だてをしてみよう」

と提案した。

他の者もこれに賛同し、うしろに回ってみると、案の定、小荷駄や軽卒ばかりである。ここに鉄砲を撃ちかけ、弓を射かけた。

後陣の大騒動を聞いて、前軍は動揺した。

新城からこれをみていた義弘も、野添帯刀《たてわき》と本田与兵衛を差しつかわし、

「忠長の数刻の働きは、諸手に勝れてみえる。いよいよその功をはげまし、武備を乱さず、指揮せよ。この義弘、水の手にありてその戦いぶりをみるぞ」

とことばを与えた。

野添・本田が出撃してくるのをみて、忠長勢はなお勢いをえ、攻め返した。

茅国器らは、この勢いに押され、ついに泗川古城のほうへ退却していった。忠長らは、勝ち鬨をあげ、しばらく人馬を休めた。

明軍の退却

いっぽう、董一元の軍勢四、五百騎ばかりが、永春城と泗川古城の間の川にかかった石橋を前に、矢ぶすまをつくって防御していた。忠恒の家臣たちは、この橋を突破しようと進んでいく。何人かが矢に射られて重傷を負うが、川上久智がついにその石橋を馳せわたり、大軍の中に切り込んでいった。つづいて伊集院抱節や上井兼政ら多くの武士たちが橋を渡り、明軍を追い散らした。

忠恒自身も、馬を馳せ倒すほどの勢いで敵を追いかけた。

明軍は、晋州をへだてた南江川畔まで追いつめられた。茅国器は、

「望津は天険の地である。幸いにこの地をえながらここを去れば、また倭兵の要害となるであろう。われはこの望津を死守せん」

と主張したが、明将はだれもかれの言葉を聞かず、星州《ソンジュ》へ向けて退却していった。

この明軍に向けて、柊山《つちやま》二兵衛という足軽が南江を泳ぎわたり、敵一人を討ちとった。これをこの日の討ちどめにして、川をわたることは禁じられた。

島津氏の功名

この日討ちとった敵は三万八千七百十七人と報告された。この十月一日の激戦で、味方

の戦死者は、鹿児島方の市来清十郎、帖佐方の瀬戸口弥七の二名のみという。古今にまれなる大勝利であった。これが、島津氏の戦功を不動のものとした泗川の戦いである。

この合戦で、義弘自らが四人、忠恒が七人の敵を討ちとった。義弘は当然として、忠恒は見事な大将ぶりをみせたといえよう。義弘は、この合戦の忠恒をみて、大将を忠恒に譲った。

翌十月二日、義弘は、義久に注進状を送った。これは五大老に披露され、十一月三日には五大老連署の奉書が発給される。島津家の功績を最大限に称揚する内容のものである。義弘の注進状に「明軍弐拾万騎」とあり、奉書にも「江南大将九人、合人数弐拾万騎これある処に」とあるので、日本でもそれが認められたことがわかる。

島津家の軍勢の数は五千に満たないと思われるから、いくらなんでも二十万騎は誇張だと思われるが、相手が明軍の主力であることは事実である。明・朝鮮連合軍は、以後、島津氏を「石曼子《シマツ》」とよび、その強さをおそれた。

『征韓録』の史料的性格

これまでの記述でおもに依拠してきたのは『征韓録』という史料である。この書物の成立は寛文十一年（一六七一）で、編者は、時の薩摩藩主島津綱久の命をうけた家老島津久通である。

泗川の戦い討取首注文（リスト）

鹿児島（島津忠恒）方	10,108
帖佐（島津義弘）方	9,520
富隈（島津義久）方	8,383
伊集院源次郎（忠真）方	6,560
北郷作左衛門（三久）方	4,146
合　　計	38,717 「此外切捨は数を知らず」とある。

＊『島津家文書』による。

記述はおおむね正確で、通読すれば、たしかな古文書や古記録がもとになっていることがわかる。島津家の名誉である泗川の戦いの記述などは、誇張はあるが、朝鮮陣の各合戦での死傷者なども詳しく書いている。これをみれば、この合戦での犠牲者があまりに少ないことも、事実を反映していると考えてよいと思われる。

ところで、この戦いで大活躍する島津忠長は、のちの家老島津久通の先祖である。とすると、島津忠長の活躍の部分も少しは割り引いて考えなければならない。

しかし、撤退しようとする日本軍に、明軍が圧倒的な兵力で襲いかかったのであるから、かれらの死力をつくした戦いがなければ、相手を追い返すことは不可能だったと思われる。

ここは素直に、島津家の軍団としての卓越した戦闘能力を認めるべきであろう。しかし、この時点でも島津家の動員兵力は、予定よりも大幅に低かったことが推測される。したがって、太閤検地があったから島津家の軍勢が増強され、勝利を収めた、とはいえない。

6　日本軍の退却

日本からの使者

慶長三年（一五九八）十月八日、五大老から日本諸軍に派遣された使者徳永寿昌・宮木豊盛の両名が、泗川新城に到着した。伝えられた件は、和議を結んで撤兵することである。和議の条件として示されたのは、朝鮮王子を人質にとること、貢物として朝鮮から米・虎皮・豹皮・薬種・清蜜を提出することであった。帰陣の日限は十一月十五日、諸将ともに釜山浦に会陣し、日本に帰陣することになっていた。

徳永らは、順天にまで行き、小西行長にも同様の旨をつたえた。

十月十三日、明軍の参謀史竜涯・与友理が泗川新城にきて、和議をこうた。そのとき、寺沢正成と小西行長もきていたので、史竜涯と対談し、和議が成立した。

十七日には、人質として、史竜涯・与友理のほか、茅国器の弟茅国科が泗川新城にきた。

順天城の攻防

小西行長・有馬晴信・松浦鎮信《しげのぶ》・大村喜前《よしさき》・五島玄雅《はるまさ》一万三千人のこもる順天城は、前年十二月に竣工したものだが、秀吉の死を聞き、撤退準備にかかっていた。九月半ばから明軍が攻撃をしかけ、小競りあいをつづけていた。

明軍の陸海軍司令官は、西路提督劉綎、水軍都督陳璘、朝鮮軍は陸軍都元帥権慄《クオンユル》、水軍統制使李舜臣がひきいていた。

十月二日、明・朝鮮連合軍は、順天城を海陸から攻撃した。この激しい攻防戦は八日までつづいた。とくに三日の夜襲では、陳璘・李舜臣の水軍が、多くの犠牲者を出しながら城にのぼって戦闘するなど積極的に攻めた。しかし、陸軍の劉綎は戦闘意欲がなく、太鼓を鳴らし鬨《とき》の声をあげるだけでほとんど動かなかった。かれは、和議を結んで撤退しようと思っていたのである。

十月九日、劉綎の陸軍は、ろくな働きもしないまま順天を撤兵した。このため、陳璘と李舜臣も引き揚げを余儀なくされた。攻城戦の失敗である。あと一歩まで日本軍を追いつめながら、撤退しなければならない李舜臣はことさら無念であった。

最後の戦闘、露梁津の海戦

日明の講和は結ばれたものの、李舜臣はこのまま日本軍の撤退を指をくわえてみるにしのびなかった。そこで主戦派であった陳璘とともに、小西らの帰路を封鎖する作戦にでた。

明軍も講和交渉の中で秀吉の死を知り、講和を破棄して日本軍を追い撃ちしようと考え

露梁津海戦経過図

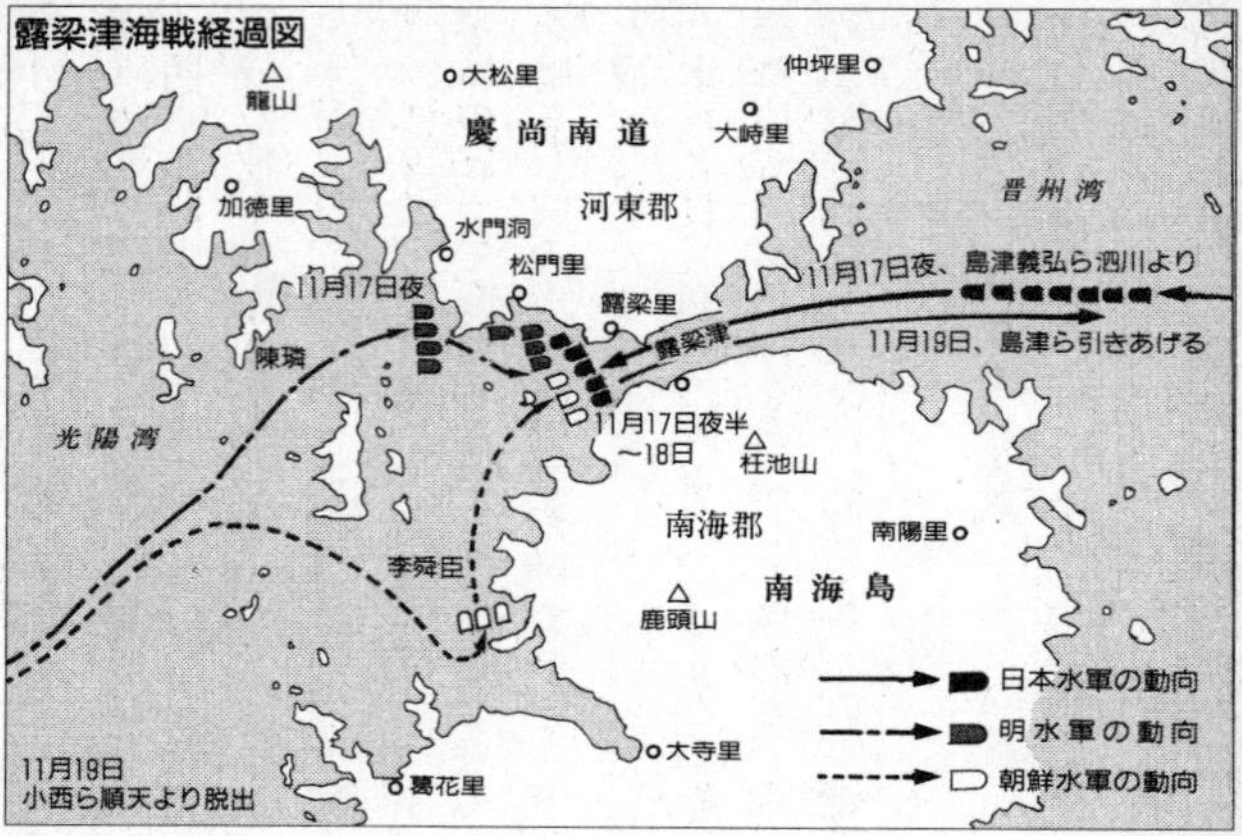

ていた。ただし、劉綎は戦う気がない。かれは小西行長から賄賂を提供され、行長から順天城を受け取ることになっていた〔北島万次『豊臣秀吉の朝鮮侵略』〕。

島津勢は、すでに泗川新城を出て、十一月十六日興善島（昌善島《チャンソンド》）に到着していたが、小西行長らの軍勢が順天に閉じこめられていることを知り、立花宗茂・寺沢正成・宗義智・高橋統増らと評定し、順天救援に向かうことに決した。

十一月十七日、島津義弘らは南海にいたり、翌十八日寅の刻（午前四時）に露梁《ノリヤン》の海峡で、待ち伏せていた明・朝鮮連合軍と戦端を開いた。朝鮮侵略の最後の戦闘、露梁津《ノリヤンジン》の海戦である。互いに石火矢（大砲）や鉄砲を撃ちあい、相手の船に近づけばそれに乗り込み、船を乗っとるといった大激戦である。

朝鮮側の史料である『壬辰録』によれば、戦闘で督戦する李舜臣の船を日本の軍船が囲むと、陳璘の船がこれを救い、こんどは陳璘の船が日本の軍船に襲撃され、その間、慶尚右水使李純信《イスンシン》は日本の軍船十余艘を焼き、李舜臣は日本の指揮官の船を攻撃、日本軍はこれをみて救援にむかう、といった大乱戦であった。このあと、李舜臣は左腋《わき》に銃弾を受け、自らの死をかくすことを命じて絶命する。戦いのあと、この朝鮮水軍の英雄の死を聞いた陳璘は痛哭した。

この戦いのあいだ、洋上封鎖が解けたのに乗じて小西行長らは順天城を脱出し、南海島の外海をまわって巨済島に撤兵した。

いっぽう、戦っていた島津・寺沢・宗・高橋らは、合戦をやめ、巨済島に退こうとした。折悪しく義弘の乗り船が潮に流され、敵に拿捕されそうになった。

種子島久時・川上忠克らは懸命に防戦した。とくに種子島久時は鉄砲の名手で、敵船の投げ鎌をもつ者をことごとく撃ちたおしたため、敵もこれにひるんで事なきをえたという。さすがに鉄砲伝来の本拠地の当主である。

とり残された五百人

島津義弘らは露梁津からどうにか退いた。しかし、潮に押し流されたり、船と船がぶつかったりして、しかたなく南海島に上陸し、宗義智の空き城にかくれた島津勢の一団もあった。樺山久高・喜入忠政ら上下五百人ほどである。

海には明の番船が数百艘で巡回し、夜は篝火《かがりび》を焚いて警戒している。

これを聞いた義弘が、

「いかにしてもこの五百人を救出してから帰帆しよう」

と考えをめぐらしていたところ、伊勢貞昌がすすんで御前に出、自分が南海島にわたり、安否を確かめることを申しでた。

義弘は、有馬次右衛門・鮫島筑右衛門をつけて派遣することにした。

ところが、そのあと、義弘は、伊勢貞昌はつねに忠恒が召しつかう者であることに気づき、自分の用事もあるので五代少左衛門に交替せよと命じた。

しかし、貞昌は、

「たとえいかなる罪に問われても代わるわけにはいきません」

と、これを拒否した。結局、五代も加えて四名で、明の番船の間をかいくぐり、南海島に到着した。そして樺山久高と会い、迎えの船と落ち合う手段などを談じ、ふたたび巨済島に帰った。

したたかな対馬の漁民

樺山久高は、迎えの船のくる地点である島崎まで皆を進めて待った。しかし、迎えの船はこない。

茫然としてむなしく海上を眺めていたところ、小舟二艘がきた。

「どこの船か」

と問えば、

「対馬国の浦船（漁船）にて、日本軍の撤退のあとに、兵糧以下残した物をひろいにきました」

と答える。

戦争で多大の損害をこうむった対馬の者であるが、危険をおかして戦場にはいりこみ、金目のものを探そうというのである。戦争に踏みつけにされながら、したたかに生きる民衆の実像がみてとれる。

久高は、その船を借り受け、島崎より興善島まで人数を往復させることにした。下人・軽卒から優先してわたし、武士たちは最後というように命じ、一艘に四、五人ずつ乗って幾度も往復した。

ところが、その最中に、あろうことか、深野掃部兵衛《かもんのひょうえ》らの一組は、順風に帆をあげて、釜山浦に逃げ出してしまった。そのため、その後は一艘で五百余人全員をわたした。

深野らの卑怯な行為を憎まぬものはなかった。幸い帰国途中、鮫島筑右衛門が壱岐風本で捕え、首をはねた。

南海島の友軍を救出する

さて、その夜の深更にいたり、ようやく全員がわたりおわった。

最後にわたった樺山久高は、配下の吉田大蔵と竹内兵部に、この船で巨済島・釜山浦の間にわたり、五百余人の者が無事興善島へ脱出したことを義弘・忠恒へ報告せよと命じた。

吉田らは、深野らの一件があったためか、

「もし御両殿が御帰陣（帰国）されていて、巨済島・釜山浦の間に在陣なくば、島に五百人の味方を残したまま私の使命は進退が極まります。その場合、興善島にむかって切腹し、五百人と死をともにしますので、その証人として本国へ報告するため、樺山忠征殿（久高の甥）を同道したい」

と主張した。もし主君に逢えないまま、むなしく日本にむかったとしたら、たとえ生還しても逃亡と疑われるのがたまらなかったのである。

こんどは、忠征が首を縦にふらない。

「私が、どうして釜山浦で両人の腹を切るのをみながら、すごすごと本国に帰れるでしょうか」

忠征としては、もし主君に逢えなければ、両人とともに腹を切れといってもらったほうがはるかにありがたい。

しかし、結局三人とも周囲の者に説得され、伝令にむかうことになった。

このあたりのやりとりは、きれいごとのようであるが、戦国武士が生き抜くために支えとしていた信条がうかがえて真実味がある。とにかく武士は、命を惜しむこと、人に後ろ指をさされることを極端にきらい、そうなるよりはむしろ死を選ぶのである。これは江戸時代にはいっても基本的に変わらない。

もちろん、中には深野らのように命が惜しくなった者もいた。これもまた、存在感のある人間の本質として興味ふかい。これらは、まだこの戦いの経験のある者の話が聞けた世代による記録であるから、信頼してよいと思う。

さて、義弘父子は、巨済島の海口に、五百人の安否はいかにと待っていた。竹内らの報告を聞き、おおいに喜び、迎えの船を用意しようと議した。

救援に出動していた寺沢広高は、これを聞き、

「島津家の軍勢がこのような難儀におよんだのも、小西氏ら五人を救うための合戦のためである。五人より迎え船を差しつかわすのが適当であろう」

と命じた。

小西・大村・有馬らは、迎えの船を支度し、案内者を請うた。そこで吉田・竹内の両名は、かれらの船に乗り、興善島にいたり、五百余人をひとりも残さず巨済島に繰りわたした。

義弘父子の帰陣

慶長三年（一五九八）十一月二十一日、義弘は、巨済島を発し、半島南岸に十里ばかり過ぎた昌原《チャンウオン》に一泊し、翌二十二日昌原から斉浦、安骨浦《アンゴルポ》、天城《チョンソン》、加徳島《カトクド》、多太浦などを経過し、釜山浦に至った。

日本軍の釜山の城々に使者を派遣したが、そこは退却のさいに放火したためか焦土となっており、軽卒の一人もいなかった。

かつて十月晦日に申しあわせたのは、諸将が釜山浦に落ちあい、吉日を待って日本に凱旋しようということだった。しかるに日本軍は、われさきにと日本に帰帆していたのであった。

そういう中で、佐土原城主の島津豊久だけは、義弘父子を待っていた。かくて同月二十四日、ともに釜山浦を出船し、津々浦々を経由して、十二月十日、筑前博多に着岸した。

日本軍勢十万余の無事

日本軍撤収のために博多に派遣されていた毛利秀元・石田三成・浅野長政の三人は、朝鮮における数年の軍労を称えた。

翌日、石田三成は、筑前名島の陣屋において義弘に秀吉の死を告げた。

　また、しばらくして浅野長政が、

「日本の軍勢十万余が無事に帰陣したのも、義弘殿の一戦の大功のゆえです」

と感じたようにいえば、義弘は、泗川の戦いの忠恒と島津忠長の戦いをあげて、かれらを立てた。

　長政は、同席していた忠長に近寄り、その手をとって、

「あなたの盛名は、かねて承りおよんでいたけれども、対面したのは今日が初めてです。忠功のいたり、名誉のほどと感じいっています」

と話しかけた。忠長の面目躍如であった。

　その後、同月二十七日に大坂に入津し、二十九日には伏見で五大老に謁見した。大老たちは、

「もし貴殿がいなければ、日本の軍兵十万余は、外土の枯骨となっていたところであった。まことに稀代の大功、異国・本朝に類がない」

と泗川の戦功を称えた。

　そして、正月九日には、その恩賞として、島津領内に設けられた太閤蔵入地、石田三成・細川幽斎の知行地、さらに薩州家島津忠辰改易後に寺沢・宗の両氏に宛行われていた出水などの知行地、計五万石を与えられた。

　豊臣秀頼成人までは新しい知行地を与えない、という申し合わせをあえて破って行われ

たこの加増は、当時の日本の指導部が、いかに島津氏の戦功を重くみたかを如実に示している。

コラム　自力で出陣する者

戦国武将の日記として有名な『上井覚兼日記』を書いた上井覚兼の一族に、上井仲五兼政という者がいる。かれは文禄五年に朝鮮に渡海した〔『朝鮮日々記』〕が、そのときの陣触れが残っている〔『薩摩国山田文書』〕。これを読むと、慶長の役前後の軍役調達の様子がわかって興味ぶかい。

高麗渡ニ付、条々之事。

一、こころざしにて参らるべき人は、その心ざしのほどを身にかへ申し上ぐべき事。

ただし手火箭《てびや》百ちやうの仕立て。

一、御目にかからざる人は、御目にかけ候て、後日帰朝の時、御扶持を申し遣はすべき事。

一、如何《いかに》とが（科）ある人なりとも、同道せしめ候て、御目にかけべく候事。もしならぬ事候はば、永代我等同心たるべく候事。

一、火箭持ち候て参らるべき人は、向後その首尾一途申し立つべき事。

一、御帰朝の時、一途御扶持を申し遣はすべき事。

一、御扶持なく候はば、我等知行を立衆中ニ遣はすべき事。

一、いづれもぎり（義理）をおもふ人にをいては、身にかへ御意を得べく候事。

右条々偽り申すにをいては、諸軍神の御罰をかふむるべく候也。仍て件の如し。

上井仲五（花押）

高麗立《たち》衆仲参《まいる》

「こころざしにて参らる人」にたいしての陣触れである。つまり、島津家から知行をもらい、義務として出陣するのではなく、直臣ではなくとも上井兼政の部隊に加わって朝鮮にわたろうとする者たちに出陣をうながしているのである。

それはどういう者かというと、第二・三条にあるように、「御目にかからざる人」まだ島津家の家臣になっていない武士予備軍、あるいは「とが（科）ある人」かつて島津家に敵対していた武士たちである。

この上井兼政の触れに応じた人物に、山田民部少輔《みんぶのしょう》という者がいる。かつて筆者は、「山田民部少輔」を、もと日向高城《たかじょう》地頭で義久の家老をつとめた山田有信（理安）の嫡子有栄だと考えたが、有栄ほどの者が上井兼政の配下として付いていくということに不信をいだいていた。今回、さらに検討したところ、この「山田民部少輔」は、かれとは同名の別人であることが判明した。かれは、初名又七郎、のち次郎右衛門尉を称し、実名を久武という。

久武は、「高麗渡海の砌《みぎり》、上井仲五すミ付をもって、人衆《にんじゅ》二十人ほどすすめ、拙子（虫損）自力ニ罷り渡り、高名仕り、御奉公」したという（「山田文書」）。この間の事情を、山田氏の家譜では次のように記している。

肝付家一乱《いちらん》の節、忠時その外《ほか》一族悉く戦死仕り候。その子又七郎久武幼稚《ようち》にこれあり、市成《いちなり》居住成り難く、曽於《そお》郡江退去仕り、それ以後飫肥《おび》御手入れ候節、彼地江召し移され、その後、帖佐・綾《あや》方々江召し移され、それより漸々《ようよう》衰微仕り候。右通り、十一代忠時までは所々地頭職数代連続仕り、御奉行相勤め、御代々様御証文幷《ならびに》綸旨京都　将軍家の下文《くだしぶみ》等数通頂戴仕り候処、久武代より下《くだ》し置《お》かれ候領地も相離れ、綾に居住仕り候。その後、高麗入り跡立《あとだ》ち（第二次出兵）これあり候節、久武事も自力に相渡り、御奉公相勤め申し候。

代々地頭職をつとめ、室町将軍家からの下文（命令伝達文書）までもらうような家でも、戦国時代には没落し、領地も失っていた武士たちがいたのである。山田家の没落は、島津氏の九州征覇の過程で一族が相次いで戦死し、跡継ぎの者が幼少であったからである。強力な武士団も、当主の指導力が欠如すると構成員が離散し、没落することになる。

戦国時代が、いかに激動の激しいものだったかがうかがわれるが、それにもかかわらずかれらはあくまで武士であった。朝鮮侵略のような大規模な戦役には、家の再興をはかり、一族やもとの家来などを糾合し、出陣していくのである。

第七　庄内の乱

1　忠恒、伊集院幸侃を惨殺する

秀吉以後のはじまり

慶長四年（一五九九）三月十四日、義久はひさびさに国元へ帰った。伏見には、朝鮮から帰陣した義弘と忠恒が詰めた。特筆すべきことは、泗川の勲功により、義弘が参議に、忠恒は少将に任じられたことである。

また、忠恒は、二月二十日、義久から島津家伝来の「御重物《おじゅうもつ》」を譲られている（西本誠司「島津義弘の本宗家家督相続について」）。このとき、島津本宗家の家督は、忠恒に移ったとみていいだろう。しかし、実権はまだ義久にあった。

五万石を加増され、秀吉も死んでいることから、島津家では所替《ところがえ》した家臣の領地をもとにもどす動きが出てきた。義久は、正室の実家で朝鮮でも活躍した種子島久時を本領の種子島に戻し、種子島に移していた島津以久を大隅垂水に所替するなどしている。

また、豊臣期のきびしい寺社領削減政策を転換し、新田八幡宮や霧島神宮などにかつて勘落した寺社領を返付している。

伊集院幸侃の惨殺

いっぽう、伏見では、驚くべき事件が起こっていた。三月九日、忠恒が、伏見の屋敷へ重臣の伊集院幸侃《いじゅういんこうかん》を招き、その席で惨殺したのである。

江戸時代前期に編纂された史書『庄内陣記』では、

「伊集院幸侃は伏見に屋敷を構えたが、造営は結構《けっこう》を尽し、主君の居宅もおよばないほどで、まるで国主大名の格式で、非常に驕《おご》り高ぶっていた」

とある。主君を主君とも思わないおごりが、手討ちの原因であるというのだ。

しかし、ことの真相はそのような単純な問題ではない。幸侃が三成や義弘とともに推進した政策は、客観的にみれば島津大名権力の強化である。それなのになぜ大名である忠恒が反発するのであろうか。

忠恒には、幸侃が、秀吉に取りいり八万石もの大封を与えられ、朝鮮に出陣もせず国元で権力をふるう「佞人《ねいじん》」にみえた。国元からの補給がなく朝鮮で苦い思いをしたのも、幸侃が職務を果たさないからだという恨みがある。義久や周囲を取りまく家臣たちからも、幸侃にたいする不満や恨みは日常的に吹きこまれていた。これらが、幸侃を殺した理由であろう。

しかし、秀吉が没したとはいえ、まだ豊臣体制は存続しており、石田三成も奉行として健在であった。秀吉から直接に指名されて八万石もの知行をもつ大身の家臣を殺害するのは、豊臣政権への反逆にひとしい。

『庄内陣記』では、忠恒・義弘が計画し、義久の同意を取りつけてことを行ったとされているが、忠恒の行動を正当化するための議論であろう。義弘は幸侃を信頼しており、忠恒に同意したとは考えがたい。ただし、忠恒のまったくの単独行動であったかといえば、疑問が残る。少なくとも義久の同意はえていたのではないかと思われる。

義久の弁解と忠恒の謹慎

知らせを聞いた義久は、国元から石田三成にあてて弁解の書状を送った。

「幸侃の殺害は、三成殿の命令で急に行ったのかと存じておりましたが、忠恒の思慮のない行動であったこと、言語道断、言うべき言葉もありません。もちろん拙者へ相談したことなどございません（幸侃生害《しょうがい》の儀《ぎ》、今度《こたび》御意《ぎょい》を得《え》、急に仕出《しだ》し候歟《そうろうか》と存《ぞん》じ候処《ところ》に、又八郎短慮の仕立《した》て、言語道断是非《ぜひ》に及《およ》ばず候。曽《かつ》て以《もっ》て拙者《せっしゃ》へも談合これ無《な》く候）」

自分は与かり知らぬとし、幸侃の殺害が忠恒の「短慮」による突発的な事件で、島津氏ぐるみのものではないことを弁解している。これは三成への弁解であり、なんとなくしらじらしさを感じさせる。

いっぽう、忠恒は、幸侃を惨殺したあと、書院にはいって三通の書状をしたため、一通は徳川家康の近習、一通は石田三成、一通は寺沢広高に送り、謹慎のため高雄（神護寺）にはいった。伏見の屋敷にいた幸侃の妻子らは、東福寺に立ち退いた。

この独断的な行動に三成は激怒したが、五大老である徳川家康は、忠恒を支援した。忠恒の謹慎を解くようはからい、家臣の伊奈令成《よしなり》を派遣して伏見の本邸に帰住するようつたえ、そのうえ、警護のため騎馬の士数十人を伊奈に添えて派遣した。

このころ家康は、島津氏にひじょうに好意的で、五万石の加増についても家康のはたらきがあったと思われるし、島津家に金二百枚を貸与して、他への借金を返却させ、これ以後金銀米銭を他から借用しないようにと告げている。

伊集院忠真、都城にこもる

国元の義久の行動は、迅速であった。

事件後すかさず閏三月三日には、伊集院忠真の領地庄内（宮崎県都城市）との通交を行わない、とする有力家臣たちの起請文をとっている。これをみても、やはり忠恒の行動になんらかの示唆を与えていると考えられる。

『庄内陣記』によると、父幸侃謀殺の知らせを受けた忠真は、すぐさま一族郎党を集め、都城に立てこもり、周囲の十二外城《とじょう》を固めたとされているが、忠真が義弘に披露をねがった六月十八日付川上肱枕宛書状によると、少し事実が異なる。

最前《さいぜん》幸侃生害《しょうがい》仰せ付けられ候由相聞《よしあいき》こへ候へば、則《すなわ》ち濱の市へ上意を伺ひ候。幸侃御成敗《せいばい》に付き、武庫様（義弘）・又八様（忠恒）へ我等身上《しんじょう》の儀《ぎ》、御意を得、いかやうにも分別仕《つかまつ》るべきの通り申し上げ候といへども、ついに御納得なく候。今にも諸口往来御停止《ちょうじ》なされ、拙子《せつし》事《こと》も幸侃同科《どうか》に御《お》曖《あつかい》なさるべきと相見え候て、境目〳〵も放火共《ども》候。

——父幸侃が死を賜ったと聞きましたので、すぐに濱の市（義久）の意向をうかがいました。父の成敗に関して義弘様・忠恒様へ私の身の処遇を聞き、それにしたがうつもりであることを告げましたが、義久様はまったく納得せず、現在庄内への諸口の通行を禁止し、私も父と同様に成敗するおつもりのようで、境目などにも放火されております。

忠真は、自分も父と同じ運命をたどるらしいのでしかたなく立てこもった、と主張している。

そして、つぎのように義弘に仲介をねがっている。

「私の去就は、義弘様から何か仰せを受けないあいだは、決めることはできないと存じます（拙子身上落着《らくちゃく》の儀《ぎ》、義弘様より仰《おお》せ下《くだ》されざる間は相済《あいす》み難く存じ候）」

忠真は、伊集院家の滅亡を謀《はか》る義久―忠恒ラインは恃《たの》むに足らず、義弘だけが自分の穏当な処遇を主張してくれるだろうと考えていた。義弘は忠真の舅《しゅうと》であり、幸侃とも信頼関係で結ばれていた。

それにしても、忠真は朝鮮に出陣しており、泗川の戦いでも首六千五百六十を討ちとるというはたらきを見せたのに、この主家の扱いはいかにも解せない。忠真が庄内に立てこもったのも無理のないことである。

義弘の忠真説得

義弘は、この年八月六日付で忠真に返事を出し、つぎのように忠真を説得している。

「とにかく君臣上下の例法（掟）は、貴所ひとりに限ったことではないが、身上の落着（身の保障）はなくとも、龍伯様（義久）の御諚《ごじょう》（命令）次第、その旨《むね》に応じて出頭するべきで、たとえ御成敗を加えられたとしても、名字《みょうじ》の恥辱（家の名をはずかしめるようなこと）にはならないだろう。御下知《げじ》にそむいて果てたとしたら、臆病のため出頭しなかったと誤解されてもしかたがなく、あるいは無道至極で天道に見放され、家の始末を知らないと、他国よりの嘲笑を受け、無念なことではないだろうか」

この議論は興味ぶかい。武士ならば、このような仕打ちを受ければ、自己の生命をすてて、抵抗するのが筋ではないか。だが、義弘の議論はそうではない。なぜか。これは、義弘が、城主の立場にある武将の心得を説いているからである。城をもち、人を指揮するような名家の武士にとって、なにより大事なのは家を保つことであって、自己の生命や意地はすてても、家の存続をはからねばならないといっているのである。

そして、次につづく議論はさらに興味ぶかい。

「現在、ともに命をすてて戦うと申している者も、最後はみな裏切り、貴所ひとりが困ることになるのは火をみるより明らかだ。すでに近年も多くの人数を抱えられている大名衆も、腹を切る段にいたっては、ただひとりになっていることは、貴所も知っているはずだ」

戦闘には生命をかける武士たちも、敗北が決定するとともに主君から離れていき、最後に残るのは主人だけだ。これは現実的なことで、松田修氏はそのような事例を多く収集している〔『刺青・性・死』〕。そこに「君臣上下の例法」はない。「君臣上下の例法」は、城主をつとめるようなしかるべき名のある家の者同士のことであり、一般の武士には通用しないことである。忠真のような武将は、君臣の秩序を守り、家を存続させるためにはいかなる困難をも忍ぶべきだというのが、義弘の考えであった。

義弘の真意

この議論は詭弁《きべん》にも聞こえるが、そうではない。義弘は、自分を兄義久の家臣の立場におき、忠真の舅の立場から述べている。そこに偽りはない。そして、義弘の書状の最後にはつぎのような一節がある。

「貴所を召し出して、知行等どれほど遣わさるべきかは、私ではわからない。しかし、召し出されるというからには、それなりの知行は与えられるであろう。それについては、私がいることだから、貴所のために尽力しよう（此段《このだん》は、愚老《ぐろう》これある事《こと》に候条《じょう》、随分《ずいぶん》心を添《そ》え申すべく候）。遺恨をすてて出頭し、此間《このかん》戦争状態にはいって出頭が遅れ、慮外に思っておりますと御侘《おわ》びなされれば、貴所の身上は別儀はないと思う」

知行などの条件は、私が尽力しようという一文には真実味があり、義弘が忠真を不憫《ふびん》に思っていることは知られる。幸侃斬殺が忠恒―義久ラインの計画だったのは明らかである。しかし、この書状が忠真にとどくころには、すでに事態は忠真が出頭したくらいですむ状態ではなくなっていた。

庄内十二外城

忠真の領地、庄内地方は、本拠の都城を中心に、日向・大隅に十二の砦があった。いわゆる庄内十二外城《とじょう》である。都城の西南四里半に恒吉、南一里ばかりに梅北、一里半に末吉、東には梶山・勝岡・山之口、北に高城・志和池・野々三（美）谷、北西に山田・安永・財部《たからべ》の各砦があった。

現在都城市南端の金御岳《かねみだけ》のうえに立つと、庄内盆地が一望できる。盆地とはいえ広い平地で、中央を大淀川が流れ、北は霧島連峰の裾野につながる。庄内への通路の要所要所に砦がおかれている。都城の城はその中央南方にあって懐《ふところ》が広いので、安易に攻め込むと戦線が延び、砦を守る兵に分断され、挟撃される。

伊集院氏のかかえる十二の砦は、小規模ながら要害の地が選ばれ、その城主は伊集院氏の有力家臣である。もっとも外城衆《しゅうじゅう》中には、二百年にわたる累代の地頭北郷《ほんごう》氏の旧臣であった居付《いつ》きの武士も多い。

義久は、それら伊集院氏の砦をかこむように近辺の外城に信頼すべき家臣を移し、領地の封鎖を行った。

大隅市成《いちなり》の城は、地頭の伊集院宗右衛門が守っていたが、恒吉の城が近いので寺山久兼を増派し、日向志布志《しぶし》には樺山久高、大隅松山には柏原有国、大隅串良《くしら》には島津忠長、大隅福山には山田有栄、日向高原には入来院重時、日向飯野には伊集院久信、日向野尻に敷根仲兵衛尉、日向小林に上井秀秋、日向須木に村尾松清、日向穆佐《むかさ》に川田大膳と新納忠元を、というように諸外城を固めた。

周辺の大名の伊集院氏援助

五月十五日には、島津側は、飫肥《おび》城主伊東祐兵《すけたか》の領地から庄内に魚や塩を運びこもうとしていた者六人を討っている。都城からは、現在の国道二百二十二号線をたどれば伊東氏の居城飫肥（日南市）に通じる。

またみたところ、伊集院側では、しきりに城の普請を行っている。この痕跡は、現在でも安永城の堀切跡などとして遺されている。

このとき、都城には、石田三成の家臣と堺の商人油屋道機の代官がいた。この者は、道機の訴訟（嘆願）により寺沢正成を介して庄内を出たが、三成の家臣は伊東祐兵の領地を通ってのぼっていった。島津氏側は、これを伊東祐兵に厳重に抗議している。

また、肥後の加藤清正も伊集院氏を援助していたようで、島津氏から抗議されている。

家康、忠恒に帰国を許す

義久はこの年六十七歳になる。自身で軍勢をひきいるには高齢にすぎる。そのため、体調が悪いことを理由に伏見に飛脚をつかわし、忠恒に帰国を許してくれるよう要請した。家康は、忠恒の帰国願いをこころよく了承し、忠恒に伊集院忠真討伐を許した。当時、豊臣政権を動かしていた家康の許可をえたことで、庄内の乱は島津家内部の争いにとどまらず、「公儀」が支援する公けの戦いとなった。佐土原城主の島津豊久にも暇が与えられ、庄内に出陣することになった。

2　徳川家康の島津氏援助

山田・恒吉の二城を落とす

慶長四年（一五九九）六月三日、忠恒は伊集院忠真を攻めるため、居城鹿児島城を発馬した。福山から財部に通ずる現在の国道十号線の往還は、伊集院方が関所を設けていて通行できず、大きく迂回して東霧島山《つまきりしまやま》の麓の勢多尾を越え、東霧島金剛仏作寺（東霧島権現社の別当寺）を本陣とした。

各手の大将には、佐土原城主島津豊久、垂水《たるみず》の島津以久、島津忠長らの一門、喜入《きいれ》忠政、種子島久時、入来院重時、根占《ねじめ》重政、頴娃《えい》久秀らの一所持《いっしょもち》（大身の家臣）、比志島国貞、鎌田政近らの家老のほか、大口地頭の新納忠元、志布志地頭の樺山久高、市成地頭の寺山久兼、蒲生地頭の長寿院盛惇、福山地頭の山田有栄、小林地頭の上井里兼、郡山・吉田地頭の平田増宗、松山地頭の柏原有国、野尻地頭の敷根頼豊ら錚々《そうそう》たるメンバーが名を連ねている。島津家一門のほか、家老、有力地頭など、島津氏の総力をあげた戦いである。

そして六月二十三日卯の刻（午前六時）ころ、忠恒ひきいる本隊は、朝霧の中を軍勢を二手にわけ、都城盆地の北の護り山田城（都城の北西二里半）をめざして進発した。大手

の大将は島津豊久、からめ手にあたる二の丸口は入来院重時である。

城主長崎治部少輔・久兵衛尉父子と中村与左衛門尉は、兵を指揮して防戦した。巳の刻（午前十時）すぎ、島津豊久が大手の木戸口まで攻め詰め、競りあっていたが、豊久の旗指が木戸の側に寄ったところを城兵が奪い取って城の上に差しかかげた。すると、寄せ手の軍勢は豊久が一番乗りしたと勘ちがいし、「われ遅れじ」と叫んで身命をかえりみず攻めいり、大手の木戸を守っていた長崎久兵衛尉・

中村与左衛門尉を討ちとった。

さらに北郷勢や老いのため歩行も意にまかせず輿に乗った新納忠元らが二重木戸を打ち破って城中に攻め入った。城主長崎治部少輔は支えることができず、落ち去っていった。辰の中刻（午前八時）から巳の下刻（午前十一時）までの合戦で、敵三百余騎を討ちとる大勝利であったが、寄せ手の死傷者も多大なものであった。

同日、島津忠長・樺山久高・柏原将監らも、兵を三手にわけ、都城盆地の南に孤立する恒吉城（都城の西南四里半）に押し寄せ、新手をつぎつぎに繰り出して攻め立てた。城主伊集院宗右衛門尉は二十三、二十四の両日懸命に防戦したが、支えきれぬとみて、翌二十五日、夜陰にまぎれて都城に逃走した。北郷の居付きの者たち四十人あまりはとどまって降伏した。恒吉の城は寺山久兼が在番することになった。

難航する城攻め

二十六日には、伊集院忠真の弟小伝次のまもる末吉城（都城の南方一里半）を攻めたが、必死の防戦で落とすことはできなかった。

北方では、二十九日、山之口城主の倉野七兵衛尉が、後方攪乱のため北へ大きく迂回して福山地頭山田有栄の高原《たかばる》に設けた新関を破り、東霧島の本陣を攻めた。しかし、守備兵がよくまもり、倉野は鉄砲にあたり落命した。このため寄せ手は混乱し、敗走した。こののち、忠恒は、本陣の東霧島には北郷三久や旗下《はたもと》の兵をおき、自身は山田城に入城した。このとき、先陣を打ったのは、寺沢広高から派遣されていた家老の平野源左衛門尉である。かれは、家康に命じられ、調停工作に派遣されていた。

島津方の幸先はよかったが、その後の戦況ははかばかしくなかった。

七月十三日、山田の城の在番の軍勢と東霧島本陣番の北郷勢が、志和池・野々三谷両城のあいだに押しこんだ。すると、左方から志和池と高城の軍勢が押しだしてきて、乱戦となった。島津方の旗色が悪く退却しようとしているところに、右方から野々三谷からの軍勢が突き立ててきたからたまらない。島津方は混乱し、敗走した。この戦いは、敵をあなどり深入りしすぎての敗北であり、多数の死傷者をだした。

忠真方の者たちは、防御ばかりしていたわけではない。寄せ手を攪乱するため、ときには城から兵を出し、各所に忍ばせて、通り過ぎる敵を討ちとった。

六月晦日には、東霧島本陣をまもる北郷氏の兵が交代するのを襲撃し、七月二十日にも勢田尾越に高城から伏兵を出し、番替えの者を襲撃した。

八月十五日、東霧島陣の北郷勢は、戦局の打開をはかるため、軍勢を二手にわけ、志和池の城を攻めたが、これも失敗した。

忠恒出馬し、総攻撃

九月十日、忠恒は、敵の本拠都城を突こうと、山田の城を出た。平田増宗が総大将をつとめ、野々三谷と安永の城の間を押し通り、都城近辺の乙房《おとぼう》丸まで攻めこんだ。

島津豊久は安永の城の押え、長寿院盛惇・敷根仲兵衛らは野々三谷の城の押えをつとめた。忠恒は、野々三谷の乗満寺（寿《じょう》万寺《まんじ》か）の原まで馬をたて、下知をなした。

伊集院忠真は、敵が都城近辺にまで出張してきているのをみて、馬を出し、都城にこもる兵たちもわれさきにと押しだした。

島津方の軍勢は崩れ、平田増宗は本道を退くことができず、野々三谷のほうへ引いた。このとき、増宗は、敵に攻めたてられ、自らの鑓《やり》で敵数人を討ちとったという。総大将がこれだから、あとの軍勢は総崩れであった。

これをみていた上井兼政は、主従六人でとって返し、奮戦したが、数か所の傷を受け、息をついでいるところを敵に討ちとられた。

平田増宗は野々三谷まで引き退いたが、野々三谷の城から城兵が出撃し、島津方は防戦一方になった。そこに安永の城からも城兵が出撃して背後をうかがったが、これは島津豊久が押しとどめた。

小杉丹後守・北郷喜左衛門の両家老がひきいる北郷勢は、安永と小松ヶ尾の二方へむけ

て攻めかかった。小松ヶ尾まで退いた忠真は、混乱する兵に采配をふり、

「ここを破られてはかなうまじ。一歩も引くな！」

としきりに下知し、ようやく相手を押し返した。

忠真が軍を引こうとする様子をみせると、馬を進めてきた忠恒は、長寿院盛惇・肝付半兵衛尉・敷根仲兵衛尉・種子島久時ら馬廻にしたがっていた全軍に総攻撃を命じた。

小松ヶ尾の合戦

忠真もこらえかね、安永・今平《いまでら》・都城などをめざして引き退いた。追撃した寄せ手が小松ヶ尾にむかうと、挟み撃ちにしようと、勝岡・梶山の両城から軍勢が押しだし、乱戦となった。そこへ北郷三久の軍勢が援軍に出たため、両城の兵は野々三谷城へ逃れ去った。

小松ヶ尾に向かった寄せ手と北郷勢は、合流して野々三谷の城に攻めかかった。しかし、野々三谷城の兵は懸命に防戦し、詰めかえ詰めかえ鉄砲を放ち、ついに城は落ちなかった。申の刻（午後四時頃）を過ぎたころ、寄せ手は軍を収めた。この合戦で忠真方の首八十余級を討ち取ったが、島津方の損害も甚大で、討ち死には上下百人におよび、小松ヶ尾では三十人の戦死者があったという〔『庄内陣記』〕。史料の性格からして、島津方の死傷者はもっと多かったであろう。

もっとも死傷者が多く、また軍功もあったのが、北郷氏の兵であった。北郷氏は、本領庄内の回復のために、兵力の損耗をおそれず奮闘したのである。そのはたらきに対し、義久は、九月十三日付で北郷長千代丸に感状（軍功を賞する文書）を与えている。

十一月二十八日には、義久自身が大隅の勢をひきい、財部城攻めに乗りだしている。財部からは、義久の本拠富隈へ通じる二本の道があり、そのままにしておけなかったからである。攻城の大将には山田有信が命じられて進撃したが、城兵が繰りだし、野戦となった。この合戦は城兵の鉄砲がたくみで、寄せ手に大きな損害がでた。

家康の援軍派遣

話は少しもどるが、七月九日、徳川家康は、島津忠恒につぎのような書状を送っている。

伊集院源次郎（忠真）今に城を相抱《あいかか》え申す由《よし》、承り候。御譜代家人の身としてかやうの儀、自今以後《じこんいご》の為《ため》に候間《あいだ》、早々成敗御《せいばいご》尤《もっと》もに候。

——伊集院忠真は、現在に至るまで籠城しているということを聞いた。御譜代家人の身分でこのような行いは、今後のためであるから、早々成敗せよ。

譜代の家人が主人に刃向かうというのは不届きで、今後のためだから早く成敗せよという、島津氏を全面的に支持する内容である。そして、近習の山口勘兵衛直友を見舞いの使者として派遣した。

　家康の書状に添えられた伊奈令成の書状によると、家康は心もとなく思い、軍勢が必要ならいつでも御用次第に命ずる、といったことをつたえている。事実、同日付で、飫肥《おび》城主の伊東祐兵と肥後人吉城主の相良長毎《さがらながつね》に、

「義久・忠恒の依頼があれば、貴方自身が出陣し、島津家を援助せよ（龍伯父子仰《おお》せられ次第、自身御立ち、御馳走《ごちそう》尤《もっと》もに候）」

　という書状を送っている。

　忠恒からは、山田城を落とすとすぐ、六月二十四日付で書状をしたため、庄内の絵図を添えて、老臣喜入久政を伏見にのぼらせた。この報告は七月十四日にとどく。家康は久政を御前に召し、くわしく様子を聞いて、鎮圧の困難なるを悟った。その後、続報がないため、八月寺沢正成の派遣をきめ、二十日には、九州の諸大名に書状を送り、寺沢と相談して島津氏を援助するようにと命じた。

　出陣を命じられて書状が残っている大名は、秋月種長（日向延岡城主）、島津豊久（日向佐土原城主）、伊東祐兵（日向飫肥城主）、相良長毎（肥後人吉城主）、高橋直次（筑後三池郡内山城主、立花宗茂の実弟）、高橋元種（日向高鍋城主、秋月種長の実弟）の六名である（中村孝也『新訂徳川家康文書の研究』中巻）。

このうち、島津豊久はすでに出陣しており、『庄内陣記』によれば秋月種長、高橋元種は実際に軍勢を出し、ほかに太田一吉（豊後臼杵城主）の軍勢も在陣している。そのほか、立花宗茂（筑後柳川城主）、小西行長（肥後宇土城主）にも出陣が命じられている。立花と小西は実際に出陣するつもりで寺沢に相談するが、島津氏側の固辞により、立花は出陣せず、小西は鉄砲の者を三百人、大口にまで派遣している〔「新納忠元勲功記」〕。

大名動員の予行演習

これらの軍勢派遣は、島津氏にとってはありがた迷惑な部分もあった。家臣の反逆を討つのに他国の軍勢の手を借りたくはなかったし、他国兵に領地を荒らされたくもない。そこで援軍は固辞し、ごく一部の大名の軍勢しか島津領にはいらなかった。

寺沢広高も、このときは調停者として薩摩に行くということで、自身の軍勢は引きつれていない。ただし、早くから家老の平野源右衛門尉が兵をひきいて参陣している。

なぜ家康は、島津氏が願ったわけでもない援軍派遣にこれほど熱意を示したのであろうか。島津氏へ過分なほどの厚意を示し、自らの影響下においておきたいという気持ちはあっただろう。また、豊臣体制の代表者として、国内の秩序を守る義務もあった。しかし、それらだけではないと思う。

これは推測になるが、家康は、自らの手で軍勢動員をしてみたかったのではないだろうか。

通説では、家康は朝鮮侵略にも軍勢を出さず勢力を温存していた、と説かれる。しかし、自らが覇権をにぎるためには、諸大名を動員できなければならない。石田三成は佐和山に引退したが、いつかかならず挙兵する。そのときは、日本が二つに割れることになるであろう。そのときは、徳川の兵力だけでは不足である。できるだけ多くの大名を味方につけて動員できなければならない。

それを考えたとき、家康は、なんとしても五大老の筆頭たる資格で自ら命令をくだし、諸大名を動員するという経験を積んでおきたかった。それが、九州諸大名を庄内に派遣した真の理由であろう。これは関ヶ原の予行演習であり、それまで関係のうすい九州大名だけに、その成否は徳川の運命を占うものであった。

寺沢に頼る伊集院忠真

家康が派遣した山口直友は、庄内の状況を偵察することが主な任務で、九月末には庄内をたち、伏見に帰った。義弘は、「家康様の命令をも受け入れない者だから、忠真の運命も決まったと考えざるをえない〈内府様御下知《げじ》をも承引申《もう》さざる仁《じん》に候条《じょう》、源二郎〈忠真〉運命相極《あいきわ》まりたると存ず事に候〉」〔十月二十五日書状〕と忠恒に告げているから、山口はある程度調停工作も行ったらしい。義弘も、これ以上忠真の肩をもつ気はなくなっていた。

忠真には、山口がどれほどの権限をもった人物かがはっきりとはわからない。そのため、山口には色よい返事をしなかったのであろう。しかし、寺沢広高が下向してくると、寺沢の家老平野源右衛門尉らを頼り、調停を依頼する。その忠真は、十一月六日付書状で、「われらも島津家代々の家臣ですから、ひとすじに薩摩へ奉公したいとは思いますが、このように何事も正義がないので、自今以後は毛頭頼りにしていません。もはや（義久・忠恒が）私を等閑《なおざり》なく召しつかうことはないでしょうから、寺沢殿の御分別で、どこであろうと召し出されるよう頼み奉ります。もし内府様へ仰せ上げられて曲事《くせごと》だと仰せ出され、成敗されたとしても、それはしかたがありません」

と述べている。忠真としては、とにかく島津氏にはもう奉公したくない、という思いだった。

寺沢は、比志島国貞とともに、十二月十一日に大坂へついた。義弘は、さっそく会いに行ったが、調停は不調とのことであった。

家康は、それ以前に、山口直友を再度庄内に派遣している〔極月十九日忠恒宛義弘書状〕。

3　伊集院忠真の降伏

忠恒の苦戦

小松ヶ尾の合戦以後も、忠恒はしきりに各外城を攻撃したが、はかばかしい戦果はなかった。

十月五日、忠恒は、志和池城南方十町（一キロ）ばかりの森田に陣を移し、志和池城攻めに本格的に取り組んだ。

一番の先陣には島津以久、二番に島津豊久、三番に北郷忠能と北郷三久、四番に入来院重時、五番に忠恒の本陣、そのうしろに長寿院盛惇、平田増宗、中原中将坊らがつづき、寺沢広高、太田一吉、高橋元種、秋月種長らの陣もここにしかれた。

陣の様子は、図に掲げた都城島津家文書の絵図にみることができる。ここは本格的な攻城体制がとられた。城を遮断するため垣を結いまわし、堀を掘りまわし、築地を構え、四方の堀に物見をあげ、虎落《もがり》をこしらえ、柵を結いまわすという厳重なものである。

しかし、これは短期間に戦果があがるものではない。互いに弓や鉄砲で応酬しあって、膠着状態になった。

十一月八日の朝には、志和池城から薪をとろうと出てきた雑兵を討ちとろうとしたところ、城から救援の兵がどっと出てきて乱戦になった。このとき、北郷勢の名のある武将が何人か討ちとられている。その後、城主の伊集院掃部介が城を出て攻めかかってきたため、寄せ手はたちまち切りくずされ、過半が川に追いつめられた。これをみて、諸陣から軍勢が出動し、しばらく戦って互いに損害を出して退いた。

血気にはやる攻め手

十一月十五日、高城の城主小牟田《おむた》清五左衛門は、阿和井塚に伏兵をおき、さらに進んで森田の陣に鉄砲を放たせた。平田増宗、中原中将坊らが、大淀川を渡り、打ちかかった。北郷勢らも進んだ。小牟田らは反転して逃げる。図にのって追いかけるところに、阿和井塚の伏兵がどっと鉄砲を放ち、突っかけてきた。高城の城からも木戸を開け、兵が押しだしてくる。平田増宗らはしきりに下知をなしたが、包囲され、さんざんにうち破られた。

この戦いで、大将のひとりである中原中将坊を始めとして、三百余人が討ちとられた。

十二月八日には、忠真方の兵が安永口に兵を伏せておき、山田の城に攻めかかり、引いていくようにみせて軍勢をおびき出した。このときは伏兵によって百人ばかりが討ちとられた（「新納忠元勲功記」・正月九日忠恒宛太田一吉書状）。

「新納忠元勲功記」に、

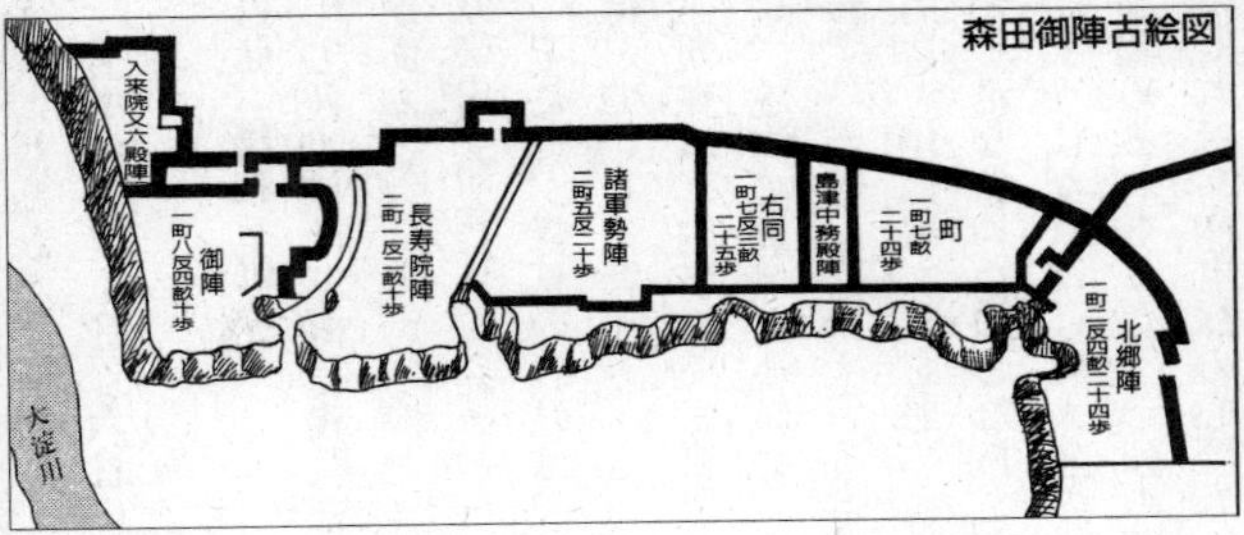

森田御陣古絵図

「老巧の武士たちが、相手の意図を見破り差しとどめたけれども、若い者たちはすでに駆け出して、百人ばかりが戦死した（老巧の者共、見取り差し留《とど》めなさるべく候得共《そうらえども》、若手人衆《にんじゅ》駆け出し、百人計《ばかり》戦死に及び候）」

とあるように、忠恒を取り巻く経験のない若い家臣たちが、相手の策略にかんたんに陥ったようである。

　これを聞いた義弘は、

「戦いの道には古風とか現代風とかいっても、たいして変わったやり方があるわけではない。若い者たちが何を提案しても、どうなるかよく考えることが大切である。ぜひぜひ年寄りや戦巧者へも熟談し、戦死者のないように分別しなさい（弓箭《きゅうせん》の道に、あまり古躰《こたい》・当世《とうせい》とて珍しき儀《ぎ》はあるまじく候。若き人衆いかやうの儀を申し候共、是非共〳〵年より巧者《こうしゃ》衆へも熟談を遂げられ、始末《しまつ》の御分別専入の事にて候。越度《おっと》の無《な》き様に分別あるべく候）」

　と忠恒を教諭している。総大将が若いだけに、はやる若い家臣をとめられず、敵に翻弄されていた。『庄内陣記』にも、伏兵に襲われた記事が多く、『薩藩旧記雑録』にも多くの戦死者が記録されている。

翌慶長五年正月十六日にも、城兵に討ってでられ、多くの死傷者を出している。

義弘、講和を勧める

二月四日付忠恒宛義弘書状によると、京都では、島津氏が国元で苦戦し、多くの戦死者があるといううわさがたっていた（庄内において貴所手《きしょて》の人衆数百人敗北せしめ、をくれを取り候由、聞食《きこしめつ》付けられ候）。

そこで、伏見の義弘は、忠恒に山口の講和調停にしたがうよう、長文の書状を送って説得している。

「現在は、内府様（家康）が種々御心を添えられ、何かと助言してくれている。それなのに、庄内の調停について、若い者たちの、あとの考えもなく強気な発言をする（始末の思《し》惟《い》これ無《な》く、手前つよだてをのみ申し出る）のに貴所も同心して講和のこともはかゆかなければ、山口殿が気を悪くするのは必定である。そのように庄内の調停を打ち捨て、山口殿が上洛なさったとしたら、内府様の心証も悪くなる。庄内の儀を内府様が支持してくれないようになれば、諸大名の覚えもはたと変わってくる。そうなれば、どのようにして戦いを収めるつもりだ。十分の調停ではなくとも七、八分であれば、まずは山口殿の調停にまかせれば、内府様の心証もよくなると思う。返す返す行く末の分別はこのときである」

すでに上方では、不穏な情勢となっていた。加賀の前田氏の動向が注目され、戦争になるのではないかという観測が流れていた。諸大名は、武具や兵具を用意し、また越前の諸大名は兵糧の準備をしているらしい。

このような中で、島津家だけが身内の紛争に明け暮れていたとしたら、重大な遅れを招くおそれがある。伏見にいるだけに、義弘の危機感は深刻であった。

山口の調停成功す

いっぽう、家康から派遣された山口直友は、年末には現地に到着した。今回は、すぐには講和交渉をはじめず、しばらくは戦況をみまもっていた。

二月六日、志和池城が、兵糧がつきて降伏した。十四日、忠恒は高城攻めに向かった。

そのころ、山口は、濱の市で義久と談合したあと、二月十八日、庄内に赴いた。

二十日には、島津豊久と島津以久に、講和交渉が成立しそうだから、戦闘を一両日遠慮してほしいと告げている。

二月二十九日、山口は、義久・忠恒両名から苦渋の起請文を取った。

伊集院源次郎、寺沢志摩守殿に到り、当家へは堪忍《かんにん》仕《つかまつ》るまじきの由、墨付をもって申し候儀、遺恨深重《いこんしんちょう》候《そうろう》といへども、内府様御曖《あつかい》候条、差し捨て候。然《しか》らば、源次郎罷《まか》り出《いで》候て奉公の上は、以来の儀異儀《いぎ》無《な》く召し仕《つか》ふべく候。

――伊集院忠真が寺沢広高に、島津家へはもう奉公しないと書付で申したことは深く遺恨に思っていますが、家康様が調停なさるので、遺恨をすてます。このうえは、忠真が出頭して奉公するならば、以前同様に召しつかいます。

遺恨はあるが、家康の調停だからしたがうというのである。

いっぽう、家康としては、すでに九州大名の軍事動員ははたしている。これ以上庄内の乱を長引かせてもしかたがない。日本を分裂させての戦いも近々だ。そのため、有無をいわさず調停を押しつけたのであろう。

忠真、都城を退去す

同日、梶山・勝間・山之口の三城が降伏し、三月朔日には高城が、二日には安永、ついで野々三谷が降伏した。

ここにおいて忠真も観念し、講和を受け入れることを決した。

三月八日、忠恒は、義弘宛と推定される書状の中で次のように述べている。

「志和池城が落城してから、打ちつづいて各外城が開城し、残るは都城だけになり、忠真は、助けおこうが首を刎《は》ねようが、どうにでも容易にできるようになりましたので、都城の城も踏みつぶそうかと存じましたが、家康様の調停をあまりにないがしろにしては、公儀にたいしてどうかと思われますので、忠真を助け、少し知行を遣わして召し出そうと、山口直友へ申し談じました」

忠真の運命は自分の考えひとつだと誇らしげにいい切る忠恒の言葉に、かれの得意な様子がうかがえる。あくまで家康の調停だから助けるという姿勢は、じっさいに貫徹できたのである。

忠恒によれば、山口から起請文のことを知らされた忠真は、寺沢がくだってきたときの強気な態度とはうって変わって、うれしそうな様子だった（召し出す儀、殊《こと》の外《ほか》うれしがり）という。

これによって、九日には末吉、十五日には梅北の兵が城を退去した。忠真も、十日付で起請文を提出し、十五日、都城の城を退去した。

島津家の豊臣体制否定

同日、義久と忠恒は都城に入城し、都城および安永・高城・山之口・勝岡・梶山・梅北の六外城を北郷長千代丸に与え、このとき十一歳になるかれを元服させ、次郎忠能と名乗らせた。忠虎亡きあと、都城から宮之城に移され、幼少な主君をもり立ててきた北郷家も、やっと累代の本領に復することができたのである。

これも、兵力の損耗をおそれず、この戦いに家運をかけてきた北郷家家臣団の粉骨の賜《たまもの》であった。いっぽう、伊集院忠真は二万石を与えられ、薩摩半島開聞岳の麓の頴娃《えの》に移されることになった。

ここに、豊臣政権下の十三年間に行われた島津家の体制変革は、秀吉死後わずか一年半にして旧に復したのである。庄内の乱は、「戦国的気風を領内から一掃して、平和安静な近世大名へ発展する産声」〔北川鐵三「庄内陣記解題」〕と称されるが、それはあまりに表面的な見方である。その本質は、島津家内部に押しつけられた豊臣体制の否定であった。

第八　関ヶ原の戦い

1　義弘の軍勢督促

政情の変化

慶長四年（一五九九）の正月は、五大老そろって島津氏の戦功を賞し、島津領内にあった太閤蔵入地をふくめ五万石を賜う、という祝賀気分にあふれていた。

しかし、島津氏が庄内の乱鎮圧に忙殺されているあいだに、上方の政治情勢は一大変化をとげていた。

伏見城にあった豊臣秀頼は、父秀吉の遺命により、慶長四年正月十日、大坂城に移った。大坂城には前田利家が後見人としてひかえており、伏見城には家康が残留した。ここに大坂と伏見と、政局にふたつの中心ができた。

この秀吉の遺言による二巨頭政治は、閏三月三日、家康とならぶ声望をもつ前田利家が病没したことによってあえなくくずれた。

利家は秀吉よりも二歳年下で、享年六十二であった。ちなみに家康はこの年五十八歳、石田三成は四十歳である。

これを契機に、豊臣政権内では不協和音が表面化してくる。利家が没した閏三月三日の夜、五奉行（豊臣家年寄）中の実力者石田三成は、加藤清正・福島正則・黒田長政ら三成を敵視する秀吉子飼いの七武将の襲撃を察知し、佐竹義宣の尽力により屋敷をのがれた。三成は、四日、伏見にいたり、家康の屋敷に逃げこんだ。家康は、身柄の引き渡しを要求する七武将をなだめ、三成を居城近江佐和山へ帰し、中央政界から引退させる。

この事件によって、家康は政務に関してほぼ独裁権をにぎった。その真意は、三成を生かしておくことによって将来の武力衝突の核をのこし、独自の政権を創出するための布石とすることにあったのである。

「天下様」家康

閏三月十三日、家康は伏見城西の丸にはいったが、世間では、家康が「天下様」になったと取沙汰されるようになった〔『多聞院日記』〕。このころには、秀吉の直臣の中にも、家康の警護をする者が出現している。

七月になると、五大老のひとり上杉景勝が、前年転封していた会津に帰国する。ついで前田利長・宇喜多秀家・毛利輝元の三大老が、それぞれ領地へ帰る。秀吉の縁戚で五奉行の筆頭であった浅野長政も、領国の甲斐に蟄居となり、伏見には、長束正家・増田長盛・前田玄以の三奉行と大老家康のみが残った。長束は財政、増田は検地と諸大名の取次、前田は京都の行政に重きをなしたが、家康の行動を制約する力はなかった。

九月二十七日、家康は、大坂城西の丸にはいり、豊臣秀頼周囲の勢力を牽制するいっぽう、福島・伊達・最上・黒田・藤堂ら有力諸大名にひんぱんに書状を送り、自己の指導力をつよめようとした。庄内の乱で島津家を援助したのも、そのような行動の一環であった。

あけて慶長五年（一六〇〇）正月、家康は、上杉景勝の上洛をうながしたが、景勝は、領内の仕置などを理由にそれを拒否した。ここに、戦乱のきざしが生じた。

伏見の義弘

伏見へは、西国衆が留守番を命じられていた。秀吉存命中は政治の中心地であった伏見から、前年の正月に秀頼が、九月には家康が大坂城にはいったため、諸大名も大坂へ屋敷を移している。

義弘は伏見へとどまっていたが、慶長五年の四月ごろには伏見は荒野になるような様子であった。伏見城には、家康の子松平忠吉が在番していた。

上杉景勝が上洛してこないことから、増田長盛と大谷吉継が調停したが、はかばかしい成果はない。四月十日、家康の側近の伊奈令成《よししげ》が伏見をたち、会津にむかった。毛利輝元・増田長盛・大谷吉継の使者も同行した。

上方の諸大名は、少しばかり他行するときにも、家臣たちに武具をことごとしくもたせている。なんとなく騒然とした様子である。

義弘は、そのような状況の中、薩摩より軍勢をのぼせてくれるよう忠恒に依頼している〔四月八日忠恒宛義弘書状〕。

伏見城の留守番を命じられる

四月二十七日、義弘は家康を訪問し、三月十五日に鎮圧した庄内の乱調停の御礼を言上した。家康の機嫌はよく、国元からの使者入来院重時らも召し出して、食事を饗した。

その席で家康のいうことには、上杉景勝には伊奈令成をつかわしたので、上洛するのは六月上旬ごろであろうが、もし拒否すれば自身で出馬するとのことであった。

そして義弘に、直接、伏見城の留守番をせよ、と命じた（伏見之御城《おしろ》御留守番《るすばん》致《いた》すべきの由《よし》、御面《ごめん》を以《もっ》て拙者へ仰《おお》せ付《つ》けられ候）。

このとき義弘の返事が興味ぶかい。

当座言上《ごんじょう》候は、何《いずれ》も御意《ぎょい》の段承《うけたまわ》り候。様子《ようす》においては、御間《おあいだ》の使《つかい》まで申し上ぐべき由《よし》申し候て、御前を罷《まか》り立《た》ち候。

――その場では、「御意の段は承りました。子細についての御返事は、御取次の使者へ申し上げます」と答え、御前を退出しました。

義弘は、その場で即答は避けたのだ。そして伏見の知人らに、どうしたものだろうかと尋ねてみた。すると、だれもが、

「公儀のおっしゃることですから、お指図次第になさるのがよいのではないでしょうか（何《いず》れの道《みち》にても公儀《こうぎ》候条《じょう》、御下知次第《しだい》仕り候て然《しか》るべく候はん）」

と答えた。当時の家康は豊臣家五大老の筆頭であるから、かれの仰せは、どこまでも公儀の命令なのであった。

義弘は、国元の義久にこのことを報告したうえ、軍勢の派遣を要請する。

「伏見の御留守番に決まったならば、人数を丈夫に（十分に）召しおかなければ、御家のためにもよくありません。そのうえ、天下の取り沙汰もどうかと思われますので、御人数をかならず上方へ着くよう仰せつけてください。伏見の御城を受け取ったならば、諸口（開口部）が多くあるので、人数を過分に入れなければなりません。よくよく御談合なされ、兵糧など調え、急速に仰せつけられてください」

義弘の心づもりでは、会津に出陣する大名が百石に三人役であるから、留守番の島津家は百石に一人役ということであった。朝鮮出兵、庄内の乱で疲弊している島津家臣団であ

るが、ここで油断があれば、「島津家の手おち（御家之御越度《おっと》）」となる。義弘は義久に、忠恒と熟談してくれるよう熱心に要請している。

五月十七日、義弘は忠恒に、かさねて上洛をうながした。家康の会津出陣が六月と決まったので、せめてその前に庄内の乱の御礼を言上するべきだと考えたのである。しかし、忠恒は、国元で本拠を瓜生野に移すことなどを検討し、まったく腰をあげる気配がない〔五月二十五日忠恒宛義弘書状〕。

六月十六日、家康は三奉行らの反対を押しきって会津出陣をきめ、伏見城にはいった。ついで十八日には伏見を発した。家康の目的は、いちじ上方を離れ、三成の挙兵をうながすことであった。七月二日、江戸城に到着した家康は、七日軍令を発し、十三日には先発の榊原康政らが江戸をたった。二十一日には家康自身も江戸をたち、二十四日、下野小山に到着した。

石田三成の挙兵

そのころ上方では、家康の予想どおり、石田三成が大谷吉継の援助をえ、毛利輝元を総大将にいただいて挙兵していた。七月十七日には、長束・増田・前田三奉行連署で家康への弾劾状を発給させ、これに檄文をそえて諸大名に送ってその糾合をはかった。

これに応じて大坂に集まった大名は、毛利一門の毛利秀元・毛利秀包・吉川広家・小早川秀秋らのほか、宇喜多秀家・生駒親正・脇坂安治・蜂須賀家政・長宗我部盛親・小西行長、福原長尭《ふくはらながたか》・毛利高政・鍋島勝茂・立花宗茂・高橋元種・同直次・秋月種長・相良頼房らで、総勢九万三千七百人におよんだ。

とくに、長宗我部盛親は、本来二千人の軍役であるところ、秀頼への衷心からの奉公（秀頼様への御馳走）ということで五千人をひきい、立花宗茂も千三百人の軍役のところ四千人をひきいていた〔八月二十日本田正親宛島津義弘書状〕。かれらはこの戦いが、自家の存亡をかけた決戦であることを感じていたのである。

島津義弘の西軍加盟

七月二十四日、義弘は、かさねて国元に軍勢の派遣を要請する。忠恒宛の書状に、「こちらは軍勢が少なく、どうやってもうまくいかないだろうと、困っています（手前無人《ぶにん》にて、何を申し候ても罷《まか》り成《な》るまじくと迷惑《めいわく》この時に候）」とあるように、義弘のもとにはわずかしか軍勢がいなかったのである。

『惟新公関原御合戦記』では、七月二日から十七日まで、三成にたいして数度与《くみ》することを固辞し、また伏見城の留守居の鳥居元忠に再三入城することを申しいれたが、拒否されたとしている。当初、義弘が伏見城の守備を申しいれたのは事実であるが、鳥居はその真意を疑い、城に入れようとしなかった。そうしているうちに三成が挙兵し、三成の要請をいれて西軍に与したようである。

この記録は、たしかな史料をもとに編纂されているが、徳川家をはばかって自己正当化している箇所が目につく。三成に与党したのも、

「いまや旗本《はたもと》の士卒はわずか二百余人にすぎず、この少ない兵力では拒否することはできなかった。もし三成の求めに応じなければ、たちまち攻め滅ぼされることは眼前のことであった」

という理由をあげている。

しかし、両者の関係を考えれば、強要されたというより、三成のつよい要請をむげに拒否することはできなかったということだろう。秀頼の命令をバックにした三成は、それまでの関係もあって義弘にとってはまさに「公儀」であった。

五月十二日には、佐土原の島津豊久が、国元を出船し、六月五日には伏見についている。義弘の要請に応じたものだった。このたぐいまれな武将は、うちつづく戦いをものともせず、島津本宗家のために忠勤をはげんでいる。また、七月二十八日には帖佐の家老新納旅庵（長住）が大坂に着船している。

心有るべき人は上京せよ

この記録によると、このときの義弘の軍勢は二百余人にすぎないという。義弘が「無人《ぶにん》」

だというのも無理はない。ただし、八月二十日付の義弘書状〔義弘の家老本田正親宛〕には、「薩摩勢はわずか千人にも満たず（さつまの仕立て僅か千人之内にて）」とあり、実際には千人弱だったと思われる。

七月二十九日、義弘は、領地である帖佐の家老に、重ねて軍勢を督促した〔本田正親・伊勢貞成宛書状〕。この日は伏見城攻撃の最中であり、義弘は、

「軍勢が少なく、何事も心に任せず、面目を失いはててしまった（手前《てまえ》無人にて、何たる儀も心中《しんちゅう》に任《まか》せず、面目を失ひ果て候）」

と嘆き、この書状では、自己の兵力、すなわち帖佐方の軍勢をのぼせるよう命じている。帖佐方の軍勢は、すでに多くが義弘にしたがって在京している。したがって、百石に一人というような動員はもうできない。そのため、「参陣しようという者は、知行高にかかわらず自由に上京してよい。忠勤を励むのはこの時である（心有《あ》るべき人は、分限《ぶんげん》に寄《よ》らず自由にて罷《まか》り上《のぼ》るべき事、この時に候）」と触れるよう要請している。これに応え、伊勢貞成が大将となって、帖佐の兵をつれて上京した。

出水衆中《しゅうじゅう》であった中馬《ちゅうま》大蔵允《おおくらのじょう》（重方）という者は、「惟新様一大事」という触を聞いた。すでに川上四郎兵衛（忠兄、川上肱枕の二男）が米之津に到着しているという。あわてて長野勘左衛門という者と申しあわせ、米之津に急行したが、すでに船が出ていくところだった。大声で呼んだが、急なことゆえ船は引き返してこない。しかたなく、九州路

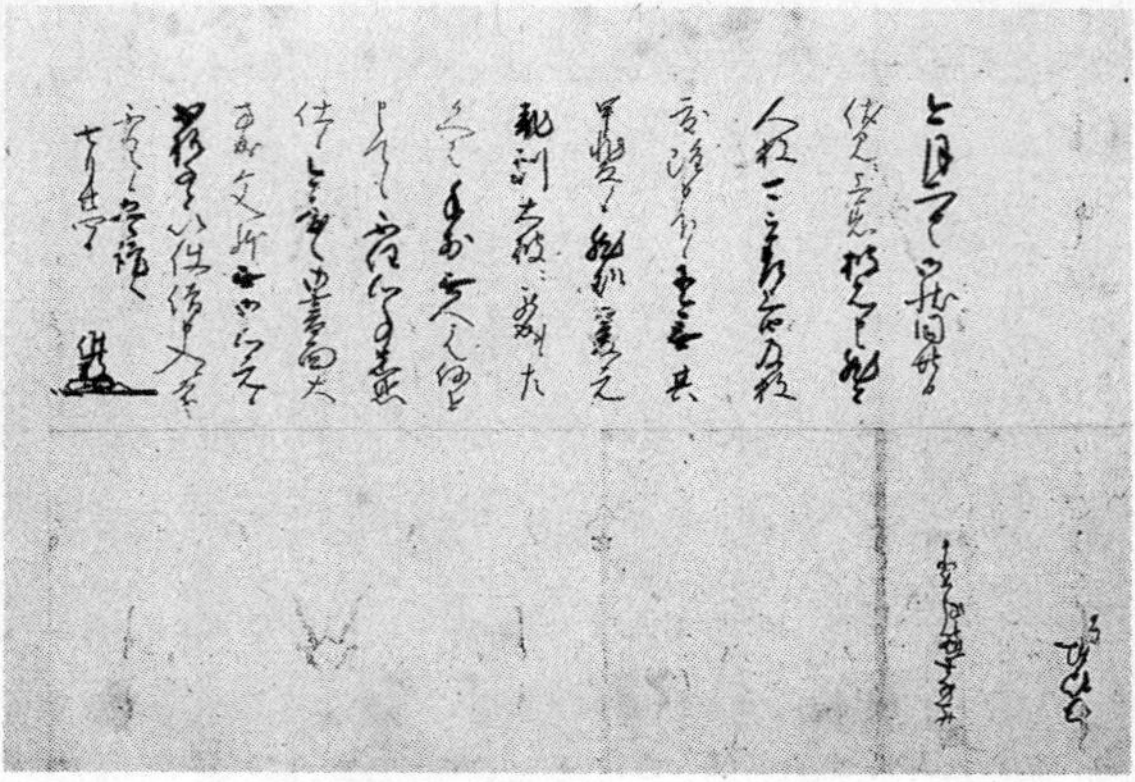

今月二日之御状、同廿日
伏見ニ上着、披見申候、然者
人数可被差上由、及数
度雖申下候、于今無其
甲斐候、然処爰元
乱劇大破ニ罷成候、左
候へは、手前無人ニて何を
申候ても、不仕心事迷惑
仕候、今度之御書面大
方成文躰、無御心元候、
於様子者、以使僧申入候条
不具候、恐ゝ謹言、
七月廿四日　惟新（花押）
少将殿まいる

島津惟新（義弘）書状

東西の情勢は緊迫し、乱劇大破の寸前、義弘は必死の思いで失継ぎ早な軍勢催促の書状を送りつづけた。折紙の形式（料紙を二つ折りにして書く）なので、広げると裏の部分が逆さになる。

を夜昼かまいなく走り通し、関ヶ原合戦の十四、五日前に義弘のもとについた。

義弘は感激し、「大蔵は、このことを聞けばすぐに参るだろうと思っていた。早々走りついたこと、神妙である」とことばをかけた（『本藩人物誌』）。

「中馬大蔵の一騎馳け」の逸話で知られた人物である。

これが薩摩武士の姿であったが、このような話があること自体が、このときの動員の寂しさを伝えている。関ヶ原に駆けつけた者たちは、島津領国あげての軍勢ではなく、義弘をしたう義勇軍だったのである。しかし、軍役数に応じていやいや駆けつける武士とちがい、その結束力は関ヶ原からの脱出のときに十二分に発揮される。

伏見城落城

八月朔日《ついたち》、伏見城が落城した。「無人」とはいいながら、島津勢は活躍した。八月朔日未明の戦いでは、松丸口で五代舎人《とねり》と神戸久五郎の親、勝兵衛が鑓を一番につけ、勝兵衛は草摺《くさずり》のはずれを鉄砲で撃ち抜かれて重傷を負い、財部《たからべ》伝内《でんない》という者は敵と組みうちして討ち死にした（「神戸久五郎覚書」）。いざ戦いとなると、命知らずの薩摩兵は強力であった。

九月十一日の本田正親書状（新納旅庵宛）には、「伏見城が落ちたとき、薩摩兵は強力であった。いは負傷し、あるいは戦死した者が大勢あったということです」とある。戦力を温存するようなことはせず、伏見城攻撃に死力をつくした島津勢の姿がみえる。

正親がいうように、「本当にひとりでも貴重な時期に、このように多くの死傷者が出るのは、なんとも困ったこと（誠に一人も御大切の刻《きざみ》、此《かくの》如《ごと》くの御事、なに共《とも》咲止《しょうし》）」であった。

島津家当主は動かず

この日、毛利輝元と宇喜多秀家は、公儀として忠恒に「御人数国中残らず召し連れ」て上洛するようにと命じた。この連署状には、玉薬《たまぐすり》や兵糧は公儀より支給するから、できるだけ軍勢を連れてこいと書かれている。西軍にしたがうことは公儀にしたがうことだ、ということを、いったんは失脚した三成のみならず、五大老のふたりまでが連署して島津家に指示しているのである。

しかし忠恒は動こうとしなかった。なんど言い送っても軍勢がこないことに焦《じ》れた義弘は、八月八日にもかさねて忠恒に軍勢派遣を要請しているが、それでも国元の組織的な支援はついになかった。少し推測をまじえていえば、忠恒のほうは実の父親である義弘の要請にはこたえたかったかもしれない。しかし、中央の動きにできるだけ関与するまい、とする岳父義久の意向に逆らうことはできない。

義久とて、弟の義弘を見殺しにしようとしたわけではない。薩摩を出ていく武士たちを止めようとはしていない。ただ島津家の当主忠恒自身が兵をしたがえて上洛すれば、島津家の姿勢を明確にしてしまう。それは避けたい。また、庄内の乱による家臣団の疲弊もあり、本来ならとうぜん上方に急行するはずの者も動けなかった可能性がある。

しかし、もし義弘が名実ともに島津家の主であったら、国元の軍勢はこぞって上洛し、関ヶ原の様相も変わったものになったであろう。

三々五々到着する薩摩勢

薩摩勢は、義弘のもとへ三々五々到着した。伏見城攻めのときにもそうであったし、大垣に移動してからも、てんでに薩摩から兵士がやってきた。これは関ヶ原合戦の直前までつづく。九月七日の忠恒宛義弘書状によれば、前々日に薩摩から駆けつけた人数は、富隈方（義久）が四十五人、鹿児島方（忠恒）が二十二人、帖佐方を合わせてつごう二百八十七人であった。義弘の家老で蒲生地頭の長寿院盛惇が蒲生衆・帖佐衆七十人を、福山地頭の山田有栄が濱の市衆・福山衆三十人を率いて到着したのは、義弘が大垣にいる九月十三日のことである。長寿院の到着を知った義弘は、陣の外まで出てきて、

「長寿か、一番目に到着するのは其方《そのほう》と思っていた。予想どおりだ（長寿か、一番は其方《そのほう》と思ひし、案に違《たが》わず）」

と、盛惇の手をとり、大喜びであった（「井上主膳覚書」）。石田三成も喜んで、使者をつかわし、盛惇に軍配と団扇を贈った（「新納忠元勲功記」）。

2　関ヶ原の合戦

東軍の先鋒との遭遇

伏見城を落とした三成は、八月九日美濃垂井に到着し、十一日大垣に入城した。

島津義弘も、西軍諸将とともに伏見を発し、大津から船にのって湖水をわたり、三成の領地佐和山に二日逗留し、垂井に到着した。ここで五日逗留したのち、大垣にいたった。

いっぽう、下野小山に在陣していた家康は、従軍していた諸大名に石田三成の挙兵を告げ、去就を各人にまかせるとしたが、軍議は、三成を憎悪する福島正則らの意見にしたがい、こぞって家康に味方することに決した。さらに遠江掛川城主山内一豊の主唱により、東海道に領地をもつ大名は、家康に城を明け渡すことにした。

正則・池田輝政・井伊直政ら東軍の先鋒は、八月四日までに正則の領地尾張清洲に集結した。

ここでしばらく家康の到着を待ったが、家康はいっこうに動かない。しびれを切らして、正則は家康の真意を疑うが、家康からの使者村越直吉（茂助）の「おのおの方が手出しをされないからです。攻撃さえしかければすぐさま出馬されます」ということばに挑発され、

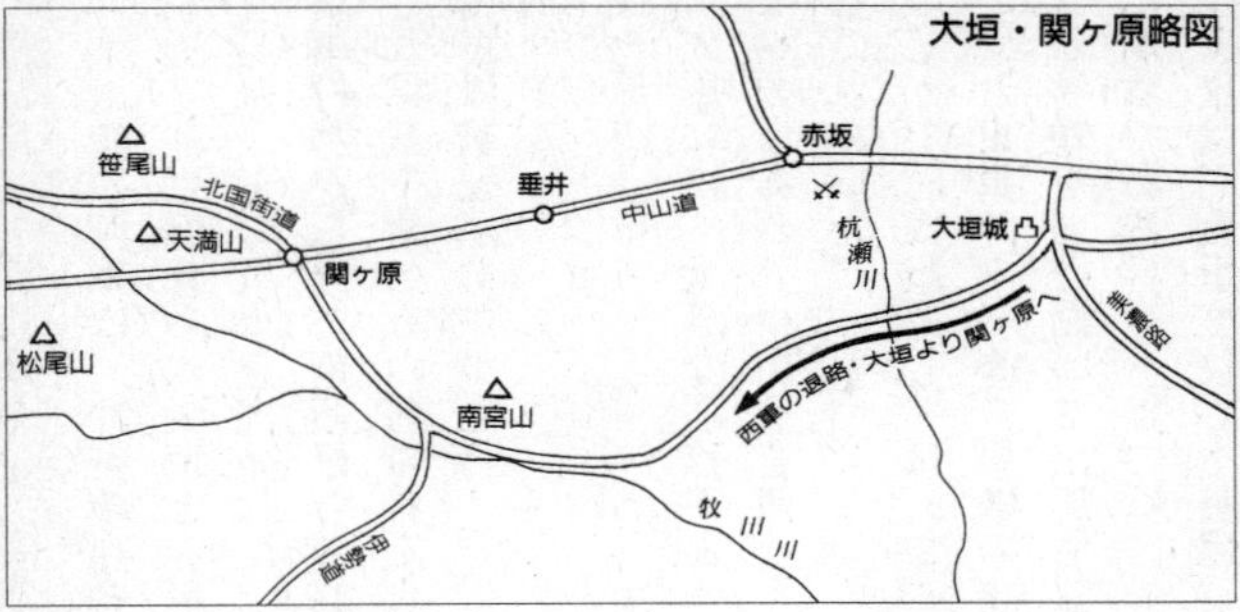

岐阜城攻めを敢行することにする。

八月二十三日、東軍は、織田秀信の守る岐阜城攻撃を開始した。秀信はよく守ったが、戦力の差はいかんともしがたく、降伏した。『関ヶ原始末記』によれば、このとき西軍からの加勢として、三成と義弘の兵五千騎が大垣から郷戸川まで出張して黒田長政らの軍勢に押し止められたというが、人数には少し誇張があるようである。

西軍は、大津城・田辺城などを攻撃するために軍勢を多方面に分散しすぎていた。そのため、重要な戦略拠点である岐阜城に送る援軍が編成できず、みすみす秀信を見捨てたような形になった。

家康、岐阜に到着する

家康は、先鋒軍の行動をみきわめたうえで、江戸を発した。九月一日のことである。同月十一日に清洲に到着した家康は、一日休息し、十三日に岐阜城にはいった。翌十四日早朝、ひそかに岐阜をたった家康は、正午に赤坂にはいった。

大垣城の西軍は、家康の到着を知り、動揺した。三成は、志気を鼓舞するため、家臣島左近・蒲生郷舎《さといえ》らに大垣と赤坂の間に流れる杭瀬川をわたらせ、敵陣の鼻先で中村一栄・有馬豊氏らの東軍を挑発した。

中村勢から野一色頼母《のいっしきたのも》らの部隊が攻撃をしかけ、川をわたって追撃するが、伏兵に包囲され、三十余名もの名のある武士が戦死した。関ヶ原の前哨戦であるこの杭瀬川の戦いは、西軍に軍配があがった。

関ヶ原へ

家康には、大きな弱点があった。徳川勢の主力をひきいた秀忠の軍勢がまだ到着していないのである。中山道を西上した秀忠勢は、信州上田城の真田昌幸を攻めあぐね、大幅におくれていた。

しかし、家康としては、ここで秀忠の軍勢をまつわけにはいかない。いたずらに時をすごすと東軍陣内で秀吉恩顧の諸将の戦意が失われるおそれがあり、もし大坂城から毛利輝元が秀頼をいただいて出馬するような事態にでもなれば、東軍は大混乱する可能性があったからである。

家康は、大垣城攻めを避け、いっきに三成の居城佐和山城をぬき、大坂に進撃する方針

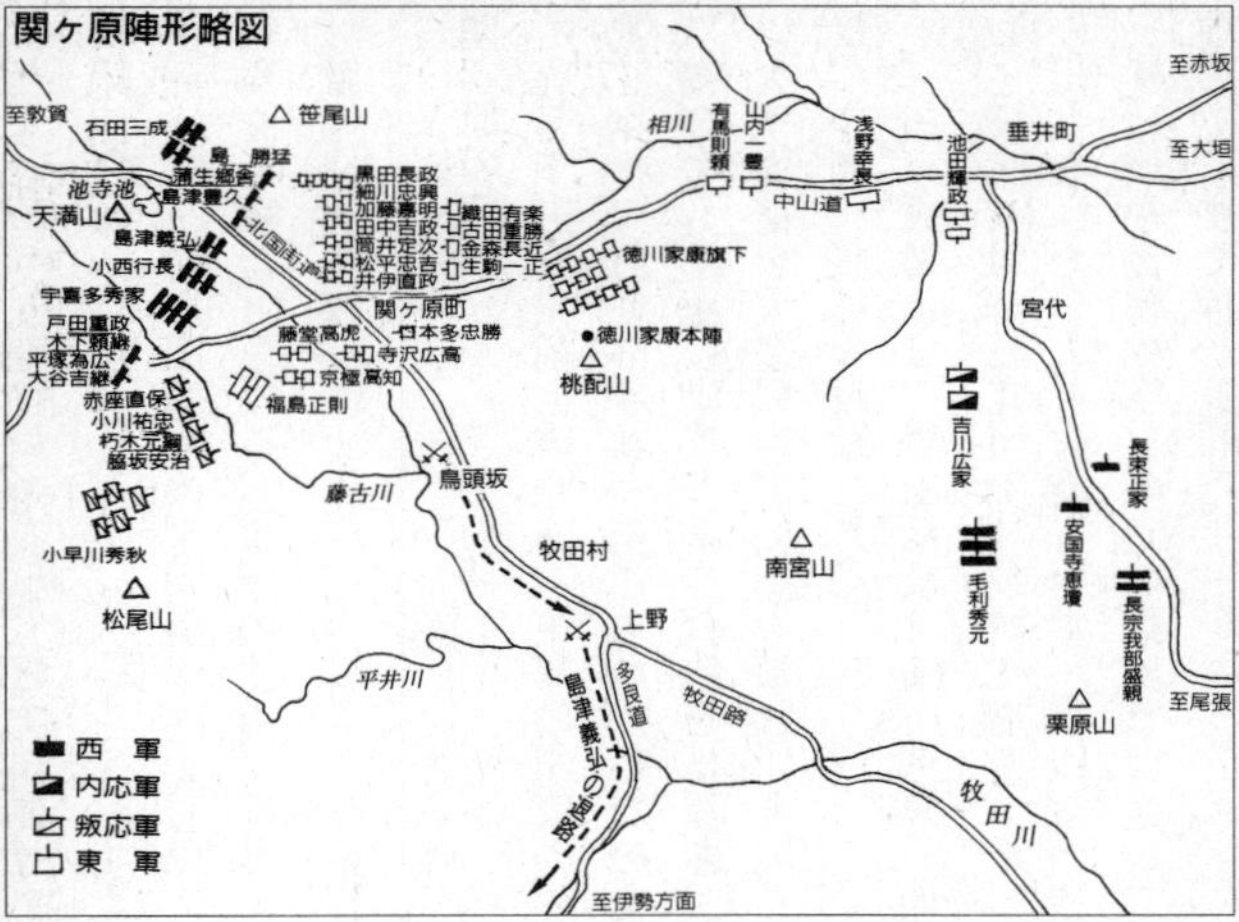

をとった。ただしこれは一種の陽動作戦で、三成らを大垣城からおびきだし、野戦でいっきに片をつけるつもりであった。家康が佐和山へむかうとの報をうけた三成は、全軍に南宮山を南に迂回して関ヶ原に先まわりし、家康を迎え撃つことにした。九月十四日夜、三成は福原長尭《ながたか》ら七千五百ばかりを大垣城に残し、石田、島津、小西、宇喜多の順に大雨の中をひそかに行軍した。

九月十五日未明、石田は関ヶ原北方の笹尾山に、島津はその南の小池村に、小西はその隣、宇喜多は天満山の前に布陣を終えた。

いっぽう、家康は、三成らの移動を知り、深夜に行動を開始し、夜明けごろには先鋒の福島正則勢が関ヶ原にいたった。家康は、桃配山にいたり、ここを本陣と定めた。

東西両軍の布陣図をみると、だれもが指摘するように西軍が圧倒的に有利である。南の松尾山には小早川秀秋の大軍がすでに陣をしいており、家康の背後にあたる南宮山には、毛利秀元・吉川広家らの毛利勢が陣をしいている。これらの軍勢が、東軍の脇と背後から攻撃をかけたとしたら、東軍の勝ち目はうすい。しかし、小早川秀秋と吉川広家は、かねて家康と通じていた。

関ヶ原の決戦

九月十五日午前七時すぎ、東軍の家康の五男松平忠吉とかれを補佐する井伊直政が、福島正則勢の脇から宇喜多勢に攻めかけたのを契機に戦端がひらかれた。

福島勢も即座に宇喜多勢に鉄砲をはなち、宇喜多勢も応戦した。藤堂高虎・京極高知らは大谷吉継を攻撃、寺沢広高もこれに合流した。ついで松平忠吉・井伊直政・本多忠勝らは、小西行長勢を攻撃した。

石田三成勢には、黒田長政・細川忠興・加藤嘉明・田中吉政・金森長近らの諸勢が先をあらそって攻撃をしかけ、いちじ優勢になったが、島左近ら三成勢が反撃し、戦局は一進一退となった。大谷吉継も藤堂・京極らの諸勢を防いで奮戦した。

逆に、福島勢は宇喜多勢の猛反撃に逢い、退却をはじめた。しかし、正則の叱咤《しった》により前の位置まで押し返した。

この混戦の中、三成は天満山に狼煙《のろし》をあげ、松尾山の小早川秀秋や南宮山の毛利秀元・吉川広家に進撃の合図をしたが、東軍に通じているこれらの諸勢は動かなかった。勝敗は正午になっても容易に決しない。むしろ西軍のほうが優勢にみえる戦いであった。

小早川秀秋の寝返り

家康は、あせっていた。東軍不利となれば、南宮山の毛利勢が背後から襲ってこないともかぎらない。そうなれば、東軍は完全に包囲され、殲滅《せんめつ》されることは目にみえている。問題は、松尾山の小早川秀秋の去就である。小早川勢には、黒田長政の目付が送り込まれており、しきりに攻撃を要請したが、このとき弱冠十八歳、いまだ迷いのあった秀秋は動かない。

家康は意を決し、松尾山に向けて寝返り催促の鉄砲を撃たせた。気が動転した秀秋は、全軍に西軍攻撃を命じ、松尾山を下って大谷吉継の軍勢に攻めかかった。秀秋の寝返りを予想していた大谷吉継は、かねて用意の精兵をもってこれを支え、いったんはこれを撃退した。

その戦いぶりは、はたでみていても鬼気迫るもので、遠くからこの様子をみていた島津義弘の家臣曽木弥次郎は、のちに「大谷吉継殿の戦いぶりは、みたこともないようなすばらしいものでした（刑部大輔殿戦ひ比類なき様子《ようす》に候《そうらい》つ）」（鹿児島県歴史資料センター黎明館所蔵「曽木文書」と回想している。しかし、秀秋の本隊、およびつづけて寝返った脇坂・朽木・小川・赤座の四隊の攻撃をうけ、ついにくずれ、大谷吉継はその場で自害した。

これをみて、家康は、「軍《いくさ》には勝ちたるぞ！　勝鬨《かちどき》をあげよ！」と、味方の諸軍勢にいっせいに鬨の声をあげさせ、自らの旗本勢にも進撃を命じた。

秀秋の寝返りにより、自軍の勝利を確信したのである。東軍の諸勢は石田三成をめざして殺到していった。

石田三成の敗北

島津勢は、この日、前へは進まず、寄せてくる敵を撃退するのみであった。秀秋の裏切りを知った三成は、最後の一戦を決意し、家臣八十島助左衛門を島津豊久の陣へつかわして、前線に出るよう命じた。

豊久は、「承知しました（委《い》細《さい》心《こころ》得《え》候）」と返事をしたが、動かない。

三成は、重ねて八十島をつかわした。しかし、馬上から口上を述べたため、島津家の者たちは、「馬上から口上を述べるなど無礼なことだ。討ち取れ！（馬上にて口上、尾籠《びろう》の事に候、討ち取り候へ）」

などと口々にわめきたてた。あわてて八十島は駆けもどった。

すると、こんどは三成自身が単騎馳せてきて、

「敵勢に突撃するので、あとへ続きなされ！（敵勢相掛《あいか》け候間、跡へ押し寄せられ候へ）」

と命じた。豊久が、

「今日の戦いは、めいめい勝手に戦いたいと思っています。貴方もそう心得ていただきたい（今日の儀は、面々切《めんめんき》りに手柄次第《しだい》に相働くべく候、御方も其通り御心得あるべし）」

と要請を断ると、三成は、

「幸運を祈る（近比能《ちかごろよ》くござあるべし）」

と力なくいい、自分の陣所に帰っていった（「山田晏斎覚書」・『惟新公関原御合戦記』）。

事ここにおよんでは、島津家にとっては戦いの帰趨よりも、自らの脱出のほうが重要であった。豊久には三成にたいする義理はない。あるのは義弘の無事生還を思う心だけである。ただし、三成が会った相手がもし義弘であったとしたら、対応はちがっていたかもしれない。

先ほどのやりとりがあったあとも、三成の陣は一度は敵を支えた。しかし、それが最後の抵抗であった。さらにもう一陣の攻撃をうけてついに潰《つい》えた。三成は他日を期して伊吹山へ落ち、兵たちも散りぢりになった。宇喜多秀家・小西行長の軍勢も、あいついで敗走した。

3　関ヶ原からの脱出

薩摩勢せめて五千あらば…

いまや戦場には、島津勢のみが孤立して残っていた。前線の豊久は、敵を引きつけて鉄砲を撃たせたが、大軍が押し寄せ、いちど鉄砲を放ったところで、敵味方が入り混じり鉄砲を放つこともできなくなった。

ある者は鉄砲をすて、ある者は鉄砲をかついで乱戦の中にはいっていった。新納忠増・長寿院盛惇らは、抜刀して敵勢に斬りこんだ。中馬大蔵允といっしょにきた長野勘左衛門は、いちばん早く敵中に駆け入り、敵の首を討ちとって、「今日の太刀初め」と川上忠兄にみせ、また敵勢に斬り込み討死した（『新納忠元勲功記』）。

島津家の備えは、先鋒が島津豊久、先鋒右備《みぎそなえ》が富隈衆をひきいる山田有栄で、そのあとに義弘の本陣があった。『薩藩旧記雑録』に収められている筆者未詳の「覚書」によれば、義弘は、

「薩摩勢をせめて五千連れてきていれば、今日の合戦は勝つだろうに（薩州勢五千召列《しょうれつ》候はば、今日の合戦には勝つものを）」

と、二、三度いったという。無念な心情をよく表している。たしかに義弘に五千の兵を与えて、関ヶ原で縦横に活躍させてみたかった気がする。

乱戦の中、小早川勢に攻め立てられて敗走する宇喜多勢が島津陣に殺到し、それを追撃する小早川勢が義弘にせまってくる。すでに義弘と先鋒の豊久は分断されていた。このとき、島津勢は、敵味方にかまわず陣に近づくものを攻撃したので、宇喜多勢の多くは池寺池に落ちて溺死した。

孤立した島津勢

義弘は、備えを丸くし、小高い丘に馳せ登って周囲を観望した。したがう旗本は二、三百騎になっていた。義弘は、小早川勢に斬りいって最期を飾ろうと考えたが思い返し、

「敵は何方《いずかた》が猛勢か」

とたずねた。

「東よりの敵、もってのほか猛勢」

と聞くと、ただちに、

「その猛勢の中に攻め込め！（その猛勢の中に相掛けよ）」

と命じた。

「大重平六覚書」によれば、義弘は、敵味方が入りまじって混乱する中を突破してさらに

関ケ原合戦図屏風（島津陣図）
左上、義弘の本陣。右下、先鋒の豊久軍が突撃を開始した。

進み、大垣城へこもろうとしたらしい。従来、捨て身の敵の中央突破といわれているが、義弘は、南からの勝ち戦さにのる統制のとれた小早川勢に向かうより、背走してくる兵で大混乱する戦場の真ん中のほうが、かえって切り抜けやすいと考えたのである。猪《いのしし》武者ではなく、それなりに合理的な判断であった。

　義弘は、残りの人数を一丸となし、乱戦の中央に突入した。手回り（身辺護衛）のわずかばかりの人数が義弘をまもり、木脇《きのわき》祐秀《すけひで》（刑部《ぎょうぶ》左衛門、休作）という者が、

「島津兵庫頭内の今《いま》弁慶！」

　と名のり、馬上から大垣で義弘から拝領した長刀をふるい、前をさえぎる四、五人の者を追いはらって進んだ〔「神戸五兵衛覚書」・「黒木左近平山九郎左衛門覚書」〕。祐秀

はこのとき二十六歳、八尺（二メートル超）もあろうかという大男であったと伝えられる。まことに弁慶を彷彿させる働きであった。

手を出さない福島勢

そこへ、ようやく本隊をみつけた右備の山田有栄が富隈方の二十余人を連れてきた。よろこんだ祐秀は、

「おそばが別して無人なので、貴方はお供されたい。連れてきた衆はわれらへいただきたい」

と声をかけ、有栄の手勢とともにむかってくる敵を討ち退け、ふたたび義弘のあとを追った。

黒田長政・細川忠興らの軍勢は、敗走する石田三成勢を追って伊吹山のほうへ向っていた。義弘の進路のかたわらには、福島正則の軍勢のみが残っていた。義弘の、

「敵ならば切り通れ、それができなければ腹を切る」

ということばにふるい立った薩摩勢は、なおも軍列を整え、進んでいった。

福島勢に三間ばかりに近づいたとき、いっせいに刀を抜き、

「えいとう〳〵」

と声をあげ、福島勢の鼻先をかすめて通っていった。

正則は、決死の島津隊には手出しをしなかった〔「神戸久五郎覚書」〕。

すでに戦いの行方は決している。ここで死を決意した薩摩勢の狂気のような突進に手出しをしても、損害を受けるだけである。

追撃する井伊直政

しかし、家康の本陣左翼を目前に南東の方向へ駆け抜ける義弘たちをみて、家康の四男松平忠吉と井伊直政、および本多忠勝らの強力な軍勢が追撃してきた。ともに徳川四天王とうたわれた精鋭である。

義弘の本隊は、いったん反転し、敵の追撃を支えようとした。しかし、少人数のため、周囲を敵に囲まれた。ここで最後の一戦と決意し待っていた義弘の眼前に、井伊直政が現れた。大総《おおふさ》を掛けた黒馬に乗り、白糸縅《おどし》の鎧に小銀杏《こいちょう》の楯物をさした甲《かぶと》を着、長刀をかついで片手を縄にかけ、立ちふさがる。

直政は、大音声をあげて、

「なにをぐずぐずしているのだ。兵庫（義弘）を討て！（何とて時刻を移すぞ、兵庫打て）」

と叱咤《しった》した。そこに、川上忠兄の被官（家来）柏木源藤が進み出、鉄砲をもって直政の胸板上巻きかけて狙い撃ったところ、直政はたまらず落馬した。

大将が撃たれたのをみて、敵の軍勢は慌てふためいた。

これをみていた義弘は、

「いまだ！　早く切り崩して逃《のが》れよ！（時分は今ぞ、はや切り頽《くず》し通れ）」

と下知を加えた。島津勢はふたたび反転し、大勢の真ん中を切り崩し、駆けぬけた（「帖佐彦左衛門覚書」）。

義弘の身代わり、長寿院盛惇

しかし、本多忠勝らの徳川勢はまだ追撃の手をゆるめない。また、進退に窮した。周囲にいた薩摩勢は、義弘の側に寄り、

「どういたしましょう（如何《いかが》なさせらるべきか）」

と口々にいう。義弘が何もいわないうちに、長寿院盛惇が進み出て、

「この期におよんで御談合は必要ない。僭越《せんえつ》ながら、合戦しようと思う方々は私に付いてきていただきたい！（御相談は此時《このとき》に至り入《い》り申《もう》すまじく、慮外ながら、合戦なさるべき衆は、某《それがし》に御付き候へ）」

と高い声で叫び、馬を返した。盛惇二度目の戦いである。盛惇は、具足の上に義弘から拝領した縫箔《ぬいはく》の羽織を着、石田三成から贈られた団扇《うちわ》をひらひらとあおぎ味方を招いていたが、やがて刀を抜き、敵勢に駆け込んだ。

敵は、七百騎ほどともみえる大軍で、臆した薩摩勢が思わず後方の池に逃げ入ろうとす

る。盛惇は、馬を乗り回して叱咤し、敵勢を一度押し返した。

一息ついた盛惇は、わきの者へたずねた。

「殿様はいかほど御退《の》きなされたであろうか」

「敵陣を押し分けられ、退きなされました。もはやほど遠く行かれたでしょう」

とみなが答えると、

「まことにめでたい〳〵、あとは、われらが御名代となって討死しよう」

とよろこんだ。

盛惇の供をして関ヶ原まできた十九歳の井上主膳は、このときまで盛惇の側へついていたが、次の戦いで鑓数本で攻められ、深手を負い盛惇の側から離れた。のちに蒲生衆の話に聞いたところでは、この三度目の突撃はますます乱戦となった。

盛惇は、

「島津兵庫頭、死に狂いなり！」

と、群がる敵勢に大音声で名乗りをあげ、義弘の身代わりとなって戦死をとげた（「井上主膳覚書」）。

島津豊久の討死

帖佐宗辰（彦左衛門）は、木脇祐秀とともに義弘を討とうとして近づく敵を防いでいた。

ふと気づくと、義弘の姿を見失っていた。あちらこちら探していると、島津豊久と遭遇した。

「殿様は」

と宗辰がたずねると、豊久は、

「わからない」

といって泪《なみだ》を流し、

「どうなさっているのであろうか（如何にもならせたまふらん）」

とつぶやく。

が、ほどなく豊久は、木脇祐秀とおぼしき声で宗辰を呼んでいるのを耳にした。豊久の「行ってみてまいれ」という命令に、「はい（承る）」と答えて宗辰が声のするほうへ行ってみると、手回りのわずかな供を連れた義弘と行きあうことができた。義弘が宗辰の安否を心配して呼ばせたのであった（「帖佐彦左衛門覚書」）。

このとき、義弘は死を覚悟しており、豊久が落ちのびるよう進言しても、まったく退却する気配はない。豊久は、

「まことに御家の浮沈を担う大切な御身体ですので、できるかぎりは落ちのびてください」

と何度も諫め、自分が殿軍《しんがり》をつとめることを申し出、まっしぐらに敵勢の中に斬り込んだ（「新納忠元勲功記」）。

豊久の最期をつたえる史料はまちまちである。かれにしたがった者たちはすべて戻ってこなかったから、正確なところはわからない。豊久は享年三十一、朝鮮の役、庄内の乱、関ヶ原と、戦いに明け暮れた生涯であり、島津氏きっての勇将と評してよいであろう。

現在、岐阜県養老郡上石津町牧田烏頭坂《うずざか》には、島津豊久の石碑が建っている。この地で豊久が重傷を負い、家臣に運ばれる途中、上多良村で絶命したと伝えられている。のちに木曽川治水工事のさい、薩摩藩士がここを訪れ、小さな五輪塔を建てて墓とし、大正九年にその地に石碑が建立されたのである。

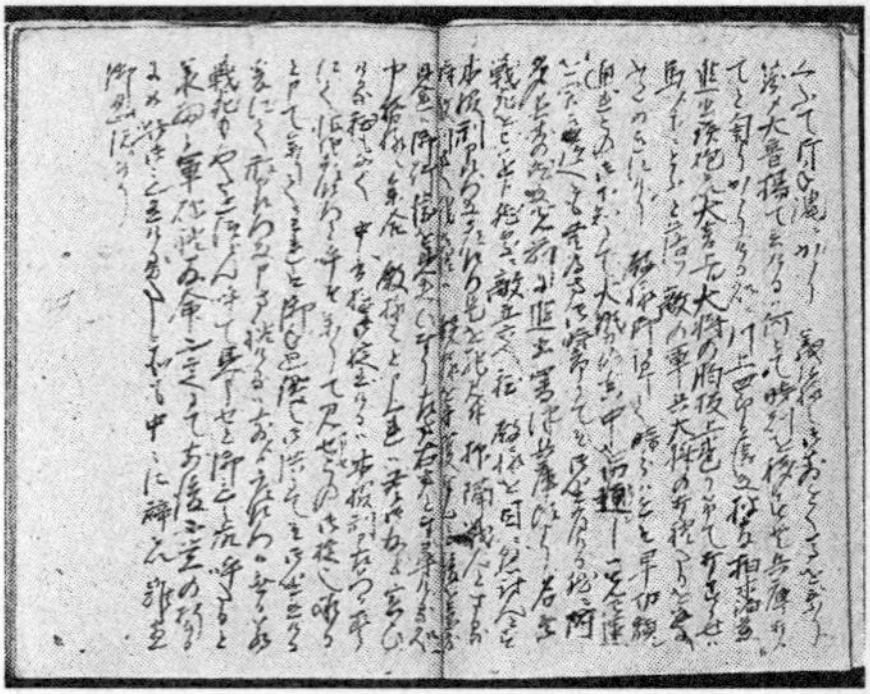

帖佐彦左衛門覚書の記事（『薩藩旧記雑録』）

落ち延びる島津勢

甥の豊久を見殺しにし、心ならずも関ヶ原を逃れた義弘は、大垣城に籠城するつもりでいた。義弘の周囲には、もはや五十人ほどしかいない。

しかし、大垣城から火の手があがっているのをみて、城にこもるのは諦め、伊勢路に向かった〔「大重平六覚書」〕。

大垣城では、秋月種長・相良頼房らが味方の熊谷直盛・垣見家純・木村勝重らを殺害し、その首を東軍に送って、許しを請うていた。現在、熊本県人吉市にある相良家の菩提寺願成寺に行くと、歴代藩主の墓のかたわらに、石田三成や熊谷直盛ら三将の供養墓が建てられている。さすがに相良らも、寝覚めがわるかったらしい。

義弘は、途中、南宮山に陣していた西軍の長束正家の物見（斥候）に、この日の首尾を報告した。南宮山で東軍に内応した吉川広家に牽制されて動けなかった長束は、義弘に案内の者を一騎つけてくれた。長束の領地はこの付近の近江水口《みなくち》である。義弘らは水口まできて家康が京都に向かったことを知り、危険を避けて伊勢方面に転じた。

ここからの道筋は、諸史料によって異なるが、たえず義弘の側についていた大重平六の覚書によって、その足跡を辿ってみよう。

一行は、伊勢方面をめざして進み、鈴鹿峠を越え、合戦当日（十五日）夜の六つ時分（午後六時ごろ）におそらくは伊勢の関《せき》についた。そこから駒野の坂へ向かい、四つ時分（午後十時ごろ）に駒野峠にいたった。

ここで義弘は、供の者へ具足を脱ぎ捨てるよう命じた。おそばについていた横山休内は、「大事な鎧をこの野原に捨ておくことはできません。私に拝領させてください。もし無事に国へ到着すれば御奉公となります」とねがい、義弘の鎧を着た。それより伊勢・近江・伊賀上野を通って、十六日の夜、伊賀の信楽《しがらき》で一泊した。

伊賀信楽での危機

信楽では、土地の者五、六百に宿所を取り囲まれた。「神戸久五郎覚書」等では、信楽の切通しで義弘を射ようとした法師武者を捕えたことが原因だとする。

宿の中で本田源右衛門は、「自分の首を差し上げるので、おのおの方はこの首を取って差し出し、この場をお通りなされよ」といって頭を剃り、剃髪していた惟新入道義弘の身代わりをかってでた(「大重平六覚書」)。しかし、偵察に出ていた木脇祐秀らが引き返し、宿が取り囲まれているのに気づき、背後から働いて切り抜けることができた(「神戸久五郎覚書」)。

しかし、道がわからない。後醍院喜兵衛ら三人は、道ばたの家をこじ開け、亭主に和泉までの案内を請うた。しかし、亭主は迷惑がり、いくら金をもらってもいやだという。そこでその亭主を縛り、首に刀を当てて案内させようとした。そのとき、たまたま起きた女房が大声をあげたので斬りすて、道へでた。叫び声を聞いた近隣の者がでてきて、うしろから鉄砲を撃ちかける。後醍院らも鉄砲で応戦した。

翌十七日の朝、奈良を通り、生駒山の南を通って和泉へでた。ここで銀子一枚を与え、

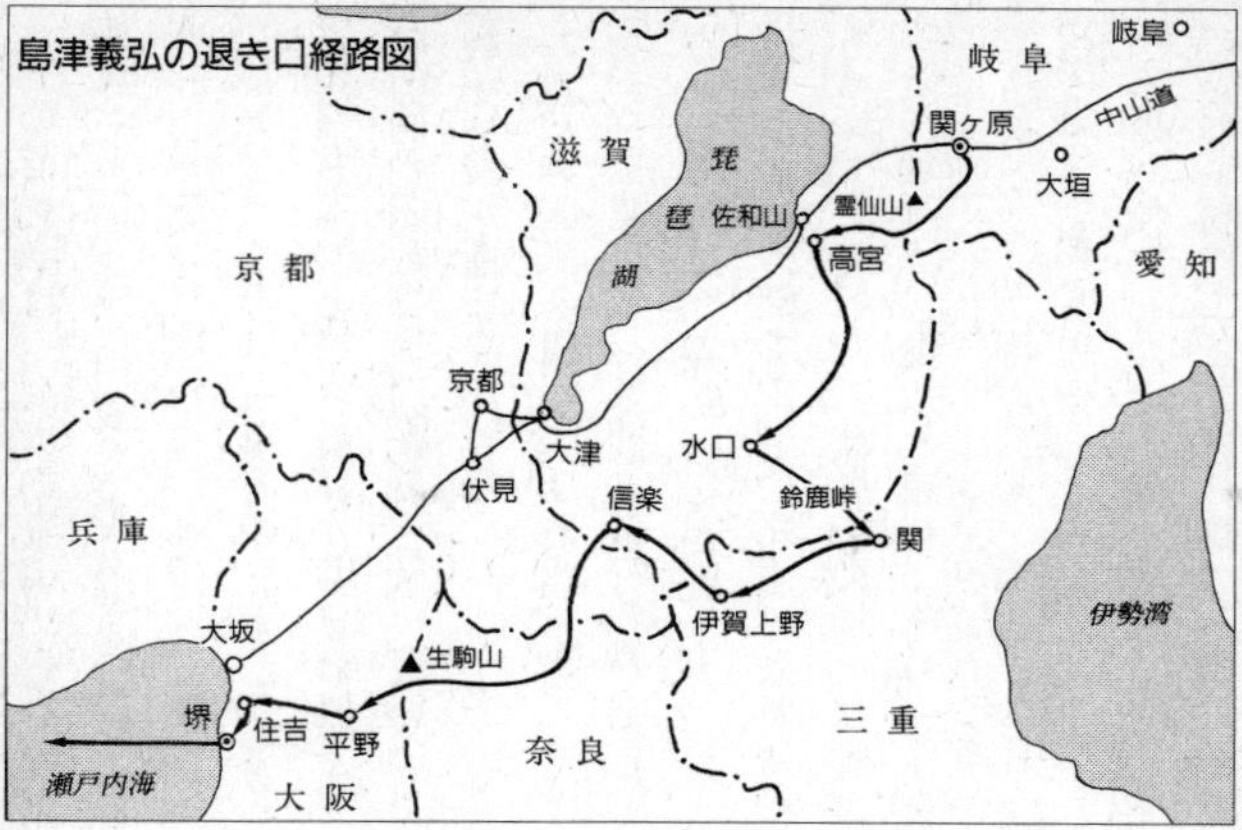

島津義弘の退き口経路図

かれを放免した〔「神戸久五郎覚書」〕。

堺の商人の援助

和泉では、案内の者を請うと何人もが名乗りでたので、そのうちの一人を雇って生森まで出、十七日の夜はそこで一泊した。

十八日、大坂へ向かい、京都と大坂への別れ道で、三成からつけられていた入江忠兵衛らに暇を与えた。入江忠兵衛は、元三成の家臣であって、島津家の蔵入地の経営や京都での蔵米の売買などに才覚を発揮していた者である。

摂津住吉の近く、和泉の平野《ひらの》には、それまで特別目をかけて出入りさせていた田辺屋道与という商人がいた。義弘は、この者の助けを借りることにし、大勢では目立つので、家臣たちに暇を与えた。しかし、家臣たちはここで主君のそばを離れるくらいなら切腹するといいはる。

そこで義弘は、大坂の妻や忠恒の室の安否を探らせることにし、自身は大重平六のみを連れて、道与の用意した女乗物に乗って住吉にはいった。その夜、伊勢平左衛門（貞成）・曽木五兵衛らも、しのんで住吉にはいってきた（「大重平六覚書」）。

しかし、住吉は東軍方の探索がきびしいので堺に移ることにし、道与の紹介で堺の商人塩屋孫右衛門という者にかくまわれることになり、義弘は孫右衛門からの駕籠に乗り、孫右衛門の屋敷の裏口から土蔵へはいった。孫右衛門は、湯漬けと香の物を出してくれたが、義弘は食が進まなかった。

「神戸久五郎覚書」によれば、堺にもすでに家康の手がはいり、孫右衛門の屋敷の表店と居宅にも関東の「家捜《やさが》し奉行」が宿しており、日々夜々西軍の落人を切りすてていた。

孫右衛門は、義弘一行が疑うのをみこして、義弘の膝に三歳ばかりの子をおき、「これは私の秘蔵の孫でございます。人質につかわしますので、少しもお気づかいなさいませぬように」と告げた。義弘を殿様とは呼ばず伊勢平左衛門ということにしていたが、おそらく孫右衛門は、義弘と知り、そのような行動をとったのである。

堺で迎えの船と遭遇

大坂へ使いした者が帰ってきて報告するには、「御上様（忠恒室）も宰相殿（義弘室）も一段御堅固にござなされ候」とのことであった。

そこで、家臣を大坂へつかわし、屋敷の番をするよう命じ、大坂城へは、

「兵庫頭（義弘）は、関ヶ原において、秀頼様への御奉公のために戦死を遂げましたので、惟新の人質は帰国を許してください」

と願った。

秀頼がいる大坂には、家康の手はまだはいっていなかった。そのため、城では、宰相たちを不憫に思い、帰国を許してくれた。

家老平田増宗は、宰相たち、および途中からともなった日向財部《たからべ》城主秋月種長室もつれて船にはいった。これは、九州についたときの安全を考えてのことである。

いっぽう、堺では、九月二十一日の夜半、孫右衛門の屋敷の浦へ船をつなぐ者があった。大重平六が出て問えば、「薩摩船」と答える。みると、義弘の御座船の船頭東太郎左衛門の船であった。

東は、船を住吉に回すことを命じられていたが、この日ははなはだ暗く、まちがえて、たまたま義弘のいる堺の浦にはいってきたのである。

この偶然に供衆はみな大喜びであった（「大重平六覚書」）。

義弘、大坂を脱出する

翌二十二日の早朝七つ時分（午前五時ごろ）、義弘は御座船に乗り、大坂の河口にいたり、

約束の刻限を待った。正午ごろ、家老平田増宗が船できて、両室とも無事に大坂を出船し、番所を過ぎたことを告げた。大坂の屋敷は、吉田美作・相良日向らに守らせ、女子供はすべて船に収容したという。

そこで義弘は船を進め、西宮の沖で宰相たちの船と出会った。宰相たちは義弘の船に乗り移り、再会を喜びあった。まことに奇跡的な再会であった。忠恒室の亀寿は系図を懐にし、宰相は平野の肩衝《かたつき》を袂にしていた。この武士の妻女らしい落ち着いたふるまいに、義弘の喜びはいっそう大きかった。

船が須磨・明石を過ぎるころには、大坂にとどまっていた者も出船し、追いついてきた。その数は五十余艘におよんだ。

立花宗茂との再会

ちょうど、立花宗茂も、五十余艘の船を並べて帰国途中であった。

宗茂は、小早川秀包らとともに京極高次のこもる大津城攻撃に従事し、九月十五日にこれを開城させていた。しかし、その日はちょうど関ヶ原合戦の当日であり、草津まで進んだところで西軍の敗報に接した。碧蹄館で明の大軍を討ち破った西軍屈指の勇将立花宗茂は、本戦に参加することができなかったのである。

宗茂は、大坂へもどり、ここでもう一戦しようと考えていた。しかし、西軍の総大将毛利輝元は、あっさりと城を退去してしまう。宗茂は、しかたなく国元へ帰り、そこで徹底抗戦をしようと考えていた。

九月二十六日、両者は、船を安芸の日向泊《ひゅうがとまり》につないだ。宗茂は、義弘の船を訪れ、喜びのあまり涙を流しながら往事を語り、再会を期して別れた。しかし、おそらくこの時点でふたりは、今生の別れを予感していたにちがいない。

翌二十七日、義弘は、日向泊を出船し、豊後灘にかかったころは、もう夜であった。義弘は、御座船の提灯を目印に進むよう命じたが、豊後安喜城を包囲していた東軍方の黒田如水（孝高）の番船に、義弘の供船が遭遇した。一艘は義弘室の乗船で侍女らを乗せており、一艘は忠恒の台所船、一艘は義弘の台所船であった。

三艘は、あわてて逃走しようとしたが、番船が追撃してきて、二十八日の夜明け、森江沖で戦い、伊集院左京・比志島源左衛門・有川助兵衛・宅間与八左衛門・大重次郎兵衛らが戦死した。三艘の供船は番船に捕獲され、侍女らは捕虜になった。のち講和がまとまってから、これらの捕虜は薩摩へ送り返された。

義弘の帰国

二十九日、義弘らの船は、日向細島へ着船した。そこで一泊し、翌晦日《みそか》には財部（高鍋）に宿し、秋月種長室を城に送りとどけた。留守を守る家老らは大喜びで、感謝の意を表した。

翌十月朔日、賎部を発し、昼ごろには島津豊久の領地佐土原へ着いた。そこで豊久の老母およびその室に会い、豊久の戦死を告げ、互いに涙した。その後、佐土原を出て、日向八代に一泊し、霧島山を越えて曾於郡の大窪村に一泊、翌三日に大窪を出て、富隈城に義久を訪ねた。

義久は、

「大敵の囲みを破って、無事生還しただけではなく、大坂にあった人質の児女子を残らず連れて帰国すること、ただの武将ではできることではない」

と、義弘の勇武知謀を賞した。

その後、義弘は、帖佐の居宅に帰った。忠恒が帖佐まで父母を迎えに出ており、ここで祝宴が行われた。

コラム　長寿院盛惇と島津豊久の戦死

関ヶ原合戦の島津家におけるハイライトは、長寿院盛惇と島津豊久の戦死する場面である。しかし、両者の戦死の順序は、史料によってまちまちである。通説になっているのは、島津豊久が叔父の義弘の逃走を助けるために殿軍をつとめて戦死し、ついで長寿院盛惇が主君の身代わりになって戦死したという順序である（たとえば笠谷和比古『関ヶ原合戦』講談社）。

この説は、島津家で編纂した『惟新公関原御合戦記』や貞享《じょうきょう》年間に幕府へ提出した『関ヶ原前後書上』（都城島津氏所蔵）にみえ、いわば島津家の公式見解である。典拠はおそらく『新納忠元勲功記』である。これは、じっさいに関ヶ原合戦に従軍した新納《にいろ》忠増《ただます》（忠元の子）の記したもので、諸史料の中でもっとも整っている。

しかし、忠増は戦いの初期の段階で主君からはぐれ、それ以後の記述はのちに他人から聞いた話がもとになっている。乱戦の中だけに、生きのこった者たちの見聞は断片的で、前後関係がはっきりしない。したがって、この記録は、時間的な前後関係については依拠できない。

それでは、どの記録が、戦いの時間的経過をもっとも正確に記述しているだろうか。『薩藩旧記雑録』などに引用された史料を勘案したところ、ずっと義弘の側についていた帖佐彦左衛門の覚書〔東京大学史料編纂所所蔵謄写本、原本は都城島津氏所蔵〕がもっともよいと考えられる。

福島正則の大軍の前方を通りぬけた島津勢に、家康の四男松平忠吉と井伊直政、および本多忠勝らの軍勢が追撃してくる場面から引用しよう。

（義弘の）御旗本は人数五、六拾程もやあらん、一所に集まり一合戦と相極め御待ち給ふところに、敵の大将飯《いい》（井伊）侍従殿と見て、黒馬に大総《おおふさ》掛けさせ、白糸縅《おどし》の鎧に小銀杏《こいちょう》の楯物指《たてものさし》たる甲《かぶと》を着、長刀をかひくふて片手縄にかかり、義弘様の御前近く馬を乗り籠め、大音揚《あげ》て云ひけるは、何とて時刻を移すぞ、兵庫（義弘）打（討）て、と訇《よばわ》りかかりける処に、川上四郎兵衛（忠兄《ただよし》）殿被官柏木源藤進み出、鉄砲を以て大音上ぐる大将の胸板上巻《うわま》きかけて打ちすかせば、馬より下にどふと落つ、敵の軍兵、大将の打たれたるを驚きふためきにけり。殿様御覧《ろう》じて、時分は今ぞ、はや切り頽《くず》し通れとの御下知《げじ》にて、大勢の真ん中を切り通し、一先《ひとまず》御運を開き給へども、せん方なき御時節にてぞござありける。然《しかる》に阿《あ》多《た》長寿院先前《まずさき》に進み出、嶋津兵庫頭と名乗り戦死を遂げられ候。然処《しかるところ》に敵五、六人ほど、　殿様を目掛け討んとす。木脇刑　部《ぎょうぶ》左衛門殿、彦左衛門を見付け、抑隔《おしへだて》戦んとする時、敵別方へ駈けれハ、　殿様を守護し奉らんと後を急《きっ》と見れハ、御行衛《ゆくえ》を見失ひ奉り、左方、右方と尋ね奉りける処、中務様江参り合ひ、殿様ハと申し上げれハ、ござなくと宣《のたま》ひ候而《そうろうて》、御泪《なみだ》を流し給ひ、如何にもならせ給ふらんと宣ひける。程もなく、中書との御諚有けるハ、木脇刑部左衛門か声にて帖佐彦左衛門と呼ぞ、参りて見申せとの御諚なり。承ると申し参りて見れは、御手廻纔《わずか》の御供にてぞござ有ける。

島津勢は、伊井直政を狙撃し、その間隙をぬって切りぬけた。しかし、いまだ敵は迫ってくる。そこで、長寿院盛惇が敵を防ごうと、島津兵庫頭（義弘）と名乗って戦った。帖佐彦左衛門も、木脇祐秀とともに、義弘を討とうとして近づく敵を防ごうとしていた。ふと気付くと義弘の姿がなく、あちらこちら探していた時に、島津豊久（中書＝中務大輔）と遭遇している。

ただし、その後、島津豊久が義弘と出会えて話ができたかどうかは記述がない。

あるいは、殿軍《しんがり》を申し出たのは、これよりも前だったかもしれない。

この史料によれば、豊久がわずかの人数で引き返し、壮絶な戦死を遂げたのは、時間的にいえば長寿院が義久の側を離れた後だったはずだが、生き残った者たちが両者の戦死の前後関係を把握できなかったことには必然性がある。

本書では、この『帖佐彦左衛門覚書』を戦いの時間的経過の根本史料とした。

4　講和交渉

肥後への備え

薩摩へ帰った義弘がまずしたことは、関ヶ原以来、供をして死地をくぐってきた者たちへの加増である。山田有栄への二百石を最高に、本田源右衛門に百石、他は五十石、三十石と、身分に応じて加増した。薩摩の小弁慶こと木脇祐秀には五十石、中馬大蔵允にも五十石が与えられている。

つぎに緊急の課題となったのは、東軍に属した肥後の加藤清正への対策である。清正は、すでにこの時点で小西行長の宇土城を攻撃しており、薩摩へ攻めいることは時間の問題だと思えた。

そこで、出水・大口といった国境の外城の防備を厳重にし、地下人からは人質をとり、家臣たちには一人につき三石の加増をして、島津領国の防衛をはかっていた〔十一月十四日忠恒宛義弘書状〕。また、日向方面の防備を考え、北郷氏に、留保していた志和池・山田・野々三谷の三か所の外城も返付した。

いっぽう、十月二十二日付で、豊臣期以来関係の深い寺沢広高に書状を送り、講和の仲

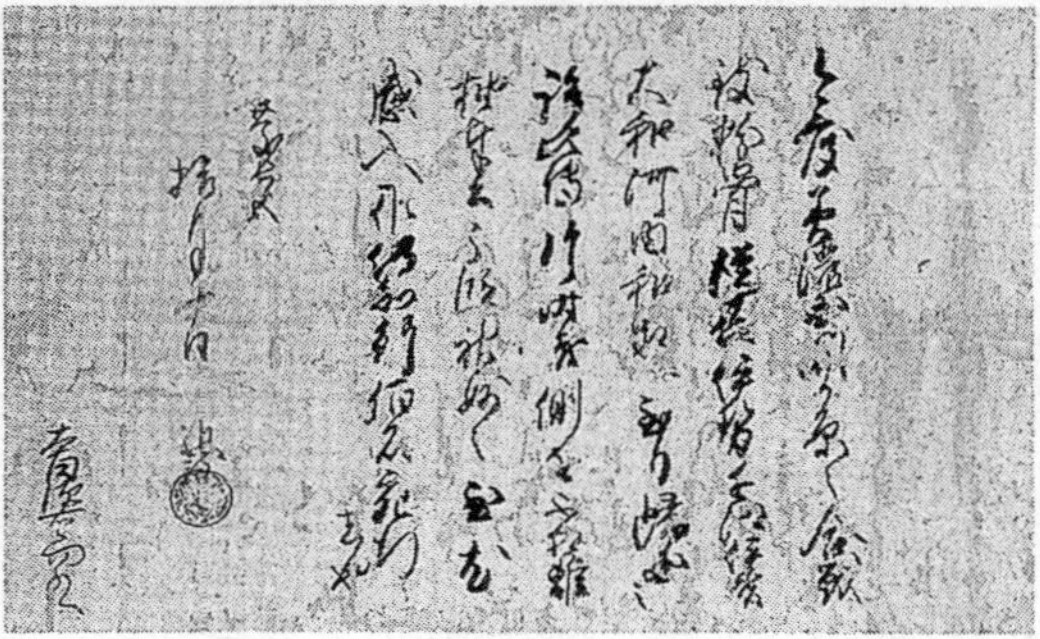

島津義弘の感状　本田源右衛門尉宛100石加増の証状

介を依頼している。家康に講和をねがう場合のルートとしては、庄内の乱の調停も行ったかれの名がまっさきに念頭に浮かんだのである。

義久父子への詰問状

しかし、中央政権からは、九月二十八日付で、寺沢広高と山口直友が連署した書状がとどく。宛名は島津義久と忠恒である。山口直友は庄内の乱の調停に功績のあった家康の近習であり、そのかれが豊臣政権の奉行クラスの大名と肩を並べて登場しているのである。

この両名の書状では、義弘の行動に義久父子が同意していたかどうか、が焦点となっていた。

島津氏の返書は、とうぜんこの両名宛に出される。そして、以後は、後述するようにおもに山口直友が表面に立って講和交渉を進めるのである。山口は、たんに家康の近習であるというだけで本来なんの権限ももたないが、家康が政権をほぼ掌中にしたため、山口の地位も準公的なものに転化していたのである。

立花宗茂、下城す

いっぽう、安芸で別れた立花宗茂は、国元の柳川へ帰っていたが、四方から東軍方の諸大名によって攻められていた。

十月十四日には、毛利秀包の領地久留米に鍋島勢と黒田勢が侵入し、留守居の守る久留米城を攻め、人質をとって下城させた。そして翌十五日には柳川領にも侵入したので、宗茂は軍勢を出し、勝利した。

しかし、多勢に無勢である。宗茂は、少ない人数を分散させるのを避け、端々の出城から軍勢を引かせた。すると、敵がほど近くまで押し寄せ、肥後からは小西行長の宇土城を落とした加藤清正の軍勢が侵入し、日向からは有馬勢も侵入してきたので、ついに籠城となった。敵が城近くまできたとき、宗茂は鍋島の陣所へ軍勢を出し戦ったが、大軍相手では、負けないまでも死傷者が続出してじり貧になっていく。

そこへ、京都へ残しておいた使者がくだってきて、家康の赦免があったことを知らせてきた。そこで、加藤清正と黒田長政へ申し入れ、和睦が成立した。かれらは朝鮮陣での戦友であり、勝負が決している以上、宗茂の身柄の保全をのぞんでいた。

立花宗茂の講和勧告

宗茂は、安芸で別れた義弘のことを思い、加藤・黒田へ島津義弘の赦免をねがった。すると、宗茂自身が島津家の意向を確かめよといわれたので、書状を送り、降伏を勧告した〔十月二十七日立花宗茂書状〕。

「江戸中納言様（徳川秀忠）が近日御出馬なさるということです。諸勢もうち下られます。拙者なども御赦免の上は、出陣することになるでしょう。（中略）今分別なされ、中納言様が御出馬なきうちに、御使者を差し出され、御侘事《わびごと》をなさるべきです。拙者の一命を懸け、取次をしたいと思います」

これは、義久・義弘・忠恒の三名宛になっている。宗茂は、当時珍しく気骨があり、節操のある大名である。義弘とも親しい。しかし、宗茂のいうことにうそはないことは感じながら、島津氏にとってはまだ家康の真意がわからない。島津氏は、宗茂に使者を送り、自己の立場を弁明するにとどめている。

宗茂は、使者の弁明を黒田如水と加藤清正へつたえ、井伊直政へ取り次ぎ、旧知の家老島津忠長へ「できれば貴殿などが上洛して弁明したほうがよい」と助言している〔十一月二十二日忠長宛立花宗茂書状〕。泗川の戦いで中央政界へも名の知れている忠長が上洛すれば、島津氏の姿勢も明確になる。

捕縛された島津家臣

ところで、関ヶ原合戦の乱戦の中、義弘を見うしなった一団があった。喜入忠政・入来院重時・新納旅庵・本田助之丞・勝吉父子・押川江兵衛・同喜左衛門・五代舎人ら上下三百人ばかりである。

かれらは伊吹山の麓で馬をおり、どの敵と戦って討死しようか、あるいは自害するかと評議していたところ、長宗我部からの使番が一騎、「兵庫頭殿は伊勢路に向かって退去された、おのおのもすぐに退去されたい」とさけんで馳せ過ぎていった。そこで、案内者を頼み、北近江路を通り、九月十八日鞍馬についた。関ヶ原合戦の三日後である。

そこで二、三人ずつにわかれ京都に潜入し、敵に遭遇し主従七名が討死した入来院重時を除いて近衛家にかくまわれるなどして無事逃げ延びたが、新納旅庵・本田助之丞父子らは鞍馬に残っていた。

十九日夜、山口直友らが、大勢の人数をつれて落人狩りにやってきて、旅庵らがいるところを包囲した。このとき、旅庵の家来郷盛八という者が討死し、旅庵や本田助之丞父子も戦ったが、捕縛された。この三人は大坂に連行され、尋問を受けることになった。

家康の尋問

尋問は、まず義弘が国元へ帰ったといううわさの真偽を問うところから始まった。旅庵らは、とうぜん「戦場で主君と離れたのだからわからない」と答えた。ついで、「義弘がこんどの合戦の張本だといううわさがあるがどうか」と問われたが、人質を大坂へとられていて三成の要請を断れなかったこと、伏見城へはいろうとしたが拒否されたことをあげ、義弘の西軍荷担がやむをえないものであったことを強調した。

さらに、こんどの謀反を国元の義久が知っていたかを問われた。旅庵は、御両殿（義久・忠恒）はあずかり知らぬことで、人数ものぼせなかったと答える。これには尋問にあたった者も「偽りを申すな！」と、旅庵をひどく叱責した。

しかし、旅庵は、

「朝鮮での七年もの軍役で戦死者や負傷者・病人が多く、さらに国元で大身の家臣が逆心致し籠城したので（庄内の乱）、去年から今年の春まで戦っており、兵糧も欠乏して人数を上方まで派遣することなどできませんでした。こんどの戦いは義兵でもなく、どうして両殿が軍勢をさしのぼせるでしょうか」

と答えた〔『新納旅庵覚書』〕。もちろん、これにはうそがある。しかし、徳川方はこれを認めようとした。ただし、そのためには、義久か忠恒が上洛して、これを弁明する必要があった。

忠恒の決意

十月十日、負傷した井伊直政は、勝五兵衛を鹿児島へ派遣した。かれには同日付の書状が託されており、早く出仕することを要求し、家康との取次については自分が力になろうと申し送っている。

この書状の末尾には、「委細山口勘兵衛申し達すべく候」とあり、山口直友もこのとき、与力和久甚兵衛を鹿児島に派遣している。おもな交渉窓口は、井伊直政と山口直友であった。

家康は、旅庵に案内者として帰国するようにと命じた。しかし旅庵は、

「自分は戦場で主君をみうしない、生捕りになった者で、ふたたび帰国して主君に会わせる顔がありません」

と固辞し、まずは本田助之丞を案内者とし、十二月二十九日に日向の綾に到着した。そのほか大勢の捕虜も、このとき送還されている。

忠恒は、使者に対して、一門でも家老でも上洛させると告げたところ、使者は、義久の上洛こそが望みであった。これを聞いて忠恒は、家老の鎌田政近に次のように不安を吐露している〔正月十六日忠恒書状〕。

「世間のうわさでは、しっかりした起請文をもらって出頭した人も、裏切られることもあるということです。そうなっては、なんとも家の恥辱でどうしようもありません（世上風《ふう》聞《ぶん》候は、たしかなる証文共《とも》にて罷り出られ候人も違変《いへんあ》有あるの由《よし》に候、さて〳〵さやうに候ては、家の恥辱《ちじょく》是非に及ばず候）」

石田三成、小西行長らは捕えられ、京五条坂で斬首された。戦わずして大坂城を退去した毛利輝元は、それまで中国地方九カ国百十二万石を領していたが、防長二カ国に削減され、常陸の佐竹義宣は秋田へ転封された。土佐の長宗我部盛親にいたっては、恭順の意を表して大坂城に出頭したが、拝謁は許されず、領地二十万石すべてを没収された。このような事例がある以上、忠恒の不安ももっともであった。いまの段階では、とても義久を上洛させるわけにはいかない。

しかし、義久を上洛させないとしたら、徳川方と対決を余儀なくされる。それは「百に一つも勝ち目のない戦い（百に一つも叶《かな》い難き弓箭《きゅうせん》）」である。譜代相伝の家をむざとつぶすことは無念次第のことであるが、家中の者の結束でできるだけ防戦し、それで相果てるならば本望である。

忠恒は、決戦の覚悟を、下向した本田助之丞につたえるよう鎌田政近に告げている。島津家にとって、情勢はこのように悲観的なものであった。

新納旅庵の薩摩下向

慶長六年（一六〇一）四月四日には、和久甚兵衛とともに講和の使者として薩摩に下向した新納旅庵が、義弘に拝謁している〔四月四日忠恒宛義弘書状〕。

捕虜になったのち、山口と行動をともにしていた旅庵は、家康の書状と本多正信・山口直友連署の起請文を託され、国元へ帰ることを決意したのである。このあと、義弘は、謹慎の意を表明するため、桜島の藤野村の藤崎庄兵衛邸に寓居した。

『新納旅庵覚書』によれば、家康からていねいな書状がとどいたのちも、国元ではまだ家康の真意を疑っており（内府様御念比《ねんころ》〈懇〉之御書とも遣《つかわ》し候へ共《ども》、御国の衆上方之《かみがたの》儀《ぎ》を別而《べっして》疑ひなされ）、状況を探らせるために、使者として家老の鎌田政近を上洛させた。政近は、七月二日に日向細島を出船し、十二日には安芸の室津についたが、逆風のため室津に十九日まで逗留した。政近はあまりに遅れるのをきらい、無理に出船し、幸い順風に変わったためその夜大坂に到着した。

二十日の早朝、政近は、和久甚兵衛に自分の使者をつけ、山口直友に連絡した。山口からは、指示次第に伏見へくるようにとのことであった。しばらく待って、ようやく八月二日、明日伏見へ参上せよとの指示があった。大坂では、七月二十四日に会津の上杉景勝が、家老の直江《なおえ》兼次《かねつぐ》とともに上洛していた。景勝の家康への謁見の日どりはまだ決まっていなかった。

山口に引きあわせてもらった家康の老臣本多正信の要求は、とにかく義久の上洛であった。義久が上洛し、義弘の行動を弁明すれば、家康の面子もたち、島津家の赦免も決まるのであろう。政近は、八月十日には家康に拝謁し、非常によい感触をえて、八月十一日、国元の家老に報告した。

「こちらでの首尾は非常に良く、家康様のことばもいうことはないほどでした（爰許《ここもと》御仕《し》合《あわせ》残る所なく、御意《ぎょい》も申すばかりなく候）」

八月二十四日には、本多正信と山口直友が、義久と忠恒の身命と領国の安堵を保証する起請文を与えている。そして義弘については、義久・忠恒が恭順の意を表するうえは、とがめのないようとりなすということであった（兵庫頭殿御事《おんこと》、右之御両所御入魂《ごじっこん》の上は、相《そう》違《い》無《な》き様《よう》御取成し申すべく候）。

ただし、家康の起請文ではなく、とりなしを約するという起請文であるから、心底から信じきるにはいちまつの不安がある。

家康を疑う富隈衆中

ここで義久が上洛を決意すれば、講和はすぐにでもまとまったであろう。しかし、伊勢貞昌によると（「旧記」）、国元の者たちは、鎌田政近が家康にだまされてていよく帰されたのだとして悪く評判し（ぬかれ候而《そうろうて》罷《まか》り下《くだ》られ候由《よし》、諸人申され）、義久も疑念がぬぐえなかった（猶又御《なおまたお》疑《うたが》ひ相果《は》てず候）。そこで義久は、家康の起請文をえようと、かさねて税所《さいしょ》越前と竹内某の両名をつかわした。

忠恒も、時間かせぎのため、こんどは島津忠長を派遣することにした。忠長は、旅庵とともに上洛していった。

いっぽう、家康は、この年十月十二日に江戸へ帰った。講和は、翌年に持ち越された。忠長は十月には伏見へつき、交代で鎌田政近が和久甚兵衛とともに薩摩へ帰っていった。伊勢貞昌の覚書によると、義久は家康軍と一戦を交えようとしており、たいする義弘は、そうなれば島津家はひとたまりもないと恭順を主張したらしい。家臣たちも相互に対立したが、鹿児島方の鎌田政近・比志島国貞は上洛を支持し、義久の家老伊集院抱節も義弘を支持した（「旧記」）。

島津家の存続をめぐって、あらたな対立が生まれていた。

家康の起請文

十一月五日、江戸についた家康は、翌慶長七年正月十三日には、ふたたび江戸を出立し、上洛の途についた。いまだ島津家の件が落着するまでは、江戸に腰を落ち着けているいとまはない。

本多正信や山口直友からは、こんどの家康の上洛時に義久の御礼がぜひとも必要であることを求めてきた。島津家としても、あまり長引かせるわけにはいかない。

五月、山口から、家康が八月二日に関東に下向するので、義久は六月二十日以前に出船するようにという強い要請があった。この書状は、和久甚兵衛が持参して、国元までもたらした。新納旅庵もいっしょに下向した。

今回の使者が前回までとちがうのは、ついに家康が起請文を書いたことである。島津家の疑いを解くため、寺沢正成は忠恒に書状を送り、家康の起請文を内見したことを告げ、今回かならず義久の上洛を実現するようにと助言してきた。家康自身が起請文を書いているのに、それを疑って上洛しなければ家康の顔をつぶすことになる。

しかし、義久は、腰をあげようとしない。忠恒は、この最後のチャンスに自身が上洛することを決意した。

5　忠恒、上洛す

義久をとりまく家臣たち

上洛を決意した忠恒の苦しい心情は、次の義久に宛てた書状に如実に示されている〔八月十一日義久宛忠恒書状〕。

今度《このたび》我等上洛の儀、富隈《とみのくま》衆中頻りに相留《あいとど》められ候といへども、龍伯公御奉公深々《しんじん》に存じ候故《ゆえ》、罷《まか》り留《とど》まらず候。重々神裁《しんさい》をもって申し上げ候ごとく、龍伯様を背《そむ》き奉り、身《み》持《も》ちを存《ぞん》じ候事にて毛頭《もうとう》ござ無く候。

——こんどの上洛は、富隈衆中からしきりに思いとどまるようにいわれましたが、義久様へ御奉公しようと深く考えているため、思いとどまりませんでした。重ねて起請文で述べたように、義久様にそむき自分の身を考えてのことでは毛頭ございません。

忠恒が義久に代わり上洛することについて、義久の家臣（富隈衆）は反対していた。義久もさることながら、義久の家臣が問題であった。この期におよんでも事態がよくわかっていない。皮肉なもので、忠恒は、かつての義弘と同じような悩みを知ることになった。しかし、義久の家臣の制止にしたがって国元へとどまっていたとしたら、島津家の将来はない。忠恒は、反対をふりきって上洛することを決意した。

忠恒の義久説得

しかし、八月十日、忠恒が義久に直接会って、起請文の草案をみせたところ、すべてが義久の気にいらない。このあたりの事情を忠恒は、つぎのように義久に訴えている。

「昨日、誓詞の草案を御目にかけたとき、何事も気に入らず、上京することは忠孝に欠ける行いだとの仰せを受け、驚き、嘆息しております」

忠恒は、いまさらながら義久との意見の相違に愕然とした。上洛は忠孝の欠けた行為だとまでいわれたのである。ここで上洛せずに、島津家をどうしようというのか。もちろん義久が忠恒の上洛を望んでいないことは前から聞いたことがあった。しかし、それはあくまで人づてに聞いたうわさであったから、直接説得におもむくこともなかった。弁解しながら忠恒は、つぎのようにいいきる。

「たとえ上洛は駄目だと仰せ聞かされましても、国家（御家）のためでございますので、私の考えていることを申しあげないではいられません」

忠恒の並々ならぬ決意がみえる。

義弘の起請文

島津家には、まだ問題が残っていた。義久の義弘にたいする疑念である。恭順を表明して上洛するか、徹底抗戦するかで義弘と義久の意見が対立し、家臣団も帖佐衆と富隈衆に二分され、不穏なうわさが流れていた。義久が、忠恒に代えて又四郎（忠仍、以久の孫で母は龍伯の女《むすめ》）を家督にたて、家康に認めてもらおうとしているというのである。

義弘は、このうわさについて自分の胸にしまいこんで、義久には何もつたえなかった。しかし、このうわさを知りながら知らん顔をしているのは、義弘が義久にたいし疑心をかまえているからだと、義久につたえる者がいた。

このことを詰問され義弘は、そのようなうわさは聞いたこともないと弁明し、こんごのように讒言をする者があっても、腹蔵なく申しあげるべき旨の起請文を提出した。

おそらく義弘にそのようなことを告げる者はいたであろう。しかし、義弘は、義久の立場を尊重していただけに、それについては何もいわなかった。そのような行動が義弘のたくらみを示すものとして、義久に讒言する者がいたのである。このころの島津家臣団の複雑な対立関係をよく示している。

伊集院忠真の殺害

とにかく忠恒は、上洛の途についたが、途中義久の許可をもらうため、富隈へたち寄った。義弘も見送りのため富隈まできたが、ここで富隈衆の大反対を受けた。

忠恒は、

「家康様から誓詞をいただき、こちらからも上洛するとの誓詞をあげました。これを破るなど、誓詞の御罰をどのように考えてのことでしょうか」

と説得するが、富隈衆は、

「誓詞の御罰は国分の衆中（富隈衆）がかぶりますので、ぜひとも思いとどまってください」

となお上洛を思いとどまらせようとする。

結局、忠恒は、富隈衆の説得を断念し、反対をふりきって上洛することにする。ただし、義久は、忠恒の決意に押されて了承したようで、山口直友に宛てて、「去年以来の煩い」のため自分は上洛できないが、忠恒が上洛する旨の書状を送った（これは『旧記雑録』に七月日付の案文〈控〉の形で残されている）。

ところでこのとき、忠恒は、いまは島津家に帰服している庄内の乱の首謀者伊集院忠真を同道していた。

八月十七日、日向野尻で狩りを催した忠恒は、その最中、伊集院忠真を殺害させた。同日、富隈において、忠真の弟小伝次が討たれ、谷山においてその弟三郎五郎と千次が殺害された。母親もまた、阿多で殺害された。忠真ばかりでなく、庄内の乱鎮圧ののち、京都から国元へ帰っていた母子までが抹殺されたのである。

島津家の対立の核に伊集院一族がおり、かれらに同情的な者が多かったから殺さざるをえなかったのだろうか。しかし、この時点での伊集院氏の実力がそれほどのものとは思えない。

むしろこれは、対義久、いやその背後にいる富隈衆を納得させるための犠牲ではなかったのだろうか。

忠真殺害の意図

忠真殺害の理由としてあげられている条々をみると、忠真が義弘に、「富隈より惟新様を近日御成敗されるということですから、油断しないでください」と告げたこと、あるいは「自分は義弘の御前で戦死をとげるつもりだ」と言上し、富隈にいた小伝次も義弘に通じ、富隈のことを細々とつたえていたことなどが書かれている。すべて、義久と義弘の離間をはかろうとしたという内容である。

このように、義弘に近いと思われている伊集院一族は富隈方の恨みの的であった。忠恒は、かれらを殺害することによって島津家臣団の結束を強め、上洛を成功させようと思ったのではないか。そもそも忠恒自身が忠真をよく思ってはいない。

問題は、忠真の保護者の立場にあった義弘である。一家四人が殺された場所は、いずれも鹿児島方か富隈方で、帖佐方ははいっていない。義弘が積極的に忠真殺害を支持したとは考えにくい。しかし、殺害の理由として示された罪状は、まったくの捏造《ねつぞう》ではなかったようである。忠真らは、実際に義弘のため、いくつかの忠告を行ったのだと思われる。そのため、これらの罪状をあげられると、そもそもこの苦境の責任者である義弘には、殺害を拒否するなどなかなかできなかったのであろう。

忠恒、大坂につく

九月二十三日、日向細島を出た忠恒は、瀬戸内海を航行し、十月十日に備後の鞆《とも》についた。その知らせを受けた福島正則（関ヶ原の合戦ののち、広島を領地としていた）は、ぜひ忠恒に会おうと兵庫で待ち合わせた。

十四日に兵庫に着船した忠恒は正則と出会い、正則はまず豊臣秀頼へ拝謁することを勧めた。家康は、十月二日、また江戸に帰っており、伏見には山口直友が残っていた。

正則は、忠恒に同道して大坂まで引き返し、山口にも大坂へ下向し談合するよう申しつかわしてくれた。関ヶ原で功績をあげ、家康でさえ一目をおく正則がこのように厚意を示してくれることは、島津家にとっては百万の味方をえたようなものだ。このような大名たちの行動が家康への圧力になった。

十月十五日、忠恒は、義久・義弘に宛てて正則のねんごろなることをつたえ、無邪気に「いつもの信心、天道のなせるわざかと存じます（連々《れんれん》の信心、天道の故かと存じ候）」と喜びを伝えている。

正則は、関ヶ原での義弘の果敢な行動に感じていた。しかし、ここでこれほどに忠恒に便宜をはかるのは、それだけが理由ではない。正則は同じ豊臣大名でありながら、石田三成憎しの思いから家康に味方し、この浅知恵の結果、家康が圧倒的な勢力をもつことになった。大坂城の豊臣秀頼のことを考えると、このままでは危ない。かれは、やむにやまれず家康を牽制するかのような行動に出ることになるが、島津氏への厚意もそのような気持ちからなされたものであった。

さらに正則は、大坂で銀子百貫目・米三千石を貸与してくれた。また、町屋に宿泊して難儀しているのをみて、屋形まで世話してくれた。忠恒は、このような首尾を詳しく報告し、

「私が上京しようとしたとき、国中の者どもがみな気づかいいたしました。この書面の趣を聞かせてやってください。鹿児島へも知らせてやってください」

と義久に申し送っている。若い忠恒の上洛の決意が、けっして誤ってはいなかったとい

う誇らしい気持ちがよく現れている。

なお、この年十月二十五日、忠恒にしたがって上洛していた新納旅庵が、講和成就の安心感からか過労のためか、大坂の宿で病死した。享年五十であった。

家康への拝謁

大坂へきた山口との談合で、忠恒は、江戸の家康に到着を告げる使者を派遣することにした。山口の言では、家康は来年は年が悪いので、今年中にまた上洛してくるという。使者を受けた家康は、十一月九日付で直書を送った。

大坂に到り上着《じょうちゃく》の由、尤《もっと》もに候。頓《やが》て上洛すべく候間、其節《そのせつ》を期し候。猶《なお》本多佐渡守(正信)申すべく候。謹言

——大坂に到着したとのこと、尤もである。すぐに上洛するので、その時に面談しよう。なお、(詳しくは)本多正信が述べるであろう。謹言

いまだ家康は将軍になっていないが、御内書の形式をとった尊大な書き方で、花押ではなく黒印が押してある。関ヶ原の合戦のころまでは同格に近かった家康が、いまでは島津家の運命をその手ににぎっている。

関ヶ原後の論功行賞を思いのままに実現した家康のこの時点での課題は、豊臣系大名の合意をえながら、はやく全国の秩序を回復することであった。島津氏に寛大な処置をとることでそれがはたされるとすれば、上出来である。家康には、すでに島津氏に断固たる処置をとる必要はなくなっていた。島津氏が逡巡しているうちに、風向きが変わったのである。

家康は、十一月二十六日、江戸をたち、諸所で鷹狩りを楽しみながら上洛の途を進め、十二月二十五日、伏見城にはいった。

二十八日、忠恒は、福島正則につきそわれて登城し、領地安堵の御礼を言上した。このとき、忠恒は、銀子三百枚・紅糸百斤・鍛子百巻・白糸二百丸・伽羅沈一斤を進上したので、諸人は目を驚かせたという〔『舜旧記』〕。

翌慶長八年正月、忠恒は家康から暇をたまわり、二月中旬鹿児島へ帰着した。二月十六日には、鹿児島城において、重臣十六名を呼び、「御家御安定の御祝言・御振舞」を催した。いまだ家臣団の統制は課題として残っていたが、上洛をはたした忠恒は、島津家の正統な後継者として認められ、ここに島津氏のあらたな歴史がはじまったのである。

コラム　徳川家康の意図

西軍に属した他の大名には、領地没収か転封をともなう大幅な領地の削減を命じたのに、なぜ島津氏だけにはこのように寛大な措置がとられたのであろうか。

これについて、鹿児島大学の原口泉氏は興味ぶかい推測をしている。家康は、島津氏のにぎる明国とくに福建方面の人的コネを利用しようとしたというのである。

慶長五年（一六〇〇）夏、家康は、明皇帝にあてた国交回復の国書を島津氏に託していた。この国書は、薩摩坊津の豪商鳥原宗安によって明にとどけられる。このとき、朝鮮の役で捕虜となっていた茅国科も送還された。

これをよろこんだ明皇帝は、翌年より商船二艘を薩摩に派遣することを約した（「島津国史」）。

慶長六年五月、約束どおり派遣された二艘の商船は、薩摩領の硫黄島近海で消息をたった。島津氏の捜索の結果、堺出身の商人伊丹屋助四郎というものが捕縛され、同年九月に処刑された。その後、明国との交流はたたれた。

このような島津氏の中世以来つちかってきた明国との関係は、家康にとって必要なものであった。関ヶ原以後の家康の課題は、いかにして明を中心とする東アジアの国際社会の仲間入りをするかということであったのである。

原口氏は、鳥原が交渉したのは福建あたりの地方官僚や有力商人であろうと推測し、明商船の襲撃は島津氏の陰謀であり、義久が家康の望みを逆手にとって島津領の安堵を実現したのだと述べている。つまり、「せっかく長年積み上げてきた福建・薩摩コネクションを失ってでも、島津氏の倭寇の統領としての本質を家康に見せつけることによって、もし所領没収、お家取り潰しにされれば、島津軍団は、東シナ海に散って海のゲリラと化すであろうという覚悟を誇示したのであろう。追いつめられた義久の危険な最後の賭けであった」というのである（「かくて『敗者』島津は家康を手玉にとった」）。

原口氏は、消去法で考えるとこれしかないとされるが、それを実証するだけの史料的裏づけはない。明商船を襲撃することで島津氏のえられるものは少なく、むしろ危険のほうが大きいと思わざるをえない。むしろ家康が、朝鮮の役で大活躍し当時最強の大名とみられていた島津氏の本拠地鹿児島まで遠征軍を出すよりは、領地安堵をみとめて上洛させたほうが得策とみた、と考えるほうが自然であろう。

関ヶ原に出陣したのは義弘を中心としたわずかな戦力で、島津氏の主力軍は国元に温存されている。新たな戦争をはじめるのは、まだ権力が確立したとはいえない家康にとっては危険な選択である。だからこそ、家康は、島津義弘が今回の戦いの「張本」ではないという言質が必要だった。これがあれば、戦いを起こさない理由ができる。

福島正則ら豊臣系大名は、島津氏攻撃を好ましく思っていなかった。これは、島津忠恒の上洛後、かれにみせた厚意からもわかる。かれらが家康に味方したのは、ひとえに石田三成への敵愾心のためであり、その目的をはたした以上、いたずらに戦争をするのは家康の権力を拡大させる効果しかもたないと考えていたであろう。したがって、島津氏討伐というような名分の希薄な家康の命令によろこんでしたがうとはかぎらない。家康にしても、関ヶ原合戦後も、三成を秀頼様への反逆ということで断罪しようとしており、いまだ豊臣政権の後見人の立場を脱していない。

島津氏は、義久のかたくなな態度などのため上洛がおくれたのであるが、家康にはそれが武力衝突も辞せずというねばり強い交渉にみえ、ついに起請文まで出して領地安堵を認めるという譲歩をひきだしたのである。

　史料に現れるかぎりでいえば、これらの事情によって島津氏は領地安堵をかちとることができたのだと思われる。ただし、家康が日明国交回復を望んでいたのは確かであり、島津氏にたいする特別扱いの要因として、そのような島津氏の東アジア社会での地位があったと想定することも可能である。こんご検討していくべき課題であろう。

エピローグ

佐土原城の引き渡し

講和交渉は成功したが、島津家にはまだ懸案が残っていた。ひとつは、関ヶ原合戦ののち、薩摩に落ちのびかくまわれていた宇喜多秀家の処遇であり、もうひとつは、戦死した島津豊久の領地日向佐土原の返還である。

慶長七年(一六〇二)暮れに帰国した忠恒は、翌八年、本多正信に内談し、生命の保証を条件に、秀家の引き渡しを交渉した。さいわいこれは成功し、秀家は京都に護送された。同年、秀家は駿河久能に幽閉され、同十一年、八丈島に流された。

いっぽう、佐土原城は、早く東軍の占領するところとなっていた。慶長六年八月、上洛していた鎌田政近は、佐土原城がだれかに与えられるといううわさを聞き、島津家に与えられるよういろいろと嘆願した(「新納忠元勲功記」)。家康は、とりあえず佐土原を浮地にしておき、山口直友の与力庄田安信を在番させ、義久の上洛までは決定を待つ、とした。

忠恒が上洛したことによって、この件もスムーズに進み、慶長八年十月、佐土原城は島津以久(征久)に与えられることになった。これは、他の西軍に属した大名にはみられない、破格の扱いであった。慶長八年三月十二日、征夷大将軍に補任《ぶにん》された家康にとって、佐土原城などは気前よく島津家に与えて、島津家の忠誠心を取りつけるほうが得策だったのだろう。

義久への上洛命令

家康への将軍宣下ののち、豊臣秀頼と家康の孫千姫との婚礼が行われることになった。慶長八年六月、山口直友は婚礼前後に上洛するよう忠恒に助言するが、家康は遠国であるからという理由でこの年の上洛を免除する。宇喜多秀家の護送が問題になっていたことと関係するのかもしれない。

この年の暮れから翌九年の正月にかけて、山口はふたたび忠恒に上洛を要請する。これは、慶長九年二月に家康の上洛が計画されていたからであるが、家康の命令ではなく、家康の意図を忖度《そんたく》した山口の助言であった。

同九年二月二十二日には、義久の上洛を要請している。忠恒が上洛する際、義久は病気を理由に上洛を免除してもらうよう嘆願していたが、そのような理由ではもはや上洛拒否をつづけるのはむずかしい。

しかし、義久は、このときも、この年暮れの要請にも、「いろいろと養生いたしておりますが、その効もなく、いよいよ病気が重く老いが深まっていくようです（種々《いろいろ》養生致し候へども、その験《しるし》なく、弥《いよいよ》病気老衰増し行く躰《てい》に候）」と弁解し、上洛しようとしない。そして義久は、慶長十六年正月二十一日に没するまで、ついに上洛しないで通したのである。

忠恒の参勤

その義久の代わりとして、上洛、あるいは江戸への参勤をつとめたのは、忠恒である。慶長十一年四月中旬に上洛した忠恒は、しばらく伏見に滞在した。五月には、本多正純へ、義弘から託された刀の献上を相談し、首尾よく披露されている。これによって義弘の罪は、最終的に家康の赦免を受けたと考えてよいだろう。ただし、幕府は義弘の存在をつとめて無視しており、これ以後も上洛を要求されることはなかったし、上洛もしていない。

また忠恒は、五月十九日には家康の茶会に招かれている。六月十六日には偏諱《へんき》（名前の一字）を拝領し、久の字を加えて「家久」と名乗ることになった。

そして、関東下向（江戸参勤）は免じられ、帰国を許された。家康は、島津家にたいしてはあまり過酷な要求をしていない。力関係においては家康が圧倒的に優位に立っていたが、いまだ大坂城に豊臣秀頼が健在である以上、あまり島津氏を刺激するのは得策でないと考えたのかもしれない。

琉球出兵

慶長十四年、島津氏は、幕府の許可をえて、琉球に兵を出し、これを征服した。琉球国王尚寧《しょうねい》は捕虜となった。翌十五年、家久（忠恒）は尚寧を召し連れ、駿府と江戸に参府した。以後、島津氏は、琉球を属国とし、奄美大島等を直轄地として支配した。

出兵は、奥州や平戸に漂着した琉球船を送還したのに、琉球が御礼の使者をよこさないということが発端となっている。幕府は、平戸の松浦氏に琉球との交渉を命じた。松浦氏からそれを知らされた島津氏は、このままでは琉球にたいする独占的な地位を維持できないとあせり、山口直友を介して家康に琉球出兵の許可を求めたのである。

さいわいこれは認められたが、出兵にあたっては、出兵を推進しようとする義弘―忠恒ラインと、旧来からの友好関係を維持しようとする義久の間に意見の対立があった（紙屋敦之『幕藩制国家の琉球支配』）。義久は、家康の策動に乗って琉球を征服しようという忠恒らには賛成できなかった。

また、琉球出兵の大将は樺山久高、副将は平田増宗に命じられたが、前者は鹿児島方であり、後者は義久の家老であった。薩摩藩の旧聞をまとめた『旧話集』には、琉球出兵のとき、家臣たちには樺山久高にしたがおうとしない者がいたことが記されている。島津家中は、再び義久・義弘・忠恒を核として分裂状態に陥っていた。

三人の主人

慶長十五年と推定される「山田四郎左衛門聞書」には、当時の状況が克明に描かれている。

「龍伯様・惟新様・中納言様（家久）の間柄が疎遠にならられ、召し仕う侍なども三方にわかれるようになり、世上にはいろいろと気遣いな風聞もあって、如何と存じていたところ、ある日、中納言様が鹿児島の前の浜から御船に乗り、どこへ行くともいわず、加治木に向けて御船をこがれた。お供の面々はどうしたことかと思っていたところ、帖佐のほうから一艘、中納言様の船に指しむかってこぎかけてくる船がある。お供の衆も、これは一大事だとこぶしをにぎっていたところ、この船に惟新様が乗っておられ、中納言様の船と連れだってこいでいく。お供の衆が相互に睨み合っていたところ、ほどなく濱の市に御船着した」

聞書であるためか、地名など少し問題のある史料であるが、大筋においては信頼してよいと思う。忠恒と義弘父子の家臣すら互いに敵のように思っていたことがよくわかる。その後、忠恒と義弘は、濱の市に上陸して、義久の住む国分新城（義久は、慶長十年富隈から城を移していた）にむかった。

新川には、義久が関所を設けており、義弘・忠恒がきても関を通そうとしない。このとき、家臣らは互いに必死の形相で刀の柄に手をかけていたが、義弘らは、龍伯様にはわれわれがよく伝えるから関を開くようにと説得し、城にはいった。

お供の者たちは、なにごとが起こるのだろうかと、みな顔面を蒼白にして気をもみ、一言を発する者もいなかった。しばらくして、御書院から、「高砂や、尾上の松も、年ふりて……」と、三人の声で謡いが聞こえてきたので、お供の者たちの顔にもやっと血の気がみえてきた。

家中が分裂寸前になっていた様子がよくわかる史料であるが、これは義弘・忠恒のふたりが、義久との関係修復を賭けた博打であった。

平田増宗の粛清

この会見のあと、大きな政治的事件が起こる。ほどなく忠恒が、押川強兵衛らに命じて、鉄砲で平田増宗を撃ち殺させたのである。

「山田四郎左衛門聞書」には、その理由として、三殿の仲が悪くなったのが増宗のしわざだったからだ（御中あしく成り立ち候事、太郎左衛門仕方と申す事に候）と書いている。三人の会見は、義久の家老で和解の障りと目された平田増宗の粛清を行うことで、意思一致をみたのだった。

平田家は、代々家老をつとめた家柄であったが、増宗は、家久に子供がいないことから、養子に義久の外孫忠仍（久信《ひさます》、以久の孫）を立てる策動をしていたという（「家久公御養子御願一件」）。忠仍は、祖父以久が慶長十五年四月九日に死んだとき、佐土原城主の地位を継ぐことを要請されたが固辞し、叔父の忠興が跡を継いだ。したがってこのときは、島津家の有力一門「垂水家」の当主であり、義久の外孫であったため、藩主後継者の有力候補だった。

「家久公御養子御願一件」に記された陰謀が、どこまで真実かはわからない。しかし、慶長七年八月十七日に伊集院忠真が殺害されたとき、当時十七歳であった平田増宗の嫡子宗次も野尻において横死している（『本藩人物誌』）から、忠真との関係を疑われたことは事実だと思われる。

平田増宗にも忠真との関係を疑うわさがあり、慶長七年十一月五日には鎌田政近・樺山久高に起請文を提出している。それには、伊集院忠真と昵懇であるとか島津忠仍と昵懇であるとかのうわさは事実無根であり、こんごもそのようなことはないと記されている。そのころから増宗は疑いの目でみられていたのである。

義久の死

平田増宗暗殺の翌年初頭より、義久は体調をくずした。慶長十六年正月十二日には、見舞いのため義弘が義久を訪問している（「加治木御日記」）。

しかし、病状は回復せず、正月二十日にこの世を去った。享年七十九。最後まで、島津家の最高権力者として重きをなしていた。

家久に子がなく、養子の問題が起きたのも、もとはといえば、家久が岳父義久に気をつかって側室をもたなかったためであった。義久死後は多くの側室をもち、十六男十八女をもうけている。

このような気づかいも、家久が、自己の地位は義久の胸先三寸で決まるような脆弱なものだと考えていたことを示している。

家久は、義久の死によって自由にふるまうようになった。慶長十七年四月二十六日には、島津忠仍の子菊袈裟（久章）を擁立して謀反を起こそうとしたかどで、増宗の弟宗親に切腹を命じ、一族十八人全員を誅戮《ちゅうりく》している。権力は、ほぼ家久に一元化した。

義弘の死

義弘は、島津家当主としての家久の地位を尊重していたが、父として折りにふれて意見などをしていた。家久も、父に逆らうことは心理的に抵抗があったようで、先の史料にみえるように、節目節目では義弘にしたがっていた。

晩年は居所を移しており、慶長十一年には帖佐から平松城（始良町《あいら》）に移り、翌年さらに加治木に移っていた。加治木はかつて太閤蔵入地のあった場所である。現在は、東の丸跡に県立加治木高等学校と護国神社が、中の丸・西の丸跡には町立郷土館や図書館・小学校が建っている。

義弘は、元和四年（一六一八）より病に伏し、翌五年七月二十一日、八十五年の長い生涯を終えた。義弘の遺骸は鹿児島に送られ、島津家菩提寺である玉龍山福昌寺に葬られた。家久は、殉死をかたく禁じたが、木脇祐秀ら十三人の者がひそかに追腹《おいばら》の誓詞を交わしており、八月にはいると、実窓寺川原や湯湾岳麓路上などにおいて殉死を決行した。かれらは家久の怒りをうけ、家禄を没収される。かれらの志が認められて家財が復されたのは寛永九年（一六三二）のことである。義弘の菩提寺である妙円寺（日置郡伊集院町、現在は徳重神社となっている）には、十三人の地蔵塔が建てられている。

あとがき

今年（一九九七）四月十八日、東京大学史料編纂所が所蔵する原本史料のうちでも最高級の史料群である島津家文書が、国の重要文化財に指定された。

この島津家文書は、島津鑑康氏旧蔵のもので、総点数一万七千点余、その他島津家本と称する写本類約六千五百点、および薩摩藩の史官伊地知季安・季通父子の編纂した『薩藩旧記雑録』三百六十二冊である。平安時代から幕末維新期におよぶわが国武家文書の白眉である。

今回指定されたのは、島津家文書のうち黒漆塗箱十九個に収納されていた文書で、総点数は五千五百七十九点（七帖、二百三十八巻、一冊）。手鑑七帖、巻子二百三十八巻に仕立てられた文書総数は五千五百七十八通である。内容は、源頼朝書状をふくむ島津忠久以来の歴代の中世文書と十五代貴久以来本宗家を継いだ伊作島津氏の中・近世文書である。史料編纂所では、『大日本古文書　家わけ第十六　島津家文書』として一部を刊行している。このほか、白木箱・大箱・中箱・小箱・簞笥・長持などに収められた文書も、よく原本の形が保存されて残っている。

また、教科書などでおなじみの「伊作庄内日置北郷領家地頭下地中分図」一軸、および『薩藩旧記雑録』の二点が独立して重要文化財に指定された。このように島津家文書は、個々の文書でも、重要文化財になりうるものを多数ふくんでいる。

島津家文書は、旧薩摩藩時代には非常持ち出し可能なように鹿児島城本丸御番所におかれていたが、明治四年の廃藩置県後、鹿児島城三の丸内御厩の裏手「岩崎六ヶ所御蔵」に収納された。

鹿児島県に残っていた江戸時代の史料について概観すると、家老座・大監察局・其他公用帳簿類、土蔵に詰めてあった藩政史料は、明治五年夏、ときの県令大山綱良の指示で焼き棄てられた。また江戸藩邸の帳簿類も、慶応三年十二月二十五日、庄内藩ら藩府側諸藩が三田の薩摩藩邸を焼き打ちしたときに全焼している。

したがって、この旧薩摩藩主島津家に残された史料は、まことに貴重なものである。そして、この史料も、焼滅の危機を乗り越えて奇跡的に残ったものであった。

明治十年西南戦争のさい、西郷隆盛らが東上して留守の鹿児島に、征討参軍川村純義ひきいる政府軍の軍艦十二艘が入港し、兵員を上陸させ鹿児島城下各地に哨兵線を張った(四月二十七日)。肥後にあった西郷軍は、急遽兵を分かちて鹿児島に馳せ戻らせ、要害の地に陣を張った。御厩地域は政府軍の占領下にあり、岩崎六ヶ所御蔵はまさに戦地の中央に位置した。

島津家文書の焼失をおそれた島津家家令東郷重持は、五月三日、田ノ浦におかれた政府軍本営に行き、川村純義に面接して、島津家文書転送の許可を願った。元薩摩藩士の川村はこれを了承したが、翌日未明には西郷軍への攻撃を敢行する予定となっており、御厩政府軍陣の東門の番兵は門を開くことを拒絶した。東郷は、東門より北門へ移ったが、ここでも同様に拒絶され、「退カズンバ軍法ニ処シテ汝ヲ斬ラン」と恫喝される。東郷は、「斬ルベケレバ斬ラレヨ、（中略）余ハ島津家ノ文書ト共ニ死セバ遺憾ナシ」と死を賭けてその場にとどまり、ついに文書の搬出を認められた。

このとき存在した「御文書箱惣数」は七十九個、東郷以下五十名ばかりが各自かついで上行屋海岸の桐野孫太郎宅に搬出し、船をやとって桜島へ回漕した。その後、明治二十三年ころ東京袖ヶ崎邸に移送され、一部は鹿児島の磯邸に残された。このように、命を賭けて文書を守った先人の努力があって、初めて、この貴重な文書が現在に伝えられているのである。

私の研究の出発点は、この島津家文書であった。鹿児島県の出身者でもない私が島津氏のことを研究したのは、島津家文書が史料編纂所に所蔵されていたという偶然の事情による。

卒業論文では、豊臣・徳川両政権と島津氏との意思伝達の在り方を検討し、修士論文では、豊臣政権のもとで島津氏がいかなる体制変革をおこなおうとしたかを究明した。しかし、皮肉なことに史料編纂所に就職してからは、担当する編纂物とのかかわりで研究対象を移すことを余儀なくされ、島津家文書からも離れた。

一九九四年、筑波大学人文学類長岩崎宏之教授を代表とする文部省科学研究費補助金による重点領域研究「沖縄の歴史情報研究」がスタートし、沖縄研究における島津家文書の重要性が改めて注目され、データベースづくりと文書の写真撮影が開始された。さらに史料編纂所でも、島津家文書の再整理作業が緊急の課題となったこともあって、十三名からなるプロジェクト・チームと非常勤職員九名の体制をくみ、文化庁の援助もえて整理作業を進めた。この作業は、第一次の成果として『島津家文書目録（黒漆塗箱分）』を刊行し、この部分が冒頭で述べたように重要文化財に指定された。

本書は、かつて書いた論文を下敷きに、整理作業と並行して島津家文書の原本にあたり、さらに関係史料を加えて執筆した。また、鹿児島県にも機会をえて何回か史料調査におもむいた。九六年九月二日には、尚古集成館に招かれて「秀吉と島津四兄弟」と題して、本書の骨子を講演した。その翌日、同館学芸員の松尾千歳氏と寺尾美保氏の案内で、帖佐・蒲生・入来・川内・宮之城・大口・栗野と義弘の旧跡をめぐる巡見をおこなった。

また、九六年十月におこなった調査では、鹿児島県歴史資料センター黎明館の尾口義男氏に同行していただいて都城へおもむき、『都城市史』編纂室の吉田五男氏ほかのみなさんに庄内の乱の旧跡を案内していただいた。翌日は、やはり尾口氏同行で、島津義弘の関ヶ原脱出をしのぶ妙円寺詣りの行列見学に伊集院におもむいた。「かかれ、かかれと惟新公」という行列の歌声が、いまでも耳に残っている。学生時代の友人である鹿児島ラサール高校教諭の永山修一君が剣道部の生徒を引率して妙円寺に来ており、尾口氏と三人で城山ホテルで歓談したのも、いい思い出となった。

惑いの中でついに不惑の年を迎えたが、記念すべき十冊目の著書に、研究生活の出発点である島津家文書を題材にした本書を充てたのは偶然ではない。これまでの研究に一応の区切りをつけ、新たな構想のなかで研究を進めようというつもりである。産婆役を引き受けていただいた読売新聞社の古市正興氏と深水穣二氏に深く感謝したい。

本書成立にあたって、鹿児島県歴史資料センター黎明館の方々や尚古集成館の方々には史料の閲覧や写真撮影に関してたいへんお世話になった。この場をかりて感謝致します。また、私事にわたるが、最近体調を崩し、入退院を繰り返している父に、本書を捧げ、その恢復を祈りたいと思う。

一九九七年七月

山本博文

文庫版へのあとがき

本書は、関ヶ原合戦での中央突破で名高い島津義弘の生涯を描くことによって、辺境の地薩摩における戦国時代から江戸時代への転換の意味を問うたものである。島津氏にとって、豊臣秀吉とはいかなる存在であったのか、島津領に施行された太閤検地は、島津氏にいかなる影響を与えたのか、というような問いに対して、かなり精度の高い解答ができたのではないかと自負している。

また、豊臣政権に下った島津氏は、それまでまったく未知であった強大な中央政権に対する対応を模索することになるが、その対応の違いによって、内部に深刻な対立をはらむことになる。そのような際の指導者のとるべき道について、島津義弘の苦悩を知ることは現在でも学ぶところが多いのではないかと考えている。

あとがきにも書いたように、本書の素材である島津家文書は、私の勤務先の東京大学史料編纂所に所蔵され、私が大学の卒業論文以来取り組んできた史料である。

本書執筆と並行して鹿児島県から多額の受託研究費を交付され、プロジェクト・チームを組んで島津家文書全点の写真撮影と目録作成事業を行い、約八〇万コマの写真撮影と全三冊の島津家文書目録を完成させることができた。そして、西暦二〇〇〇年には、鹿児島県において、「奇跡の至宝——島津家文書展」が開催された。この展覧会を主催された鹿児島県資料センター黎明館の方々の努力によって、展覧会は大成功をおさめた。さらに、目録完成によって、島津家文書の文化財としての価値が認められ、現在では国宝指定の動きもある。

この場を借りて、鹿児島県資料センター黎明館館長今吉弘氏、同副館長中川路裕一氏を始めとする関係者の方々に感謝の意を述べたい。

また、これもあとがきに書いたが、本書は、執筆中に入院中の父の余命がいくばくもないことを知らされ、父の死と競争するような気持ちで書いたものである。父は、完成した本書の見本本を手にした後、一週間を経ずして逝った。一九九七年七月三十一日朝のことである。享年六十八であった。本書を読み切ることはできなかったかもしれないが、本書のあとがきは読んで、感謝してくれたことは幸いであった。

これらの事情から、私としては、本書には特別の思い入れがある。文庫化されることによって、さらに多くの読者を得ることは筆者の希望するところである。

二〇〇一年九月七日

山本博文

図版・図表一覧

本文中の挿図を、史料類・系図・図表類に分け、それぞれ掲載順に示した。
島津家文書はすべて重要文化財である。

●史料類・所蔵者

島津義弘画像　尚古集成館
島津家文書収蔵庫　東京大学史料編纂所
秀吉直書「惣無事令」島津家文書　東京大学史料編纂所
秀吉朱印状　島津家文書　東京大学史料編纂所
石田三成画像　彦根市　龍潭寺
島津義弘の署名（袈裟菊宛の書状）島津家文書　東京大学史料編纂所
肥前名護屋城図屏風　佐賀県立博物館
島津義久の花押　島津家文書　東京大学史料編纂所
島津義久の起請文（袈裟菊宛）　坂元盛興
李舜臣画像　韓国全羅南道麗水市　鎮南館顕忠祠
島津忠恒（家久）画像　尚古集成館
石田三成検地尺　尚古集成館
秀吉の島津領領知朱印状　島津家文書　東京大学史料編纂所
島津忠恒（家久）の花押　島津家文書　東京大学史料編纂所

明皇帝から贈られた誥命（辞令）　綾本墨書明王贈豊太閤冊封文　重要文化財　大阪市立博物館
森田御陣古絵図　都城島津家　鹿児島県資料センター黎明館
島津義弘書状（軍勢催促）島津家文書　東京大学史料編纂所
関ヶ原合戦図屛風（島津陣図）　個人蔵　鹿児島県資料センター黎明館
帖佐彦左衛門覚書の記事（『薩藩旧記雑録』）島津家文書　東京大学史料編纂所
『薩藩旧記雑録』の表紙　島津家文書　東京大学史料編纂所
島津義弘の感状　本田源右衛門宛　鹿児島県資料センター黎明館

●系図

島津氏略系図・1（庶流）
島津氏略系図・2（本宗家）

●図表類

島津氏の九州経略目前の勢力図　〈原図〉鹿児島県資料センター黎明館
薩摩藩の外城配置図　〈原図〉鹿児島県資料センター黎明館
秀吉の九州平定進路図
第1次朝鮮侵略全体図（文禄の役）　〈原図〉北島万次『豊臣秀吉の朝鮮侵略』
文禄元年（一五九二）5月～9月海戦要図　北島万次前掲書
倭城跡位置図　〈原図〉倭城址研究会
島津領国地図
島津氏知行割の変化（表）

第2次朝鮮侵略全体図（慶長の役）　北島万次前掲書
第2次侵略における島津氏の動向　北島万次前掲書
泗川の戦い経過図　北島万次前掲書
泗川の戦い討取首注文（リスト）
露梁津海戦経過図　北島万次前掲書
庄内十二外城図
大垣・関ヶ原略図
関ヶ原陣形略図
島津義弘の退き口径路図

引用史料

引用史料は、主に東京大学史料編纂所所蔵「島津家文書」「島津家本」および「薩藩旧記雑録」に収録された文書・記録等である。ここでは、そのうち刊本になっているもの、および特に参照した原本・写本を中心に掲げる。

『大日本古文書　島津家文書』(一～三)　東京大学史料編纂所編
東京大学史料編纂所所蔵「島津家文書」の内、黒漆塗箱に収められた特に重要な手鑑仕立ての「歴代亀鑑」「国統新亀鑑」「手鏡」計七帖、および巻子仕立ての「御文書」二百三十八巻を順次刊行している。現在三冊刊行されているが、編纂は一時中断されている。

『鹿児島県史料　旧記雑録後編』(一～六、付録一・二)　鹿児島県歴史資料センター黎明館編
東京大学史料編纂所所蔵『薩藩旧記雑録』を「追録」「前編」「後編」「付録」の順に刊行し、完結した。本書に関わるのは「後編」である。

『大日本史料　第十二編之四八』　東京大学史料編纂所編
庄内の乱の調停を行い、その後も島津氏と深い関係を保った幕府旗本山口直友の死去の条があり、関係史料が多数収録されている。

『大日本古記録　上井覚兼日記』(上・中・下)　東京大学史料編纂所編
島津義弘の家臣上井覚兼の日記、原本は島津家文書「他家箱」に所収

『徳川家康文書の研究』(上・中・下之一・下之二・拾遺集)　中村孝也編　学術振興会
一九五八～一九七一年

徳川家康文書の集大成であるが、島津家に関する家康書状には、薩藩旧記雑録などを使った詳しい事件の説明がある。

『島津家史料集』　新人物往来社

「惟新公御自記」「征韓録」「庄内軍記」「惟新公関ヶ原御合戦記」などが収められている。

『曽木文書』　鹿児島県歴史資料センター黎明館所蔵

関ヶ原合戦で、島津義弘に従って関ヶ原から脱出した曽木弥五郎の覚書が収められている。

『日置島津家文書』　尚古集成館所蔵

島津歳久の系統を引く日置島津家の文書は、散逸し、各史料所蔵機関におさめられているが、これはその中の一巻。島津歳久の死をめぐる関係史料が収められている。

『旧典類聚』　東京大学史料編纂所所蔵写本

鹿児島藩で編纂した史料集。「新納旅庵覚書」「本田助之丞覚書」などが収められている。

『島津国史』　山本正誼編　鹿児島県地方史学会一九七二年

『鹿児島県史料集（6）諸家大概・別本諸家大概ほか』　桃園恵真編　一九六六年

『鹿児島県史料集（13）本藩人物誌』　桃園恵真編　一九七三年

『鹿児島県史料拾遺（1）加治木本田家文書』　五味克夫編　一九六四年

『鹿児島県史料拾遺（2）伊集院文書』　五味克夫編　一九六五年

『鹿児島県史料拾遺（4）家久公上京日記』　五味克夫編　一九六六年

『鹿児島県史料拾遺（8）磯尚古集成館文書（二）・加治木家文書・霧島神宮文書』

五味克夫編　一九六六年
『薩隅日地理纂考』　鹿児島県教育会編　一八九八年
『三国名勝図会』　鹿児島県維新史料編さん所編　一九八二年
『高麗日記（奥関助覚書）』　東京大学史料編纂所所蔵写本
『朝鮮軍覚書（淵辺量右衛門朝鮮陣覚書）』　東京大学史料編纂所所蔵写本
『高麗出陣人数』　東京大学史料編纂所所蔵写本
『朝鮮泗川陣諸衆鎧毛色記』　東京大学史料編纂所所蔵写本
『庄内軍記』（上・下）　東京大学史料編纂所所蔵写本
『帖佐彦右衛門書上（帖佐宗辰覚書）』　東京大学史料編纂所所蔵写本
『関ヶ原進退秘訣』（上・下）　東京大学史料編纂所所蔵「島津家本」

参考文献

稲本紀昭「豊臣政権と島津氏」(『赤松俊秀教授退官記念国史論集』)一九八二年
大林太良他編『隼人世界の人々　海と列島文化5』小学館　一九九〇年
笠谷和比古『関ヶ原合戦』講談社〈講談社選書メチエ3〉一九九四年
紙屋敦之『幕藩制国家の琉球支配』校倉書房　一九九〇年
北島万次『豊臣政権の対外認識と朝鮮侵略』校倉書房　一九九〇年
北島万次『朝鮮侵略』吉川弘文館〈日本歴史叢書〉一九九五年
桑波田興「戦国大名島津氏の軍事組織について」(『九州史学』一〇)一九五八年
桑波田興「薩摩藩の外城制に関する一考察」(宮本又次編『藩社会の研究』所収)
　ミネルバ書房　一九六〇年
小宮木代良「慶長期島津氏の動向」(丸山擁成編『幕藩制下の政治と社会』所収)文献出版、
　一九八三年
佐々木潤之介『幕藩権力の基礎構造』お茶の水書房　一九六四年
谷川初七郎『島津義弘公記』一九一八年
堂満幸子「尚古集成館所蔵の日置島津家文書について」(『尚古集成館紀要』四)一九九〇年
中野等『豊臣政権の対外侵略と大閤検地』校倉書房　一九九六年
西本誠司「朝鮮出兵に関する一史料の年次について」(『鹿児島県中世史研究会報』四二)
　一九八四年
西本誠司「島津義弘の本宗家家督相続について」(『鹿児島県中世史研究会報』四三)

一九八六年
原昭午「兵農分離と幕藩制」（『大系日本国家史3　近世』）東京大学出版会　一九七五年
原口泉「かくて『敗者』島津は家康を手玉にとった」（『プレジデント』七月号）一九九三年
藤野保編『九州近世史研究叢書1　九州と豊臣政権』
福島金治『戦国大名島津氏の領国形成』吉川弘文館〈中世史研究叢書〉一九八八年
福島金治編『島津氏の研究』吉川弘文館　一九八三年
二木謙一『関ヶ原合戦』中央公論社〈中公新書〉一九八二年
松下志朗『幕藩制社会と石高制』塙書房　一九八四年
三木靖『戦国島津氏』人物往来社　一九七二年
三木靖『島津義弘のすべて』新人物往来社　一九八六年
三鬼清一郎「朝鮮役における軍役体系について」（『史学雑誌』七五編二号　一九六六年
山口啓二『幕薄制成立史の研究』校倉書房　一九七四年
山口研「織豊期島津氏の権力構造」（『史友』一七）一九八五年
山口研「関ヶ原脱出」（『歴史読本』二月号）一九九〇年
山本博文『幕藩制の成立と近世の国制』校倉書房　一九八九年

『島津義弘の賭け――秀吉と薩摩武士の格闘』一九九七年八月　読売新聞社刊

中公文庫

島津義弘の賭け《しまづよしひろのかけ》

定価はカバーに表示してあります。

2001年10月15日　初版印刷
2001年10月25日　初版発行

著　者　山本 博文《やまもとひろふみ》

発行者　中村 仁

発行所　中央公論新社　〒104-8320 東京都中央区京橋 2-8-7

TEL 03-3563-1431(販売部)　03-3563-3692(編集部)　振替 00120-5-104508

Published by CHUOKORON-SHINSHA, INC.

本文・カバー印刷　三晃印刷　製本　小泉製本
ISBN4-12-203909-6　C1195　Printed in Japan
乱丁本・落丁本は小社販売部宛お送り下さい。送料小社負担にてお取り替えいたします。

中公文庫　既刊より

二〇〇一年一〇月

ノンフィクション I

日本人の知恵　林屋辰三郎・梅棹忠夫 他
日本史のしくみ　林屋辰三郎・梅棹・山崎 編
土地と日本人　改版　司馬遼太郎
日本語と日本人〈対談集〉改版　司馬遼太郎
日本の朝鮮文化〈座談会〉改版　司馬・上田正昭・金達寿編
古代日本と朝鮮〈座談会〉　司馬・上田正昭・金達寿編
日本の渡来文化〈座談会〉　司馬・上田正昭・金達寿編
朝鮮と古代日本文化〈座談会〉　司馬・上田正昭・金達寿編
日韓 理解への道〈座談会〉　鮮于煇・高柄翊・金達寿・森・司馬
日韓 ソウルの友情〈座談会〉　司馬遼太郎 鮮于煇他
日本人と日本文化　改版　司馬遼太郎 D・キーン
世界のなかの日本〈対談〉　司馬遼太郎 D・キーン
人間について〈対談〉改版　司馬遼太郎 山村雄一
日本人の内と外〈対談〉　司馬遼太郎 山崎正和
騎馬民族国家　江上波夫
食の体験文化史　森　浩一
続 食の体験文化史　森　浩一

縄文探検　小山修三
正倉院の謎 激動の歴史に揺れた宝物　由水常雄
ガラスの道　由水常雄
エミール・ガレ 人と作品　由水常雄
完訳フロイス日本史 1～12　松田毅一・川崎桃太 訳
折りたく柴の記　新井白石 桑原武夫 訳
関ヶ原合戦 秘められた真相　中村彰彦
江戸柳生と尾張柳生　童門冬二
わたしの「超」時間活用法　童門冬二
参謀は名を秘す　童門冬二
豊臣家の人間模様　童門冬二他
徳川三代 家康・秀忠・家光　童門冬二他
家康の天下取り　加来耕三
真説 上野彰義隊　加来耕三
忍者と忍術　戸部新十郎
大江戸史話　大石慎三郎
水戸黄門　鈴木一夫
長谷川平蔵　瀧川政次郎

「鬼平」の江戸　今川徳三
長谷川平蔵仕置帳　今川徳三
鬼平学入門　吉野　準
留魂の翼　古川　薫
佐渡金山　磯部欣三
忠臣蔵と元禄時代　中江克己
江戸の職人　中江克己
「忠臣蔵」を歩く　森本　繁
江戸の兵学思想　野口武彦
物語 江戸の事件史　加太こうじ
江戸の財政再建　井門　寛
地獄の思想　梅原　猛
日本人の「あの世」観　梅原　猛
対話 日本の原像　梅原　猛・吉本隆明
鉄砲を捨てた日本人—日本史に学ぶ軍縮　ノエル・ペリン 川勝平太 訳
新選組の哲学　福田定良
日本の合戦史100話　鈴木　亨
新選組100話　鈴木　亨

古墳探訪 空から見た古墳　鈴木亨
軍師と家老　鈴木亨
逸話・新選組事典　鈴木亨
京都守護職　星亮一
西郷隆盛の世界　上田滋
鯨海酔侯 山内容堂　吉村淑甫
会津藩始末記　永岡慶之助
会津藩最後の首席家老　長谷川つとむ
松平容保は朝敵にあらず　中村彰彦
乱世に生きる　中村彰彦
歴史を動かした女たち　高橋千劔破
歴史・時代小説ベスト113　大衆文学研究会編
浮世絵師歌川列伝　飯島虚心 玉林晴朗校訂
捕物の話 ほか 鳶魚江戸文庫1～36　三田村鳶魚 朝倉治彦編
鳶魚江戸文庫別巻1 2　三田村鳶魚 朝倉治彦編
扇子商法　和田亮介
江戸を楽しむ　山本博文
サムライの掟　山本博文
江戸吉原図聚　三谷一馬
江戸商売図絵　三谷一馬

彩色江戸物売図絵　三谷一馬
江戸年中行事図聚　三谷一馬
新版 江戸から東京へ 1～9　矢田挿雲
御家騒動　百瀬明治
最後の将軍 徳川慶喜　田中惣五郎
咸臨丸海に渡る　土居良三
幕末・維新 江戸庶民の楽しみ　青木宏一郎
高橋是清自伝（上下）　高橋是清 上塚司編
石原莞爾　青江舜二郎
狩野亨吉の生涯　青江舜二郎
城下の人　石光真清
曠野の花　石光真清
望郷の歌　石光真清
誰のために　石光真清
沖縄文化論 忘れられた日本　岡本太郎
陸軍省軍務局と日米開戦　保阪正康
秩父宮　保阪正康
伊藤博文を撃った男　斎藤充功
朝鮮戦争　神谷不二
太平洋戦争（上下）　児島襄

東京裁判（上下）　児島襄
戦場パプアニューギニア　奥村正二
秘録 東京裁判　清瀬一郎
アーロン収容所　会田雄次
流れる星は生きている 改版　藤原てい
追想 芥川龍之介　芥川文 中野妙子記
倚松庵の夢　谷崎松子
太平洋戦争の提督たち　石渡幸二
名艦物語 第二次大戦を戦った艨艟たち　石渡幸二
軍艦物語　石渡幸二
あの船この船　石渡幸二
山本五十六再考　野村實
太平洋戦争 六大決戦（上下）　秦郁彦
太平洋戦争航空史話（上下）　秦郁彦
第二次対戦航空史話（上中下）　秦郁彦
第二次世界大戦 鋼鉄の激突　秦郁彦
日本海軍の戦略発想　千早正隆
海軍予備学生　蝦名賢造
私は玉砕しなかった　横田正平
最後の特攻機　蝦名賢造

爆下に描く　林　唯一　戸高一成校訂
絶後の記録 改版　小倉豊文
復興亜細亜の諸問題　大川周明
最終戦争論　石原莞爾
大杉栄自叙伝　大杉　栄
呉淞クリーク／野戦病院　日比野士朗
吉田茂とその時代（上下）　ジョン・ダワー　大窪愿二訳
ある情報将校の記録　塚本　誠
岡田啓介回顧録　岡田啓介　岡田貞寛編
戦う石橋湛山　半藤一利
日本を決定した百年　吉田　茂
回想十年（全4巻）　吉田　茂
国旗 日の丸　伊本俊二
三つの君が代　内藤孝敏
東京―ワシントンの密談　宮澤喜一
均衡財政　池田勇人
侍従長の昭和史　三谷隆信
日本国憲法誕生記　佐藤達夫
新憲法の誕生　古関彰一
日本国憲法はこうして生まれた　西　修

占領下の日本財政覚え書　渡辺　武
戦後二十年の遍歴　岡崎勝男
太平洋の女王 浅間丸の生涯　内藤初穂
極限の特攻機 桜花　内藤初穂
軍艦総長 平賀譲　内藤初穂
サンフランシスコ平和条約・日米安保条約　西村熊雄
昭和天皇と秋刀魚　草柳大蔵
昭和天皇の思い出　読売新聞社編　真崎秀樹談
失敗の本質　戸部・寺本・鎌田・杉之尾・村井・野中
戦後日本の宰相たち　渡邉昭夫編
幻の終戦　保阪正康
一九四五年夏 最後の日ソ戦　中山隆志
富国有徳論　川勝平太
日本はなぜ戦争に二度負けたか　大森　実
「歴史の終わり」を超えて　浅田　彰
政・官・財《おえらがた》の日本語塾　イアン・アーシー
進歩から共生へ 新世紀への構造改革　榊原英資
清朝の王女に生まれて ―日中のはざまで　愛新覚羅顕琦
日韓皇室秘話 李方子妃　渡辺みどり
慶州ナザレ園　上坂冬子

生体解剖　上坂冬子
三つの祖国　上坂冬子
妻たちの二・二六事件　澤地久枝
阿部定手記　前坂俊之
華族誕生　浅見雅男
公爵家の娘　浅見雅男
お嬢さん放浪記　犬養道子
セーヌ左岸で　犬養道子
ある歴史の娘 改版　犬養道子
マーチン街日記　犬養道子
男対女　犬養道子
女性への十七の手紙　犬養道子
英国貴族と結婚した私　マークス寿子
女の身勝手 男の出番　マークス寿子
イギリス式おしゃれな生き方　マークス寿子
イギリス気ままカレンダー　マークス寿子
戦勝国イギリスへ日本の言い分　マークス寿子
バラと痛恨の日々 有馬稲子自伝　有馬稲子
日本再軍備―米軍顧問団幕僚長の記録　F・コワルスキー　勝山金次郎訳
第三の波　A・トフラー　徳岡孝夫監訳

宇宙からの帰還　立花隆
エコロジー的思考のすすめ　立花隆
脳死　立花隆
脳死再論　立花隆
脳死臨調批判　立花隆
エイズ犯罪　血友病患者の悲劇　櫻井よしこ
与謝蕪村の小さな世界　芳賀徹
圓生の録音室　京須偕充
日本の漢字　中田祝夫・林史典
翻訳の日本語　川村二郎・池内紀
詩の日本語　大岡信
沖縄の言葉と歴史　外間守善
日本語はどこからきたのか　大野晋
大阪ことばと外国人　彭飛
省略の文学　外山滋比古
日本語の論理　外山滋比古
ことばの四季　外山滋比古
私の外国語修得法　阿部謹也編
英語のなかの歴史　バーフィールド　渡部・土家訳
明解ばくばく辞典　カラー版　赤瀬川原平

我輩は施主である　赤瀬川原平
猫の宇宙　向島からブータンまで　赤瀬川原平
新釈落語咄　立川談志
日本とアメリカ逆さの常識　アントラム栢木利美
日本とアメリカ愛をめぐる逆さの常識　アントラム栢木利美
英語・日本語ドーバーくらべ　松岡陽子マックレイン
ふうらい坊留学記　ミッキー安川
地球ほいほい見聞録　金井重
こんなふうに英語をやったら?　加藤恭子
深い泉の国「日本」　T・インモース　加藤恭子
祇園の女　杉田博明
近代日本の海外留学史　石附実
鹿鳴館の貴婦人大山捨松　久野明子
弟　徳冨蘆花　徳富蘇峰
私の折口信夫　穂積生萩
遥かなる鏡　大竹省二
聖ジャンヌ・ダルク　大谷暢順
恋愛論序説　佐野洋子
愛について　今道友信
大乗仏典1　般若部経典　長尾雅人・戸崎宏正訳

大乗仏典2　八千頌般若経I　梶山雄一訳
大乗仏典3　八千頌般若経II　梶山雄一・丹治昭義訳
死ぬ瞬間　E・K・ロス　鈴木晶訳
「死ぬ瞬間」と死後の生　E・K・ロス　鈴木晶訳
C・W・ニコルの森の時間　C・W・ニコル　森洋子訳
C・W・ニコルのアウトドアクッキング　C・W・ニコル　竹内和世訳
新華僑　莫邦富
毛沢東　最後の女　京夫子(チンフーズ)　船山秀夫編訳
ギリシアの神話　神々の時代・英雄の時代　カール・ケレーニイ　植田兼義訳
ヨーロッパ諸学の危機と超越論的現象学　E・フッサール　細谷恒夫・木田元訳
女帝エカテリーナ(上下)　H・トロワイヤ　工藤庸子訳
アレクサンドル一世　H・トロワイヤ　工藤庸子訳
大帝ピョートル　H・トロワイヤ　工藤庸子訳
ドラキュラ伯爵　N・ストイチェスク　鈴木四郎・学訳
麗しの皇妃エリザベト　ジャン・デ・カール　三保元訳
狂王ルートヴィヒ　改版　ジャン・デ・カール　三保元訳
ジャンヌ・ダルク　J・ミシュレ　森井・田代訳
最後のロシア大公女マーリヤ　マーリヤ大公女　平岡緑訳
ロマノフ家の最期　サマーズ／マンゴールド　高橋正訳
ボルジア家—悪徳と策謀の一族　M・ジョンソン　海保真夫訳

ナポレオン戦線従軍記　F・ヴィゴ＝ルション　瀧川好庸訳
ナポレオン一八一二年　N・ニコルソン　白須英子訳
マタハリ　M・グリッランディ　秋本典子訳
怪僧ラスプーチン　M・グリッランディ　米川良夫訳
失われた祖国　ジョイ・コガワ　長岡沙里訳
勝海舟の嫁 クララの明治日記（上下）　C・ホイットニー　一又民子他訳
ローマの歴史 改版　I・モンタネッリ　藤沢道郎訳
ルネサンスの歴史（上下）　R・ジェルヴァーゾ I・モンタネッリ　藤沢道郎訳
エロティシズム　F・アルベローニ　泉典子訳
愛しすぎる女たち　ロビン・ノーウッド　落合恵子訳
女は結婚すべきではない　シンシア・S・スミス　あわやのぶこ訳
君主論〈新訳〉　マキアヴェリ　池田廉訳
民族問題入門　山内昌之
イスラームとアメリカ　山内昌之
イスラーム生誕　井筒俊彦
イスラーム思想史　井筒俊彦
東洋哲学覚書 意識の形而上学　井筒俊彦
ハディース（全6巻） イスラーム伝承集成　牧野信也訳
考える人 口伝（オラクル）西洋哲学史　池田晶子
パンセ　パスカル　前田陽一 由木康訳

ツァラトゥストラ　ニーチェ　手塚富雄訳
人口論　マルサス　永井義男訳
ドイツの悲劇　マイネッケ　矢田俊隆訳
ホモ・ルーデンス　ホイジンガ　高橋英夫訳
中世の秋（上下）　ホイジンガ　堀越孝一訳
イタリア・ルネサンスの文化（上下）　ブルクハルト　柴田治三郎訳
精神分析学入門　フロイト　懸田克躬訳
人間不平等起原論　ルソー　小林善彦訳
社会契約論　ルソー　井上浩治訳
ポホル・ヴフ 改版　A・レシーノス　林屋永吉訳
国富論（全3巻）　アダム・スミス　大河内一男監訳
方法序説・情念論　デカルト　野田又夫訳
帝王ビル・ゲイツの誕生 上下　メインズ／アンドルーズ　鈴木主税訳

新刊

神様　川上弘美
アンハッピードッグズ　近藤史恵
ポルノグラフィカ　島村洋子
緑の草原　田中芳樹
島津義弘の賭け　山本博文

加賀風雲録　戸部新十郎
御隠居忍法 不老術　高橋義夫
とっておきの日曜日 II　津田直美
もぞもぞしてよゴリラ　佐野洋子
はなしかけて　植木裕幸 写真 福田豊文
ダヤンのクリスマスまでの12日　池田あきこ
五女夏音　辻仁成
さまよえる湖　スヴェン・ヘディン　鈴木啓造訳
秘境西域八年の潜行 抄　西川一三
20世紀 太平洋戦争　読売新聞20世紀取材班編
昭和の動乱 上下　重光葵
ハル回顧録　コーデル・ハル　宮地健次郎訳
夢声戦争日記 抄　徳川夢声
マンガ日本の古典31 春色梅児誉美　酒井美羽